本书系2016年度江苏省社科应用研究课题“义庄与传统社会治理——以无锡华氏为例”(16SYC-166)、2017年度无锡市哲学社会科学精品课题“尚德乐善——无锡荡口华氏家族文化研究”(17-B-27)的成果,并得到2017年江苏高校“青蓝工程”优秀青年骨干教师项目资助

无锡华氏义庄：
中国传统慈善事业的个案研究

袁灿兴　著

合肥工業大學出版社

总　　序

150 年前，高举人道主义旗帜，旨在促进人类持久和平的红十字运动在欧洲兴起并迅速走向世界。100 多年来，红十字会为世界和平与发展做出的巨大贡献有目共睹，因而日益受到世界各国、各地区的欢迎，已发展成为与联合国、奥委会并称的世界三大国际组织之一。究其原因，乃其所奉行的七项基本原则——也是红十字文化的内核——涵盖了世界上各种不同文化的共同点，能为文化和制度不同的国家所接受，故而具有强大的生命力。

100 年前，红十字运动东渐登陆中国。在其中国化的发展过程中，红十字会不断吸取中国传统文化的精髓，茁壮成长，逐步形成了“人道、博爱、奉献”的文化内涵，并成为中华文化的瑰宝之一。

百余年来，红十字运动在波澜壮阔的实践中积累了丰富的经验，也留下了许多教训。经验与教训需要上升为理论，也只有理论才能更好地指导红十字事业持续、健康发展。学界、业界对此都进行了持续的关注。

2005 年 12 月 7 日，苏州大学社会学院与苏州市红十字会携手合作，成立全国首家红十字运动研究中心，旨在通过学界和业界的联合，推动和加强红十字运动的理论研究，探究红十字运动中国化的过程与特色，凝练红十字文化价值，探求红十字运动在构建国家软实力和促进中华民族伟大复兴中的地位与作用。同年 12 月 9 日，中国红十字会总会也提出，“确定一批研究课题，组织专家学者开展对国际红十字运动及中国红十字运动的深入研究”①。由此，学界、业界共同开展了对红十字运动

① 中国红十字会总会：《关于加强和改进宣传工作的意见》，红总字〔2005〕19 号。

的学术研究与理论探讨。

多年来，红十字运动研究中心除通过专业网站（http://www.hszyj.net）发布和交流学界、业界动态外，已出版研究成果数十部；帮助一些地方红十字会建立与高校的合作，搭建平台，共同开展研究；举办了首届红十字运动与慈善文化国际学术研讨会；培养了一批专门研究红十字运动的生力军；积累了大量的学术资料。中心主要研究人员还借助在各地讲学的机会，传播重视红十字运动研究的理念。正是在红十字运动研究中心的引领之下，红十字运动研究在中华大地上呈现出生机勃勃的发展态势，并取得了丰硕的成果，“新红学”[①] 呼之欲出。仅以2011年为例，各地以纪念辛亥革命100周年为契机，纷纷整理、编辑出版了地方红会百年史；有的红会还与高校合作组建相关研究中心，等等[②]。通过这些方式，有力地推动了红十字运动研究向更深更广的方向发展。

当今世界正处于大发展大变革大调整时期，多极化、经济全球化深入发展，科学技术日新月异，各种思想文化交流交融交锋更加频繁，文化在综合国力竞争中的地位和作用更加凸显。2011年10月18日，党的十七届六中全会通过的《中共中央关于深化文化体制改革推动社会主义文化大发展大繁荣若干重大问题的决定》，提出要推动社会主义文化大发展大繁荣。11月7日，教育部发布了《高等学校哲学社会科学繁荣计划（2011—2020年）》，大力提升高等学校人才培养、科学研究、社会服务、文化传承创新的能力和水平。12月7日，全国人大常委会副委员长、中国红十字会会长华建敏在中国红十字会九届三次理事会上提出，“要深化理论研究，充分挖掘红十字文化内涵，推进红十字文化中国化，广泛传播人道理念，在全社会推动形成良好的道德风尚”[③]。红十字“文

① 在2009年4月于苏州大学召开的“红十字运动与慈善文化”国际学术研讨会上，红十字运动研究中心主任、江苏红十字运动研究基地负责人、苏州大学教授池子华指出，经过100多年波澜壮阔的实践发展和学术界呕心沥血的开拓性研究，在人文社科领域构建一门“新红学”——红十字学，条件已经具备，时机已经成熟。见池子华：《创建“红十字学”刍议》，《中国红十字报》2009年4月17日。

② 池子华、郝如一：《2011年红十字理论研究之回顾》，《中国红十字报》2012年1月3日。

③ 《中国红十字会九届三次理事会召开》，《中国红十字报》2011年12月9日。

化工程”已然成为红十字会总体建设目标之一[①]。进一步加强与拓展红十字运动理论研究，尤其是对红十字文化中国化的研究，已成为历史与现实的呼唤。

有鉴于此，红十字运动研究中心继续发挥高等学校与业界合作的优势，汇聚研究队伍，科学选题，出版一套“红十字文化丛书”，弘扬有利于国家富强、民族振兴、人民幸福、社会和谐的思想和精神，凸显红十字文化在中国文化园地中的地位，使红十字文化在神州大地上更加枝繁叶茂，促进中国红十字事业可持续发展，推动红十字文化的国际交流。

“红十字文化丛书”的出版，得到了中国红十字基金会、江苏省红十字会、苏州大学社会学院、上海市嘉定区红十字会、浙江省嘉兴市红十字会、江苏省盐城市盐都区红十字会等单位的鼎力支持，也得到红十字国际委员会东亚代表处及中国红十字会总会的关心和指导，在此谨致衷心感谢。

池子华

2012 年 6 月于苏州大学

① 池子华：《“文化工程”应成为红十字会总体建设目标之一》，《中国红十字报》2009 年 12 月 11 日。

序

中国历史上，一个文化世家能绵延繁盛，世代不衰，这不单单是外界的经济、政治地位所决定的，更重要的是其内在的精神支撑。此种精神在数代之中，不断累积，凝成家风家训，形成家族文化，影响于后世。深厚的家族文化，表现为生活方式、文化氛围、精神风貌及社会责任等。

作为无锡文化世家之一，荡口华氏家族以诗书传家，于科举上不断突破，形成了“尚德乐善”的家族文化，为地方社会做出贡献。华氏家族文化有着诸多表现：在求知上，重视文化教育，涌现出了一大批文化名人；在仕宦上，为官时清廉持身，为民效力；在社会事务上，创设义庄，积极投身于各种社会公益事业。

义庄在北宋年间，由范仲淹始创，此后绵延千余年，成为各大宗族声望的标志。义庄承载了诸多社会功能，它予族内弱势群体以赡养，为子弟提供教育，设置义冢使穷人得以体面下葬，参与各类社会公共工程以服务地方等。创办义庄，使慈善成为经常性的行为，而不是偶发行为，于经济上也是相当可取。因为从经济角度来看，偶尔为之的、突发性的慈善，往往开销更大，效果也差；而捐义田、设义庄，使慈善成为经常性的行为，则降低了成本，提高了效果。

明清两代，无锡华氏族人先后多次创设义庄，为地方，为宗族，做出了巨大贡献。义庄的创办，甚为艰难，常常需要几代人的努力。明代华守吉未能创办义庄，遗命儿子华辉继承父志。清乾隆年间，华端揆未能创办义庄，遗命儿子华进思实现遗愿。道光年间，华清莲未能创办义庄，遗命华存恭诸子继续努力。进入民国后，华应斋捐田500亩准备创办义庄，却在筹建过程中去世，最终未能建成义庄……

义庄创办成功后，后世子孙会尽力将之维系壮大，发挥其社会功能。华氏诸义庄创办之后，在稳定社会秩序、帮助贫弱族人、从事公共工程、推行社会教化等方面，起着重要的作用。

创办义庄的历代华氏族人，其背后有着理念的支持，有着信仰的遵从。自南齐孝子华宝始，虽经历了各种变故，华氏却以孝悌相传，凝聚族人，并为社会效力。自明代开始，鹅湖华氏，在科举、经商、从政、文化等各个领域，获得大发展，涌现出了一批杰出人物。而这些人物的涌现，被视为“祖先厚德、余庆子孙”的表现，这又激励着一代代的华氏族人去从事慈善。无锡华氏义庄虽是中国慈善史上的个案，但由其中可以管窥中国传统社会的复杂生态，可以看到社会秩序如何依靠绅士阶层维持，以及宗族力量如何凝聚族人、教化如何在经济补助中推行、传统慈善机构如何进行运作等。

明代高攀龙提出过一种设想，即以义庄、宗族为平台，可以实现某种程度的社会自治，进而人人思其本，以克服宗族中的“强者骋，弱者靡，崇者亢，卑者越，赢者淫，拙者滥”等社会问题，实现亲亲贤贤，由此进入一个美好社会。高攀龙的设想虽具有理想化色彩，但义庄在传统社会治理中的良性作用，却是值得肯定的。《礼记》中提出了门内之治与门外之治，门内相当于家，门外则相当于公共领域，门内、门外都以“孝”为前提，“孝”是基础。此外还必须有“义”，“义”表现在对公共事务承担责任、提供乡间公共服务等方面，如教化、赈灾、养老送终、扶弱和架桥等。义庄即是“义”的最好体现，义庄存在于乡间，它传承了中国传统的价值，维持着地方秩序与善良风俗。

义庄及家族文化的研究，在当下具有一定的现实意义。以荡口华氏家族为代表的文化世家所奉行的价值，恰恰是被整个社会所认可的价值观，此种价值观对于民众的教化力量，远远大于说教。华氏义庄，蕴含了传统文化中的孝、义、自强、勤奋、爱国、修齐治平、自强不息、厚德载物等诸多向上向善的价值观。在今日，这些价值观为实现中华民族伟大复兴的“中国梦”充实了资源与动力，成为“文化自信”的有效载体，对促进社会进步必将起到积极作用。

2015 年，全国人大常委会原副委员长、中国红十字会会长华建敏通过中国红十字基金会刘选国副理事长给我提出建议，希望红十字运动研究中心研究一下包括华氏义庄在内的传统慈善事业，探讨慈善文化对中国红十字事业有何可资借鉴的价值。经查阅相关资料，我发现这是一个被忽略的学术领域，因为就连被誉为“江南第一义庄”的华氏义庄，现有的研究成果也是寥寥。这就意味着这是一个大有可为的领域。正好袁灿兴博士申请做我的高级访问学者，我便将此课题委托他来做。灿兴欣然接受，立即全身心投入。经过两年多的努力，课题完成了，呈现在读者面前的这本书，就是最终成果。尽管书中一些问题的探讨还有进一步提升的空间，但就整体而言，还是可圈可点的。

义庄及义庄文化的研究，对灿兴而言，只是一个开端，希望他在此基础上，继续攀登，不断取得新的研究成果。

是为序。

池子华

2017 年 7 月

目　　录

绪　论

一、研究缘起

中国传统社会以血缘为纽带，通过一个个宗族，在广袤的地域之内，处理着各类社会事务。就宗族在传统社会中的地位、作用等研究而言，已有相关著述问世，但对于宗族社会中的重要一环——义庄，迄今却少有专著论述。

义庄由北宋范仲淹始创，此后绵延千余年，成为各个大宗族声望的象征。义庄在传统社会之中承载了诸多功能，它通过族产公有的形式，实现了某种程度的宗族平均主义。义庄的社会功能颇多，如它予族内弱势群体以赡养帮助、在天灾来临时帮助族人渡过难关、为宗族子弟提供教育谋求更好前程、设置义冢使逝去的穷人得以体面下葬等等。可以说，义庄所发挥作用之处，皆为社会治理领域。

在明清两代，无锡华氏先后创办多所义庄，其规模之大，在苏南地区首屈一指。华氏诸义庄积极从事于帮助弱势群体、维持社会秩序、组织公共工程、出资办理义冢、创办义塾促进地方教育、推广教化、赈济灾民等活动，在传统社会治理中发挥了重要作用。

通过对华氏义庄的研究和相关资料的挖掘，在当前于弘扬慈善精神具有重要意义。习近平总书记多次发表重要讲话，强调要继承、发扬中华优秀传统文化，建设社会主义文化强国。2014 年全国两会期间，习近平和代表、委员们一起共商国是时指出："体现一个国家综合实力最核心的、最高层的，还是文化软实力，这事关一个民族精气神的凝聚。我们要坚持道路自信、理论自信、制度自信，最根本的还有一个文化自信。要从弘扬优秀传统文化中寻找精气神。"因此从事义庄的研究，可以为当下的社会治理提供一定的借鉴，亦可以促进慈善事业的进一步发展。

二、义庄概念演变

宋代范仲淹首创义庄，予族人以补贴，其“于姑苏近郊买良田四十顷为义庄，以养群从之贫者，且择长而贤者一人主其出入，每人日给米一升，岁给缣一匹，乃至嫁娶丧葬皆有赠给”①。义庄的功能，广义上是予族人以福利补助，“今世俗置产，以给族人，曰义庄”②；狭义上则是补贴丧葬婚娶，“乡有义庄，以给仕族亲丧之不能举，孤女之不能嫁者”③。南宋四明地区还办有一种义庄，专门从事于地方事务，而非如范氏义庄一般，专注于宗族事务。

宋代还曾设有一种义庄，用于帮助地方民众，减轻徭役负担。宋代在徭役上极不公平，常将徭役强加给无力承担的底层民众，导致民众纷纷逃亡。为此，各地创办义庄以补助承担赋役者。如“德兴明卓君，始按民产高下，各使出谷，名曰义庄，募人充户长”④。此类义庄，以补贴民众劳役为主要定位，而非着力于宗族内部的福利。当时还特设专门人员进行管理，“义田以供役之费，建义庄以储田之入。田有砧基，庄有规约，选属都之贤者、能者，曰措置，以提其纲。曰机察，以纠其弊”⑤。

元代所创办的义庄，功能相对比较清晰：“立义庄，以赡父母妻三族。月给米钞，岁给布帛，冠婚丧祭，助各有差。人有病者，施以善药，死无殓者，椫而归之。”⑥

到了明代，义庄专指购置义田，从事于宗族福利及各类慈善者。如明天启年间，湖南衡阳知县廖汝恒“得俸余皆以置义田赡族”⑦；闽县董世道“少极贫，从人假贷为生，辛勤十余年而家渐饶，遂节缩裘衽以置田宅。凡同姓子孙不能葬不能婚者，罔不周助备至”⑧。

清代义庄，一般定位为宗族福利。如安徽庐江章氏义庄，“有田若干亩，庐二区，司以族之贤能，正副二。岁时公家赋常先，廪其谷若干，以周族之贫者，老废疾者，幼不能生者，寡不嫁者。粜其余谷，为

---

① ［宋］李昌龄：《太上感应篇》卷七，明正统道藏本。
② ［宋］施宿：《（嘉泰朝）会稽志》卷二〇，文渊阁四库全书本。
③ ［宋］罗浚：《次通判士论惜之》，《（宝庆）四明志》卷八，宋刻本。
④ ［宋］刘克庄：《德兴义田记》，《后村集》卷九六，四部丛刊景旧钞本。
⑤ ［宋］孙应时：《义役记》，《（宝祐）重修琴川志》卷一二，清道光景元钞本。
⑥ ［元］贡师泰：《元故处士夏君墓志铭》，《玩斋集》卷一〇，明嘉靖刻本。
⑦ 《（同治朝）衡阳县志》列传第八。
⑧ 《（万历朝）福州府志》卷六四《乡行》。

钱若干缗，以佐族之女长不能嫁者，鳏不能娶妻者，学无养者，丧不能葬者。而又凶馑祲札于斯，延师养弟子于斯，旌节、劝孝、宾兴于斯。察奸罚不肖寓焉，合食亲亲厚族寓焉”①。又如江苏长洲陆豫斋，“割遗产五百亩，为赡族之资，设义庄于陆巷”。

义庄除了以每岁收支出纳，补助族人日常生活外，还注重于道德教化，如陆氏义庄“集族众其中，相与劝于修礼勤力，而勿蹈于匪彝”②。不过，清代有一些地方，官方将补助义学的机构也称为义庄，如余为霖在齐东县“修整学宫，设立义学，置义庄以资师儒”③。

到了当代，潘光旦将“义田”定义为“居留、生长在同一地方的父系氏族或宗族，将族田租佃给氏族以外的人耕种，将田租收入长期、有计划地赒济、贴补，乃至奖励本族的人，这种田地叫做义田。而管理义田，掌握租米分配的机构，叫做义庄。有义庄的人家必有义田，否则没有东西供支配，有义田的人家也必有义庄，否则没有执行支配的机构”④。潘光旦此处定义，有可商榷之处，在明清两代，一些地方人士捐置义田，却未设置义庄。所以，当时有义庄的必有义田，有义田却未必有义庄。

1950 年，在苏南土改进行的前期调查中，给予义庄的定义为：义庄本质上是封建地主、官僚捐赠土地创办。义庄其土地收入的用途，名义上是救济族内贫苦者，举办义学，修理庙宇祠堂，祭祀祖宗，故自称为“义”。又因官方规定 1000 亩以上土地，通过朝内吏部批准，可称为“庄”，故总称为“义庄”⑤。此处所云，官方规定，须有田 1000 亩方可称义庄，却是民间误解。因为范仲淹创办义庄时，“购田千亩”，故而“拥田千亩”成为很多义庄的目标与定位。实际上，后世有田百余亩称义庄者，不胜枚举。

不同的时代，对于义庄有着不同的定义与理解。但义庄具有一些共性，如它既要具备义田，通过出租获得收入，以作为义庄开销；同时也要具备一定的房屋，以发挥义庄承担的一些其他功能，如祭祀、教育、储存等。

---

① ［清］章学诚：《庐江章氏义庄记》，参见贺长龄《清经世文编》卷五八《礼政五》，清光绪十二年思补楼重校本。

② ［清］钱大昕：《陆氏义庄记》，参见贺长龄《清经世文编》卷五八《礼政五》，清光绪十二年思补楼重校本。

③ ［清］成瓘：《（道光）济南府志》卷三八《国朝宦迹六》，清道光二十年刻本。

④ 《苏南土地改革访问记》，《潘光旦文集》第七卷，北京大学出版社 2000 年版，第 46 页。

⑤ 华东军政委员会土地改革委员会编：《江苏省农村调查》，1952 年编印，第 253 页。

三、研究现状

当前，国内就义庄问题的专门研究较少，现有的一些成果主要集中在族田、宗族等领域。

1951 年 2—4 月，应政务院与中共中央统战部之邀，潘光旦与清华大学全蔚天一起到苏南考察土改。依据此次调查研究的成果，他们于 1952 年出版了《苏南土地改革访问记》。潘光旦研究的中心点在于界定义庄、义田的性质，进而为当时进行的土地改革服务①。

陈翰笙在《解放前的地主与农民：华南农村危机研究》一书中，就华南地区宗族田产进行了研究。陈翰笙对族田的所有权、租佃制度、地租与地价、田赋、捐税、贸易与信贷等做了详细考察②。但此书在义庄、义田，以及义庄经营模式等方面，未能深入加以探讨；对于华南与江南地区的宗族、义庄之间存在的较大区别，也未能详加论述。

邢铁的《宋代的义庄》一文，归纳了宋代义庄的三个特征，进而论述了宋代义庄财产的性质。作者同时也指出，受义庄影响，宋代开始出现聚族而居的现象，血缘凝聚力得到增强③。

张研的《关于清代族田分布的初步考察》一文，就清代南方各地族田的分布、族田的数量、族田分布及原因，以及苏南与苏北、苏南与广东等地义庄的生产结构、消费结构、土地所有权的转换方式等做了探讨，进而对苏南地区义庄的特点加以总结④。

张研的《清代族田与基层社会结构》一书，以清代基层社会为基础，围绕家族、宗族、乡族之关系，从宗族、土地、乡绅三者着手，选择了与三者联系密切的族田展开探究，着重探讨了清代族田的发展、分布、经营、作用乃至兴衰，试图以此揭示清代宗族的发展、土地关系的变化、乡绅阶层的作用⑤。

王日根的《义田及其在封建社会中后期之社会功能浅析》一文认为，义田不仅是族田或族田的一部分，更是包括以血缘为纽带的家族、以血缘和地缘为纽带的乡族、以业缘为纽带的行业集团等社会组织的经济基础。正是这一经济基础的存在和稳定，保证了诸如家族、乡族或行

① 潘光旦、全慰天：《苏南土地改革访问记》，三联书店 1952 年版。
② 陈翰笙：《解放前的地主与农民：华南农村危机研究》，中国社会科学出版社 1984 年版。
③ 邢铁：《宋代的义庄》，《历史教学》1987 年第 5 期。
④ 张研：《关于清代族田分布的初步考察》，《中国经济史研究》1991 年第 1 期。
⑤ 张研：《清代族田与基层社会结构》，中国人民大学出版社 1991 年版。

业集团得以发挥稳定社会秩序的作用[①]。

王日根的《论清代义田的发展与成熟》一文，探讨了清代义田的发展及其作为宗族宗法制基础的作用。文章论述了义田的来源、作用范围、发展壮大，以及其与政府、家族的关系等内容[②]。

范金民的《清代苏州宗族义田的发展》一文，对清代江南的宗族义田发展阶段及其原因加以探讨，揭示了不同阶段其发展的特征[③]。

李文治、江太新的《中国宗法宗族制和族田义庄》，可谓迄今为止唯一一本专门研究义庄、族田的专著。此书就中国传统社会宗族的发展、宋代出现义庄的背景加以分析，并就明清两代宗法宗族制的表现形式及其作用进行了详细论述[④]。此书基于大量地方志、家谱进行写作，史料充分，以大量的数据就义庄、族田的状况加以系统研究。但此书所涵盖的范围过于广泛，未能就义庄的作用、运作、近代转型加以深入探讨；且全书偏重于宗族宗法制的研究，对义庄、族田的论述稍有不足。

张佩国的《近代江南乡村的族产分配与家庭伦理》一文认为，近代江南的功能性宗族组织和族田、义庄，并不像人们所想象的那样发达。江南地区的宗族组织，近代以来呈现了某种程度的弱化[⑤]。

钱志仁的《义庄——家族文化系列研究之三》一文，在对无锡地方上的义庄资料进行整理的基础上，对义庄庄田、义庄管理、义庄职能、义庄的消亡加以研究[⑥]。该文虽着眼于无锡地区内的义庄，但对无锡地区最为重要的华氏义庄涉及较少。

王善军的《范氏义庄与宋代范氏家族的发展》一文，分析了范氏义庄的创建、发展及其在范氏家族发展过程中的作用。通过对范氏义庄的剖析，说明了在宋代的社会条件下，经济手段对世家大族维持地位的重要性[⑦]。

李江、曹国庆的《明清时期中国乡村社会中宗族义田的发展》一文，就明清宗族义田做了研究。该文认为，明清义田的功能主要有养济族人、助学重教、助役应差、救荒赈灾、敬宗奉祀等。明清时期宗族义田的发展，有两个最直接的结果：一是巩固并强化了族权，巩固了封建

① 王日根：《义田及其在封建社会中后期之社会功能浅析》，《社会学研究》1992 年第 6 期。

② 王日根：《论清代义田的发展与成熟》，《清史研究》1992 年第 2 期。

③ 范金民：《清代苏州宗族义田的发展》，《中国史研究》1995 年第 3 期。

④ 李文治、江太新：《中国宗法宗族制和族田义庄》，社会科学文献出版社 2000 年版。

⑤ 张佩国：《近代江南乡村的族产分配与家庭伦理》，《江苏社会科学》2002 年第 2 期。

⑥ 钱志仁：《义庄——家族文化系列研究之三》，《无锡文博》2004 年第 2 期。

⑦ 王善军：《范氏义庄与宋代范氏家族的发展》，《中国农史》2004 年第 2 期。

政权统治的基础；另一个是推动和促进了明清社会民间慈善事业的发展，弥补了慈善事业的不足①。

王瑞芳的《没收族田与封建宗族制度的解体：以建国初期的苏南土改为中心的考察》一文，就土改中的义庄族田的命运加以考察。此文认为，在土改运动中，中共以强大的政治威慑力为后盾，不仅没收了宗族势力占有的土地，摧毁了宗族制度的经济基础，而且打倒了把持乡村社会政治权力的族长，没收了祠堂，焚毁了家谱，彻底摧毁了宗族制度，瓦解了以血缘关系为基础的宗法势力②。

豆霞、贾兵强的《论宋代义庄的特征与社会功能》一文，分析了义庄的创建、发展及其特点，展示了宋代义庄的社会救济作用，以及在宋代的社会条件下经济手段对世家大族维持社会地位的重要性③。

范金民在《置田赡族，义行可风——华进思捐建华氏义庄述略》一文中，对华进思捐建义庄的前后经历加以详细考察④。此文根据华氏家族所留下的史料，对乾隆年间华老义庄的创办做了详细分析，史料丰富，论述充分，可谓对华氏义庄研究的开山之作。

王卫平的《从普遍福利到周贫济困——范氏义庄社会保障功能的演变》一文，就范氏义庄的社会保障功能加以详细论述。该文认为，宋代的范氏义庄奉行普遍福利的原则，但随着宗族成员的大量增加，义庄收入不敷支出，于是转而以周济贫困为宗旨。同时因应社会变化，救济范围由一般生活救助扩大到资助教育和科举，即逐渐增加了对被帮助族人的道德要求⑤。

张少筠的《近代苏南宗族族田保护措施研究》一文认为，近代苏南宗族在族田面临建置存续，以及受侵害或遭到战乱破坏等威胁时，往往结合自身和官府两方面的力量，综合运用多种方法对族田实施保护，其中宗族对族田的保护体制堪称完备⑥。

---

① 李江、曹国庆：《明清时期中国乡村社会中宗族义田的发展》，《农业考古》2004 年第 3 期。

② 王瑞芳：《没收族田与封建宗族制度的解体：以建国初期的苏南土改为中心的考察》，《江海学刊》2006 年第 5 期。

③ 豆霞、贾兵强：《论宋代义庄的特征与社会功能》，《华南农业大学学报》2007 年第 3 期。

④ 范金民：《置田赡族，义行可风——华进思捐建华氏义庄述略》，参见《杨国桢教授治史五十年纪念文集》，江西教育出版社 2009 年版。

⑤ 王卫平：《从普遍福利到周贫济困——范氏义庄社会保障功能的演变》，《江苏社会科学》2009 年第 2 期。

⑥ 张少筠：《近代苏南宗族族田保护措施研究》，《中国农史》2009 年第 3 期。

曹立前、张占力的《试论明清宗族保障的经济支持与制度性约束机制》一文认为，明清时期，宗族势力得到了空前的发展，与此相联系的宗族保障，也得到了空前加强①。

莫宏伟的《近代苏南农村的义田与义庄》一文认为，义田的收入主要用来救济族内鳏寡孤独、老弱病残、生活贫困者，以及举办义学和补助本族贫苦子弟的学费、修理庙宇祠堂和祭祀祖宗、继续添置土地等。义庄在救济乡村的弱势群体、推动乡村文化教育的进步和发展、改良乡村社会风气、提升乡村民众的道德水准、稳定乡村社会秩序等方面起了积极作用②。

张宝允、尹冬梅的《从义田兴起看近代家族制度构建》一文，由义田的兴起探讨了近代家族制度构建。该文认为，义田是入宋以来，随着新的家族制度建立而兴起的土地单位。它既是一个经济单位，也是宗族控制和管理的载体，其所具有的公私两面性促进了近代家族制度的重构，维系了家族内以及地方尤其是农村共同体的统治网络③。

汪春劼的《义庄、善堂与社会救济——基于20世纪上半叶无锡的分析》一文认为，由绅士主导的义庄等社会救济机构拥有较强的独立性、民间性与经济来源的稳定性，但因政府在救济方面的严重失职和缺位，无锡的救济事业只是长期在一个极低的水准上维持着④。

申万里的《元代江南民间义庄考述》一文认为，元代江南民间义庄发展比较困难，但民间义庄发展的条件仍然具备。江南民间义庄有严格的收储制度、用人制度和赈济制度，管理严格，经营方式灵活⑤。

陈勇、李学如的《近代苏南义庄的家族教育》一文认为，近代苏南义庄普遍重视家族教育，其组织方式主要有三种：自办庄塾，助束脩之资，对求学应考者给予经济补贴和奖励。至清末废科举、兴学堂，义庄顺应时代变化，扩大助读、施教范围，接受新学制，更新教育内容，开始由传统向近代转型⑥。

---

① 曹立前、张占力：《试论明清宗族保障的经济支持与制度性约束机制》，《山东师范大学学报》2009年第4期。

② 莫宏伟：《近代苏南农村的义田与义庄》，《遵义师范学院学报》2009年第6期。

③ 张宝允、尹冬梅：《从义田兴起看近代家族制度构建》，《山西师范大学学报》2010年第6期。

④ 汪春劼：《义庄、善堂与社会救济——基于20世纪上半叶无锡的分析》，《宁夏大学学报》2010年第6期。

⑤ 申万里：《元代江南民间义庄考述》，《中央民族大学学报》2009年第2期。

⑥ 陈勇、李学如：《近代苏南义庄的家族教育》，《历史研究》2011年第5期。

廖志豪、李茂高的《略论范仲淹与范氏义庄》一文，就范仲淹创设义庄的经过、范氏义庄在后世的演变、范氏义庄的功能与作用进行了论述①。

刘宗志的《清代苏南义庄发展原因探析》一文认为，苏南地区的社会结构、经济条件，尤其是好善风气是救济活动产生与发展的决定性因素。义庄的设置者同时实施其他慈善活动，并和其他慈善机构在救助方法上互相借鉴，由此带来了清中后期苏南地区慈善事业的繁荣②。

王志龙的《1912—1937 年政府的族田政策及其影响研究》一文，就民国时期的族田政策进行了研究。他认为，北洋政府在有选择地继承前清族田政策的基础上进一步倡导、激励和保护族田。南京国民政府不仅全面继承北洋政府的族田政策，而且进一步将其法律化并全面实施，尤其对义庄义田的监管，已到了非常完善的程度。至民国年间，由于政府的鼓励，义庄族田保持着持续发展的态势③。

李学如、曹化芝的《近代苏南义庄家族的习业教育》一文，就义庄教育加以研究。义庄既重视子弟从事科举，更重视谋生技能的培养。从义庄对子弟习业表现出的关注中，既可管窥近代苏南社会的发展变迁，亦可一睹家族积极面对商业社会的教育心态④。

李学如、陈勇的《近代的义庄及其租佃制度：以苏南义庄为中心的考察》一文认为，同苏南地貌的自然状况及地权分割严重的特征相适应，近代苏南义庄实行租佃经营模式，庄、佃之间存在典型的经济契约关系。义庄虽厉行收租，但有恤佃举措，旨在建立良好的主佃关系。近代后期，义庄由个体收租逐步走向联合租栈，反映了社会动荡的加剧和主佃矛盾的激化⑤。

汤可可的《近代无锡义庄的转型变迁》一文，就近代以来无锡义庄的兴衰进行了研究。该文认为，近代无锡的义庄在宗族离散、衰落的同时，也顺应时代变迁，发生了深刻变化。清末义庄的功能、组织、运作都发生了变异，体现了宗法控制的弱化和新式士绅力量的上升。抗战前

---

① 廖志豪、李茂高：《略论范仲淹与范氏义庄》，《学术月刊》1991 年第 10 期。

② 刘宗志：《清代苏南义庄发展原因探析》，《黄河科技大学学报》2012 年第 4 期。

③ 王志龙：《1912—1937 年政府的族田政策及其影响研究》，《中国农史》2013 年第 3 期。

④ 李学如、曹化芝：《近代苏南义庄家族的习业教育》，《黑龙江史志》2013 年 15 期。

⑤ 李学如、陈勇：《近代的义庄及其租佃制度：以苏南义庄为中心的考察》，《理论学刊》2013 年第 6 期。

后，义庄又呈现出公益性、民主性的趋势，工商企业家则在其中扮演了重要角色①。

李启成所著的《外来规则与固有习惯：祭田法制的近代转型》一书，从法律史的角度切入，对与祭田相关的传统法律加以考察，并对与祭田相关的系列案件加以分析后认为，在苏南地区，祭田常从属于义庄。通过此书对祭田的研究，我们也可旁观近代以来在外来法系的冲击下，义庄所发生的变化②。

四、研究方法和基本框架

本书在写作中运用多种史料，从多角度切入，以期能还原华氏义庄的历史贡献。本书将历史与现实相结合，既涉及华氏在历史上的诸多善举，又探讨在当今社会如何提高社会治理及慈善的效果。华氏义庄的研究，体现了传统文化中的忠孝、仁义、自强、勤奋、爱国等诸多价值观，在今日对促进社会进步可以起到积极作用。正如习近平总书记所指出的，“抛弃传统等于割断了自己的精神命脉”，在当下有必要研究、挖掘义庄的历史，弘扬中华传统优良文化。

本书共分 7 章，第一章扼要回顾义庄的发展历史及宗族关系的脉络；第二章回顾无锡华氏家族的历史、家风、仕宦、文风；第三章对明清两代无锡华氏族人先后多次创办义庄的历史加以研究；第四章研究华氏义庄的具体功能，如祠堂祭祀、义田助困、义塾助学、义冢助葬、维持社会秩序等；第五章研究华氏义庄的管理运作、经费开支、义庄维持等；第六章研究华氏义庄与宗族、地方、官方的关系；第七章就义庄与传统及近代慈善机构的关系加以探讨。

① 汤可可：《近代无锡义庄的转型变迁》，参见唐力行主编《江南社会历史评论》（第5期），商务印书馆 2013 年版。

② 李启成：《外来规则与固有习惯：祭田法制的近代转型》，北京大学出版社 2014 年版。

第一章　义庄的历史演变

义庄是随着宗族宗法的发展而形成的。受诸多因素影响，宗族在宋代开始出现分化，为了凝聚宗族，范仲淹创设义庄，为当时及后世所效法。此后的历史发展中虽有起伏，义庄却始终存在，在中国社会中起着重要作用。至民国年间，义庄仍被政府所鼓励，在各地得到发展。1949年中华人民共和国成立以后，在土改运动中，各地义庄渐次瓦解，此后不复存在。

第一节　宗族宗法的发展

宗法制以血缘关系为纽带，以父系家长制度为核心，依照尊卑长幼关系，以孝悌、尊族、敬宗为理念。在数千年中国传统社会之中，宗法制度对凝聚社会、维系稳定，起着重要作用。

宗法制度始于商，兴盛于西周，影响于后世。春秋时期，随着生产力的发展，原有的以周天子为中心的宗法分封制开始崩溃。“令自天子出”变为“令自诸侯出”，以下凌上、僭越礼制的现象普遍存在，天子不复巡狩，诸侯不再朝觐纳贡。到了战国时期，一些不同于西周宗法分封制的新制度开始出现，如郡县制、官僚制、俸禄制等等。选拔官吏的办法不再是血缘世袭，当官要靠举荐、军功、直接上书游说等手段，那种以周天子为中心的、为后世所圣化的体系此时已分崩离析。至秦始皇统一中国后，建立了中央集权的国家，废除了分封制，实行郡县制，编户齐民，车同轨，书同文，统一文字、货币和度量衡，形成了大一统的社会政治经济结构。秦始皇虽给予宗法制以诸多变革，但宗法制的一些基本特征，如皇位的嫡长子世袭制、贵族名位世袭制、父权家长制等，都在以后的中国社会中得以保存。

由汉至唐，宗族关系上以士族为主导。冯尔康先生认为：“从士族发展阶段来看，东汉时期是士族的萌发准备阶段，魏晋是士族的形成与鼎盛时期，南北朝是士族社会由盛开始走下坡路的时候，隋唐则是士族的衰亡时期。宗族制度与宗族组织的兴衰，与士族的兴衰相一致。”①

具体而言，汉高祖刘邦下求贤诏，令从郡国推举有治国才能的“贤士大夫”，从而开汉代察举制度的先河。汉文帝开始，将察举作为选官的一项制度，下诏“举贤良方正能直言极谏者”；又诏“诸侯王、公卿、郡守举贤良能直言极谏者”。汉武帝进一步把察举发展为比较完备的选官制度，举孝廉的对象是地方600石以下的官吏和通晓儒家经书的儒生，由郡国每年向中央推举。由于察举制所选官员大多来自民间，经过多年的苦学与实际的行政锻炼之后，方能有出头之日，故而稳健通达，这也造就了西汉政坛稳健之风。除了察举制之外，太学也是汉代官吏的重要来源。太学在汉武帝初建时，只有50人，随后慢慢地增至千人。到了东汉末年，已有太学生约3万人，在京师形成太学区。太学选聘德才并举、声誉隆重者担任教授，称为“博士”。太学的课程以经世致用为主旨，学生分经受业，经过考试合格者，方可被任用为政府官吏。

到了东汉，一些家族世代专攻一经，门生遍布天下，渐渐成为地方上的主宰；而一些被举者以父礼事自己的举主，以举主为中心形成团体，门阀世家由此开始形成。士族在政治上享有特权，垄断仕途，分割国家税户；在学术上，以经学礼法传家，并实行“身份内婚制”，不与庶民通婚。为了打破门阀的垄断，魏晋曾推行“九品中正法”，“汉末丧乱，魏武始基，军中仓卒，权立九品”②。依照九品中正法，从各州郡选用有名望、善识别人才的当地人为“中正”，将地方人士分为九等（九品）。政府据“中正”所定等级，分别加以任用。

魏晋南北朝时期的门阀开始大规模聚族而居。世家大族聚居，可以形成合力，在战乱时代保卫家园，也利于门阀士族加强地方控制。门阀之中流行谱牒制，以此维系宗法制。谱牒制度记载一个人的血缘源流，这关系到一个人未来的任官、婚嫁等，任官“必稽谱籍而考其真伪”③，婚嫁“必由于谱系”④。

九品中正法实行了近400年，由于选拔推荐权系于一人之手，以一人之好恶而评人之高低，故带着极强的个人主观色彩。再加上门阀氏族

① 冯尔康：《中国宗族史》，上海人民出版社2009年版，第162页。

② 《宋书》卷九四《恩幸》。

③ 《新唐书》卷一九九《柳冲传》。

④ ［南宋］郑樵：《通志》卷二五《氏族略·氏族序》。

在整个社会上占据强势，最后造成了“下品无高门，上品无寒士”的局面。两晋为士族发展鼎盛时期，东晋时三品以上官职几乎全由士族担任。后由于农民战争冲击、江南生产力发展、庶族地主经济地位上升等原因，才使得士族地主势力逐渐衰落。至南朝，士族已丧失部分权势。而北朝因游牧民族掌权，士族势力始终不及南朝强大。隋末农民起义予世家望族以沉重打击，“得隋官及士族子弟皆杀之”，士族势力受此重击后，“名虽着于州闾，身未免于贫贱”①。

到了唐代，一些残存的门阀世族占据大量土地，以宗主庄园制的形式经营土地。中唐以后，随着战争的破坏，土地制度也开始发生变革，地权的流转开始加快。同时，由于中央政府对豪强大姓的防范和打击，豪强大姓基本上处于被压制状态，宗族势力在社会中的影响力逐渐削弱。更重要的是，隋唐之际以科举取士，门阀世族垄断官职的格局被打破。科举制度的发展，寒门子弟的崛起，也冲击了土地的所有权，改变了经济格局。“中国自唐季海内分裂，五代世数尤促，大臣子孙鲜克继祖父之业”②。科举推行之后，大量来自底层社会的士人参与政治，而门阀世族则渐渐消退。

汉唐时代的宗族格局，到了宋代发生了巨大变化。自宋以后，则无门阀矣。往昔大族聚族而居，多至成千上万户，此时虽有聚居的宗族，但规模已经缩小。往昔宗主对族人具有人身控制权，族人非经许可，不得迁徙，且需在宗主庄园之中劳作，尽各种义务。到了宋代，宗族关系松散，族人可以自由迁徙，在经济上也有很大的自由。又由于宋代实行“不抑兼并”“不立田制”的土地政策，地主所有制得到确立。与此同时，宋代的商业活动频繁，货币体系发达，不但存在着铜、铁钱，而且还有了纸币。商业的发达，货币流通的加快，导致了官田私有化，平民地主开始拥有更多的土地。“吴中自昔号繁盛，四郊无旷土，随高下悉为田，人无贵贱，往往皆有常产”③。宋代之前，庄园制、聚族而居与文化上的崇高地位，保证了豪族绝对的影响，世族凭借名望与血脉可以累世为官。至宋代，科举制的成熟，使得官宦地主世家常难以为继，此时一个人在官场上的成就，不是看他的出身，而是看他的才能。由此可见，随着经济关系的变化，以及科举制度形成后的变革，往昔的宗法关

① ［宋］王溥：《唐会要》卷八三《嫁娶》。

② 《续资治通鉴长编》卷二五，“雍熙元年三月乙卯”。

③ ［南宋］范成大：《（绍定朝）吴郡志》卷二《风俗志》，择是居丛书景宋刻本。

系开始松散，孝悌理念日渐淡薄。如苏洵所言，由贱而贵者已“耻言其先”，由贫而富者“不录其祖”①。

宋代血缘宗法关系的松懈，导致同族之间彼此争斗、兄弟父子之间分家争夺财产的现象屡屡出现。宋开国以后，提倡以孝悌治天下，试图恢复伦理道德。官方出台了一系列政策，鼓励宗族聚居，营造敦睦风气。与此同时，士人们也希望能革新风气，如张载曾谈道：“管摄天下人心，收宗族，厚风俗，使人不忘本，须是明谱系世族与立宗子法。”②张载将宗法上升到家国存亡兴废的高度，他认为宗法不立，则忠义不立，朝廷之本不固，家与国均不能保。张载主张以出仕的族人作为宗族首领，保持宗族凝聚力，进而维持统治。

张载学说的核心内容是学贵致用，躬行礼教，而将其学说付诸实践的是吕大钧。吕大钧与张载是同年进士，对其相当佩服，执弟子礼。熙宁七年（1074），吕大钧兄弟在乡为老父吕蕡治丧。三年之后，丧服期满，其他兄弟都重新出仕，吕大钧却不想出仕了，在乡读书论道，培养地方人才，同时制定《吕氏乡约》。熙宁十年（1077），张载去世，作为张载信徒的吕大钧觉得有推广其学说的必要，遂在此年十二月，将乡约公布并实行。《吕氏乡约》共4000字，核心精神有四项，为“德业相劝，过失相规，礼俗相交，患难相恤”。

德业相劝，是针对个人的道德及事业而言。个人应该修身以提升道德，同时读书、治田、营家，以改善家庭经济条件。

过失相规，是针对个人所犯的错误，制定相应的处罚措施。违背乡约核心精神的，称为“犯约之过”。个人修养不足、为人懒惰、举止粗鲁、用度奢侈、临事不恪，称为“不修之过”。其他还有酗酒赌博、造谣污蔑、行动不符合礼法、言行不一、营私太甚等，称“犯义之过”。犯约之过、不修之过，均罚100钱，犯义之过罚500钱。如果程度较轻，自己主动认错者免于惩戒。如果屡犯不改者，则逐出乡约。至于表现好的、道德情操高者，则“书于籍”，以示鼓励。

礼俗相交，规定了日常生活中乡人之间交往的一系列规则。凡生老病死、婚丧嫁娶、待人接物等，应当遵照礼制的要求进行，如果有困难，同约众人根据彼此能力，予以救助。

患难相恤，详细规定了乡民之间互相扶助的内容，分水火、盗贼、

① ［宋］苏洵：《谱例序》，参见吕祖谦《宋文鉴·皇朝文鉴》卷八八，四部丛刊景宋刻本。
② ［宋］张载：《宗法》，参见张能鳞《儒宗理要·张子》卷四，清顺治刻本。

疾病、死丧、孤弱、诬枉、贫乏7项。遇到此类事件，同约中人有义务提供钱财、器物、车马、人力等，帮助其渡过难关。乡间若是有人未曾加入乡约，在其遭遇灾难之事时，入约中人也有义务对其进行帮助。

为了保证乡约的推行，在乡民之中推举人品端庄、刚正不阿者，担任“约正”，负责扬善惩恶、记录款项开销、组织集会聚餐等事务。同时设“直月”1人，依照年龄轮流担任，主持杂务。乡约规定，每月一小聚，每季一大聚，聚会由直月负责组织。礼俗相交是《吕氏乡约》中，占据篇幅最大的部分，其中多是对古礼的节录，内容空洞，不符合实际生活。之所以在乡约中附入这些内容，与吕氏家族的风气有关。吕氏家族好古重礼，日常生活中，吕氏族人严格按照礼法交往，自然将这套思维搬到乡约中来。而吕大钧将往昔深奥的哲理，外化为日常生活中的行为规范，并通过互助合作来帮助患难者，取得了一定的效果，“行于冠婚、膳饮、庆吊之间，节文粲然可观，关中化之”。元丰三年(1080)，大儒程颐入关中讲学，吕大钧与他有过接触。对于吕大钧推行乡约之举，程颐赞赏有加，评价道：“任道担当，风力甚劲。”

吕大钧的乡约实践，是在某一地区范围内进行的实验，以教化人心为首要目标。而在宗族范围内，以血缘为纽带，期望能推广教化、“敬宗收族”且“管摄天下人心”的，则是范仲淹在苏州所创建的义庄。

第二节　范仲淹首创义庄

传统社会依靠宗法与血缘纽带维持社会秩序。各地民众，以宗族为宗；各个宗族，以地方官员为宗；各级地方官员，以皇帝为宗；君臣、军民、臣民依次延展，彼此的关系之中，既渗透着血缘脉络，又以宗法关系加以经纬。要忠君爱国，就要尊祖敬宗；要尊祖敬宗，就要收族睦族，教化人心，为此就得传播孝悌理念，而义庄则较好地承载了这些社会治理功能。

义庄的创始者是范仲淹。范仲淹不但创办了义庄，而且奠定了义庄此后运行的基础。

“古者井田废而后宗法兴，宗法废而后义田出”①。在商品经济的冲击下，以血缘为纽带的宗族内部开始分化，部分族人地位上升，部分族

① 张叔佩：《云荫义庄序》，《广益杂志》1919年第2期，第70页。

人地位沉沦，这种社会地位之间的变化与差异，也带来了宗族关系上的隔阂，使得血缘联系日益淡薄，宗法理念逐渐消退。因此要想重整宗族关系，加强宗族联系，势必要从经济着手，对经济上困窘的族人加以援助。在此理念主宰之下，范仲淹出资购买义田，创办了范氏义庄。

范仲淹 2 岁时父亲病逝于徐州，4 岁时随母亲谢氏改嫁到山东邹平，随继父朱文翰之姓取名朱说。继父与原配生有两个儿子，继娶谢氏后又生了 3 个儿子。范仲淹小时候随朱氏兄弟一起读书，继父对他是关爱备至，视同己出。朱家家境富裕，两个朱姓兄弟花钱大手大脚，范仲淹劝告他们要节俭。朱氏兄弟嘲讽道："我等自用我朱家钱财，与你何干?"范仲淹闻言大惊，探听之后，才知道自己身世来历，决意离家自立。大中祥符四年（1011），23 岁的范仲淹到今河南商丘苦读 5 年。在此期间，范仲淹过着拮据生活，每日一粥果腹，"起居饮食，人所不堪"。

范仲淹以朱说之名，于 27 岁时考中进士，初任职广德时，他想恢复范姓。范仲淹去信吴县老家，说明来历，请求认祖归宗。但吴县范氏族人反应冷淡，反对范仲淹归宗。范氏族人反对他归宗的原因是，一方面，范仲淹生母身份低微，不受重视；另一方面，大概担忧范仲淹归宗之后，会分家族财产之类。到了天禧元年（1017），范仲淹表示只想回归本姓，别无企图，范氏族人才有条件地同意他归宗。29 岁时，范仲淹终于改回原姓范。范仲淹改姓还吴之后，对山东朱氏的抚育之恩却不敢相忘。他一直对养父朱文翰尽孝，还谆谆教诲朱氏子弟，劝导他们致力于学。他购置义田赡养朱氏族人，帮助朱氏子弟获得更好的发展空间。养父朱文翰的 5 个儿子都得到了他的照顾，其中 1 个后来还随范仲淹迁居苏州。

改回范姓之后，范仲淹在官场上数度被贬，吴县范氏族人对他并未重视，也未与他有过多联系。范仲淹曾对子女云："吾吴中宗族甚众，于吾固有亲疏，然吾祖宗视之，则均是子孙，固无亲疏也。"① "于吾固有亲疏"这句话，明白显示了范仲淹与吴县范氏家族之间的隔阂。吴县范氏排挤范仲淹母子，但是范仲淹并未因此仇视范氏家族，反而主张以德报怨。景祐二年（1035），范仲淹至苏州任职。因为吴县范氏祖先之地都在天平山，范仲淹奏请将天平山白云庵赐改为范氏功德院。宋仁宗体谅他，顺水推舟，将天平山一并赐给了范氏。此时，范氏家族才开始重视起范仲淹，与他恢复了联系。范氏家族中，范仲淹与同父异母的哥

① ［元］俞希鲁：《（至顺朝）镇江志》卷三《劝亲睦》，清嘉庆藏本。

哥范仲温关系最好，两人时常书信往来。

皇祐元年（1049），61 岁的范仲淹担任杭州知府。儿子们看他年纪大了，就劝告他去地脉宜人的洛阳造个庄园，颐养天年，何其乐哉。但范仲淹当即否决，他还做了重大决定："俸赐之余，宜以赒宗族。"[①] 范仲淹将哥哥范仲温请到杭州，商量创办义庄的具体事务。

此后，范仲淹顺道去了趟苏州，将自己多年积蓄拿出，购买良田千亩，捐给范氏宗族建设"义庄"。以田地所得作为族人公产，以救济困难族人。"时置附郭常稔之田千亩，号曰义田，以养济群族之人"[②]。范仲淹离开苏州后，又在家书中嘱咐族人到"木渎买上田"，充实义庄田地。"范文正公尝语子弟曰，吾祖宗积德百余年，而始发于吾。今得大官而独享富贵不恤宗族，异日何以见祖宗于地下？何以入家庙乎？故恩例奉赐，悉均之族人，并置义田，以赡久远。"[③] 范仲淹创办义庄，既希望以此凝聚宗族血缘，又希望能帮助范氏族人形成向上风气，使范氏绵延昌盛。义庄创设之后，义田通过租佃的方式经营，所得租米用来供给族人，"自远祖而下，诸房宗族，计其口数，供给衣食及婚嫁丧葬之用"[④]。

范仲淹制定了义庄米粮的分配规则。男女 5 岁以上者，每日逐房按照人口给米 1 升。冬天每人给衣布 1 匹，10 岁以下 5 岁以上布半匹。每房可以给奴婢 1 人以米，但不给衣。族人嫁女儿时，初嫁给 30 贯，再嫁给 20 贯。娶媳妇时，给钱 20 贯，再娶不给。族中有丧葬，尊长先预支 10 贯，至办葬事时再给 15 贯。次长预支 5 贯，葬事再给 10 贯。地方上的亲戚，遭遇各类灾荒，或处境窘迫时，也可从义田收入中支出米粮钱财，予以救助。

范仲淹创设义庄后，闻讯前来依附的范氏族人有近百人。范仲淹选择其中年长而贤能者主持义庄事务。同时又规定，族人一旦入仕，就不再发给米粮，但若是族中有功名的子弟在家中待阙、守选、丁忧，或者去四川、广东、福建等较远地方任官时，则给米绢并钱。熙宁六年（1073），范仲淹儿子范纯仁又补充了一条，族中子弟出去参加科举考试时，可以领取补贴 10 贯。义庄的此条规定，着眼于宗族人才的培养。因为在科举上要想取得突破，需要长年的苦读，而义庄对于族中读书人

① ［宋］楼钥：《范文正公年谱》，明正德十二年刻本。

② ［宋］钱公辅：《义田记》，参见楼昉《崇古文诀》卷三二。

③ ［明］陈师：《禅寄笔谈》卷二，明万历二十一年自刻本。

④ ［清］冯桂芬：《（同治）苏州府志》卷二四《公署四》，清光绪九年刊本。

的补贴，对“仕而家居”者的照顾，无疑鼓舞了族人读书的风气，也吸引了退出仕途者返乡居住，以熏陶家风。

范氏义庄还规定，“义庄不得典买族人田土”，只能从族外购买田地。为了维持义庄规模，义庄田产不得出卖。如果义庄田地是外人典当的，遇到有人赎田时，应将收到款项在当月购买同等数量田地，以补充被赎田亩的不足。由于只增不减的规定，到了南宋嘉熙年间（1237—1240），范氏义庄已发展到 3168 亩田地。

义田出租给租户耕种，依照当时规矩，采取对半分成制。但本族人不得租种义田，这样规定的原因是，本族人一旦租种，牵涉田地租金的支付。如果族人不肯缴纳，认真追究起来，会伤了和气。如果族人从租户手中再行租种义田，则扣掉半年米粮。义庄中有专门负责收租的“勾当人”，如果不能按时按量收租，则其家中所分的米粮要被扣掉。从租户手中收来的租米要存放在专设的义仓中，由专人管理。

义田收入及其他事务，“惟听掌庄子弟自行处置，虽是尊长不得侵扰干预”①。掌庄子弟乃是范仲淹的直系子孙，由此保证了对义庄的控制。此规定的好处是，出于对祖先荣耀的捍卫，对家族传承的担当，掌庄子弟必然要尽心尽力办事。此外，他们也可以独立进行义庄钱粮的收支分配，不受外界约束。就掌庄子弟而言，他们既有权力，又肩负重担。

义庄之外，范仲淹还创设了义学、义宅。“范文正公尝建义宅，置义田、义庄，以收其宗族，又设义学以教，教养咸备，意最近古”②。义学是为族内子弟提供免费教育而设，它有固定的经费来源，有较好的办学设施，为本族子弟提供免费教育。创办义学既可以提高族人的文化水平，也为族人提供了向上流动的途径，避免族人坐吃山空，闲极生非。义宅则相当于公共住房，面积数百亩，环境优美，聚族而居。

凡范氏族人，每日给米 1 升，每年给布 1 匹，这些补贴能够维持族人的基本生活所需。但族人也不单纯依赖于这些补贴生活，多有其他生活来源。义庄所发给的米布之类，对于族人而言，等同于宗族福利。在基本生活得到保障之后，又有族规的严格约束，使得范氏族人在从事于各个行当之时，多能获得更大的发展空间。后世顾炎武称，范氏义庄设

① 《建立义庄规矩》，《范文正公集》（第二册），参见《万有文库第二集七百种》，商务印书馆 1937 年版，第 547 页。

② ［宋］牟巘：《义学记》，参见范仲淹《范文正公集》《褒贤祠记》卷二，四部丛刊初编本。

立后，“范氏无穷人”①。

理论上而言，所有宗族成员对宗族共同拥有的财产具有平等的权利，在宗族仪式及一系列世俗内容上也享有平等地位，“但事实上，利益和权力获得的归属是不平等。宗族中的经营者行使更多的权力，而且控制着经济和仪式特权”②。义庄创设后，范仲淹将义庄具体事务，交给了自己信任的侄子范纯诚负责。在其后范氏义庄的运营之中，范仲淹的直系后裔占据着主动权，控制着范氏义庄。

皇祐四年（1052），在创办义庄三年后，范仲淹于徐州病逝，时年64岁。范仲淹出仕后，将母亲接到商丘供养。他母亲去世后，葬在洛阳伊川万安山。范仲淹去世后，也随母亲归葬于此，并未葬在苏州。

范仲淹创办范氏义庄之举，影响了宋代许多宗族，一批义庄随之涌现。钟鼎“闻范仲淹义田事，慕之，偕侄日新置义庄”③。陈德高，东阳人，慕范文正公之义，“割腴田千亩立义庄，以赡宗族”④。毕叔兹办毕氏义庄，“义庄四百亩二角者，创而为之者也，又二券合六十五亩有奇者，续增之也，凡四百六十六亩”⑤。“君讳廷坚，字朝弼，姓詹氏，仿文正范公，亦为义廪，以惠族属”⑥。“广义庄，发储积，施及宗族生养死葬，赖公以济者不可胜纪”⑦。应本仁“规建义庄，创屋舍五十余间，割慈溪腴田五百余亩，收其岁入以济亲族、里党之贫乏与婚姻丧葬之不能举者”⑧。

南宋刘宰以行善而闻名于史，他认为范氏义庄的创办，导致了苏州范氏家族的兴盛：“而范公之后，独余二百年，缔十余世，而泽不斩也。”⑨ 范仲淹一生在10余州县任官，他生前，地方民众为他建生祠祈祷；他死后，地方民众为他设范公祠祭祀。范仲淹一生，立功、立德、立言，从事公益，造福于民，“公之精神，感召流行于宇宙者不朽”。

---

① ［清］顾炎武：《庶民安故财用足》，《日知录》卷六，清乾隆刻本。

② ［英］莫里斯·弗里德曼：《中国东南的宗族组织》（刘晓春译），上海人民出版社2000年版，第94—98页。

③ 《江西通志》卷一六七。

④ 《浙江通志》卷一八九。

⑤ ［宋］陈造：《毕叔兹通判义庄记》，《江湖长翁集》卷二一，明万历刻本。

⑥ ［宋］程珌：《静胜居士承务致仕詹君墓志铭》，《洺水集》卷一〇《墓志》，明崇祯元年刻本。

⑦ ［宋］蔡戡：《故朝议大夫直宝文阁学士胡公墓志铭》，《定斋集》卷一五，光绪常州先哲遗书本。

⑧ ［明］凌迪知：《万姓统谱》卷五七，清文渊阁四库全书本。

⑨ ［宋］刘宰：《漫堂文集》卷二一，嘉业堂丛书1918年，第25页。

范仲淹去世之后，随着时间的推移，义庄的弊端渐渐开始显露。范氏义庄是个慈善机构，对于范氏族人来说，所享有的是权利。一旦族中出现违规者，而义庄的管理者却不能加以惩戒，则又令官府难以处理。范仲淹次子范纯仁，字尧夫，对此弊端极为忧虑，努力完善义庄规制，向朝廷提请，予义庄以惩戒子孙的权力。“文正初立规矩止具给予之目，仅设预先支请之禁，不数年忠宣公（范纯仁）已虑其废坏，故治平奏请圣旨，违犯义庄规矩之人，许令官司受理”①。

治平元年（1064）四月，朝廷许可了范纯仁的请求。范氏子孙将此事刻石于天平山白云寺范仲淹祠堂之侧，告诫“子子孙孙遵承勿替”。此后数百年间，范氏子弟无受罚于公堂者。

范氏义庄初期设在苏州城内灵芝坊，面积约 25 亩，建有粮仓、办事机构、住房。此处环境优美，植有大树。范仲淹之后，儿子范纯仁又在苏州天平山附近购买义田 1000 亩，供养贫困族人 90 余人。

南宋庆元年间（1195—1200），范氏义庄、义宅、义学受战争冲击，荒废之后被外族占据。所出租义田的收入大半也收不上来，“邦族愤叹”。范仲淹第五世孙范良器，将此事告至官府，最终将占据义庄的外族人驱逐。范良器出钱修缮，重振义庄，“养活四百五十口”。此时范氏义庄，5 倍于范纯仁时。

综上所述，北宋曾制定了一系列救济贫民的政策，但收效甚微。而由宗族出面，购置义田，赡养族中贫民，则有益于地方秩序。为了奖励范氏义庄，北宋时曾规定，“除纳税石外，一切差役科折并行蠲免”②。对于其他义庄，均有相应优免政策，如“平江府和义庄除纳正税外，非时科敷悉蒙蠲免，皆异恩也”③。

元代，在蒙古人统治下，江南地方发生巨大变化，陈旅就此惊叹：“呜呼呜呼，甚矣。民风之日凉也，视利所在，辄仰取俯拾，不肯遗一毫于其所亲者，比比也。”④ 元代苏州地方官员，一度曾想征收范氏义庄田赋，范氏后人范士贵不服，向上一级官府申诉，最终予以蠲免。

在世风日下的情况下，江南义庄发展艰难，出现了“义廪不自给”的现象。据当时人观察，“予观近代富家巨室，往往置义庄以赡族，遭

---

① ［宋］范成大：《（绍定）吴郡志》卷一五，择是居丛书景宋刻本。

② ［清］范能濬编：《蠲免科役江浙行中书省文据》，《范仲淹全集》（下册），凤凰出版社 2004 年版，第 971 页。

③ ［宋］曹勋：《松隐集》卷三〇，民国嘉业堂丛书。

④ ［元］陈旅：《义庄记》，《安雅堂集》卷九，文渊阁四库全书本。

世变鲜不废者"[①]。时人也认识到义庄对于凝聚宗族的重要性，"和睦宗族，置义庄广宅最是第一件好事，亦是最难之事"[②]。

到了明代初期，对范氏义庄，官员没有宋代那么客气，一度征收重赋，收缴义田。明代范氏族人人口激增，依靠义庄田地亦很难维系生活。一些族人为生活所迫，开始违规租种义庄田地，且拒绝缴纳租米，佃户也隐瞒收入。这些使得义庄收入锐减，几乎无余粮可以供给范氏族人。

范仲淹第十六世孙范惟一，进士出身，曾任浙江按察司提学副使。辞官返乡后，范惟一看到义庄田地被侵吞，房产被盗卖一空，大为痛心。范惟一与族中长老商议，修订义庄规则，又捐出钱财，试图复兴义庄。在范惟一的努力下，范氏义庄终于重新焕发出了活力。范仲淹第十七世孙范允临又两次出巨款，购买良田千余亩捐给义庄，使义庄经济状况得到根本性改变。

到了清代，范仲淹第二十世孙范弥勋向义庄捐田千余亩。至嘉庆二十年（1815），范氏义庄拥有义田4892亩。清政府给予范氏义庄诸多优惠政策，后由于义田增加，官方又减免了赋税差役，此一时期，范氏义庄进入了黄金时期。康熙、乾隆南巡时，必到范氏义庄驻足。康熙为义庄题写了"济世良相"匾额，乾隆六次巡游江南，每次都去祭祀范文正公祠。

捐义田、创义庄，其本意是重建宗族秩序。义庄设置后，避免了贫富差距过大造成的矛盾冲突，缓解了一部分族人的生活压力。义庄主旨不外"养""教"：既以义庄田租收入，为族人提供物质帮助，也以义塾为族人提供教育。在传统社会之中，有义庄支持的宗族往往能获得更多的发展机会，宗族能持久不衰，这也是义庄为名门望族所重视的原因。范仲淹创办范氏义庄，奠定了后世义庄的基础。从义庄的运营规则，到义田的捐赠、经营，再到义学的兴办，后世义庄都受到范氏义庄的深刻影响。

宋以后的中国社会，以血缘为纽带的有着共同祖先的宗族集团，在华中、华南一带有了迅速的发展。这些宗族的特征是在宗法之下聚集族人，拥有族田、祠堂等共有财产，并编辑族谱[③]。而义庄，更是名门望族的标志。

① ［元］胡助：《胡氏族谱序》，《纯白斋类稿》卷二〇，文渊阁四库全书本。
② ［元］孔斋：《和睦宗族》，《静斋至正直记》卷二，清毛氏钞本。
③ ［日］井上彻：《宗族的形成和构造》，《西南民族学院学报》1990年第3期。

第三节　明清义庄概况

元朝末年，在经营江浙的战事之中，朱元璋曾“困于富室”。上海大富豪钱鹤皋“累世富厚”，“慷慨好施”，以义田为基础，凝聚地方民众，与朱元璋作战。杭州巨富马宣教，聚族而居，实力雄厚，屡与朱元璋对抗。出身贫寒的朱元璋，在对江南望族大户的征讨之中，于心里默默地记下了仇恨。

至明朝开国之后，皇权在握，朱元璋开始重拳打击江南地区的望族世家，试图取消义田，打压义庄在社会领域中的作用。在明初的肃杀气氛中，江南地区的义庄处于停滞状态。如明洪武十七年（1384），朱元璋一度下令没收范氏义庄2000亩田地。“昔范文正公置义田于吴中，宋至元族人岁食其入，国初有犯法者，田悉没于官”①。自范氏义庄创办后，义庄被后世的帝王们推崇备至，视为德治昌隆之举，不想此时却成了朱元璋的眼中钉。

在遏制义庄、打击义田的同时，朱元璋又推行粮长、里甲制，加强对地方控制，以取代大宗族对族人的控制。虽然明初朱元璋强化皇权，打击宗族，义庄一度被遏制，但义庄在社会领域中的重要作用，却是难以取代的。至明中期以后，随着社会经济的发展，宗法关系越发松懈。面对层出不穷的社会危机，政府开始放松对大宗族的控制，义庄、义田逐渐得到恢复。到了宣德、景泰年间，苏州府对范氏义庄土地进行清理，将一些被侵占的土地归还给义庄。

至弘治八年（1495），大学士徐溥在原籍江苏宜兴购置义田。徐溥性格沉稳，举止老成，他摸透了为人宽厚的明孝宗的底牌。果然，他购置义田之举得到孝宗鼓励：“置义田赡族深有补于风化，便行，本管有司，严为防护，俾其子孙永远遵守，其义庄户内差役仍与蠲免。”② 孝宗的此番指示，为义庄的创设开了口子。明代前期，由于对社会加强控制，社会组织的发展相应缓慢，创设的义庄较少。至明中后期，官方对社会的控制逐渐放松，再加上经济发达，便掀起了一股创办义庄的热潮。据明末清初嘉兴人张履祥所观察，当时在浙江滨海地区，士大夫多

① ［明］吴宽：《书陈氏复义庄记后》，《匏翁家藏集》卷五二，第6页。

② 《弘治实录》卷九九，“弘治八年纪事”。

置义田，“厥族久而不衰”①。

明代中后期涌现出了一大批义庄，义庄拥有的义田亩数从千亩到几十亩不等。捐置义田、创办义庄者，既有官员，也有绅商。如嘉靖年间，浙江嘉兴府刑部主事陈杲捐置义田 1350 亩。而徽州地方上商人多捐置义田，创办义庄，树立名望，进而为家族子弟在未来取得更多的发展空间。

明代各地涌现出的义庄，在规条上多数模仿范氏义庄，如苏州申时行所办申文庄公义庄，“一则取法范文正公手定之家规，一则曲体先公累年已行之旧例，亲疏有别，赈给惟均”②。明代义庄的作用，与前代无异，不外是赡养族人，周济贫困。如宜兴徐氏义庄“量视族人所乏而周之，嫁娶者有别，疾病者有资，守节者加厚焉。尊卑丧葬赙，有厚薄之差；科贡听选赠，有轻重之别”③。族人之中，根据经济条件、困难情况不同，义庄相应给予补助，如“有田七十亩为上，五十亩为中，一二十亩为下，上者勿给，中者量给，下者全给”④。此外，明代士绅还捐置了大量的助役田，帮助族人减轻各类徭役赋税等重负。如宜兴县任卿置办役田 800 亩，“以给里之轮充里役者”⑤。明代一些有实力的义庄，除了赡族助役外，还在祭祀、兴学、修路、义冢等方面发挥作用，所帮助的对象也从族内扩展到族外。

明初，通过里甲制度，国家一度将权力触角渗透到了乡村，希望以此取代豪门望族对宗族的控制。里甲在地方上承担着征收赋税、征发徭役、推行教化、组织祭祀等多种职能。但里甲制度的推行，不到几十年就暴露出诸多问题，如粮长负担过重，徭役转嫁于小民等。官方不得不改变往昔对宗族的压制政策，转而扶持义庄的发展，使宗族日益壮大。尘归尘，土归土，最终民众还是回归到了地域血缘组织。在地域、血缘、宗法三层体系之下，宗族基于共同认可的规约而实现了自我组织、管理、救济等职能。

明清易代之后，清室汲取儒家圣贤之道，以正统自居，对宗族义庄大加鼓励。清雍正帝在阐释康熙《圣谕十六条》时，就有“立家庙以荐蒸尝，设家塾以课子弟，置义庄以赡贫乏，修族谱以联疏远”的指示。

---

① ［清］张履祥：《祠田经始录序丁未》，《杨园先生全集》卷一六，清同治十年刻本。

② 《义庄规条序》，《（光绪朝）苏州府志》卷二四《公署》。

③ ［明］胡宪言：《义庄记》，《（嘉庆朝）重刊宜兴县志》卷一〇《艺文志》。

④ 《增城县志》卷一《杂记》，第 18 页。

⑤ 《古今图书集成》，《学行典》卷二四四《学行部》。

这是官方的明确表态，支持义庄的发展。

乾隆十五年（1750），吴县候选员外郎陶篠，置常稔田千亩，营守舍三十余楹为义庄。是冬十二月，苏抚雅尔哈善疏闻，明年四月奉旨依部议照原衔即用，以示奖劝。“本朝崇尚敦睦，海内好义之家，以义田义庄上闻者，皆宠以虚衔，或诏部臣存档册，若陶氏之原官即真真旷典也。”[①]《大清会典事例》中就创办义庄规定了奖赏的内容：“其捐银至千两以上，或田粟准值银千两以上者，均请旨建坊。遵照钦定‘乐善好施’字样，由地方官给银三十两，听本家自行建坊。若所捐不及千两者，请旨交地方官给匾旌赏，仍给予‘乐善好施’字样。如有应行旌表而情愿议叙者，由吏部给予顶戴，礼部毋庸题请。”[②] 对于义田，官方出台了各种优惠措施，如“义田如逢歉收，一概停捐，义田应完钱粮，州县垫捐”[③]。到了乾隆年间，江苏规定：“今据长、元等县，详据各裔呈称，祭、义田亩，旧例编立图后，应办赋税。秋成，同学田十月启征，优免差徭。”[④] 即义庄、祠田的正额粮赋，可以按照学田粮赋之例，于十月起运，并免除其他差徭。

有清一代，苏州义庄的创办经历了三个高峰：经顺治年间的寂寂无闻，康雍时期的零星出现后，到乾隆年间形成第一个高峰，大体上每4年有一个义庄产生；第二个高峰形成于道光年间，几乎每年有一个义庄出现；至太平天国战争结束后，苏州地方上创办义庄出现了第三个高峰，每年有两个以上义庄产生[⑤]。苏州义庄堪为江南义庄的代表，整个江南地区义庄的发展，大体与此三波浪潮契合。

乾隆年间，时逢太平盛世，加上官方出台了一系列保护、鼓励措施，出现了义庄兴办的高潮。不过，各地宗族在创办义庄时，常融入自己的慈善理念。如苏州彭绍升一度曾想效法范氏，购置义田，设置义庄，帮助族人，在父亲彭启丰的支持下，彭氏族人陆续捐赠了40余亩田地；彭绍升又仿效施棺会的办法，筹集资金购买田地。经过他的努力，最后彭氏义田有田地340余亩。彭氏家族所购买的田地，并没有依

① ［清］陈康祺：《郎潜纪闻》卷四，清光绪刻本。

② 《（光绪朝）大清会典事例》卷四〇三《礼部·风教》。

③ 《度支省例》卷六，《中国社会科学院经济研究所集刊》第4辑，中国社会科学出版社1983年版，第295页。

④ 洪焕椿编：《道光二年严禁盗卖盗买长洲元和等县义田祭田帖》，《明清苏州农村经济资料》，江苏古籍出版社1988年版，第80页。

⑤ 范金民：《清代苏州宗族义田的发展》，《中国史研究》1995年第3期。

照惯例称为“义田”，而改称“润族田”。彭绍升曾对义田提出异议，“今以富贵之所余均之贫乏，以族人是所殖畀之族人，亦犹一门之中交相衰益，畛域胥泯，而何义之有？”① 在他看来，族人都是一脉血肉，帮助他们是天经地义的。添置润族田之后，彭氏族人在生老病死等方面有了一定保障。只是彭氏家族的润族田，与历时几百年的范氏义庄相比，仍有较大差距，故而也未能从事义学之类的其他善举。直至光绪二年（1876），才设立彭氏宗族自办的私塾。

至道光年间，各类天灾频发，国库日益空虚，出现了所谓的“道光萧条”。经济衰退，贫富差距加大，官方所办义仓废弛，赈灾乏力。在连年灾荒之中，一批士绅以各种方式从事于赈灾工作。其中创办义庄，帮助族人，稳定地方，既能得到官方旌表，又能在地方上树立名望，堪为名利双收之举。在此期间，江南各地创办了大批义庄。据统计，清代无锡地方所办49所义庄中，于道光年间创办的就有26所②。

道光朝之后，江南各地大宗族普遍设置义庄。如浙江海盐县内大族均设置有义庄，其中武原镇就有徐氏、陈氏、沈氏、查氏等义庄。义庄有田产，收入主要用于抚恤族内鳏寡老人和孤儿寡妇，发给折子，按季或按月发放义米，族中鳏寡孤独者病故的丧葬费用，亦由义庄支付③。

第三波义庄兴办的浪潮在同治年间，即太平天国战争结束之后。此次浪潮的背景，一是经过了长年战乱，地方上大量民众生活无着，亟须救助。宗族中有成就者，不忍族人流离失所，纷纷出力，创办义庄。此外，自晚清开埠之后，西方工业产品大量涌入，导致大批传统小手工业者破产，苏南地区受影响极大。大量宗族族人沦落至底层社会，让一批资产雄厚、科举有成的族人忧虑，他们纷纷创办义庄，赈济族人。

义田能够保证田产的有效继承，此点在战乱中尤为明显。太平天国战争中，江南地方上的豪门巨族，房产钱财多被洗劫一空，田产契约也被毁。但义庄中的田产是在官方备案的，受到官方保护，战后得以保存下来。如长洲张氏一直致力于创办义庄，至战后田产保存了下来，并在此基础上创办了松荫义庄。如元和县彭氏义庄，经过战乱，只有义田得以保存。在太平天国战争结束之后，大批富户失去田产契约，为了重新获得土地所有权，选择了将田产宣布为义田的举措，以求获得官方承认

① ［清］彭绍升：《彭氏润族田记》，《二林居集》卷一〇，清嘉庆味初堂刻本。

② 《（光绪朝）无锡金匮县志》卷三〇《善举》，第12—14页。

③ 海盐县志编纂委员会编：《海盐县志》，浙江人民出版社2002年版，第877页。

与保护。官方对于创办义庄之举，则予以鼓励，光绪十二年（1886），江苏巡抚衙门发布告示："自遭兵燹以后，司卷既已沦陷，民间旧帖亦多被毁无存。现当兴废整饬之时，自应循旧举办，合准给帖。"①

值得注意的是，清代义庄的分布存在着明显的地域差异。义庄主要集中在南方，尤以江浙为多。据冯桂芬称，义庄"自明以来，代有仿行之者，而江以南尤盛"②。

明清两代，苏南地区在经济结构上摆脱了纯粹的农业生产模式，商品经济得到了充分发展，形成了一系列经济中心，如以棉纺为主的松江府，以纺织为主的苏州府。在这些区域内，经济充分发展，造成了土地兼并严重，同时又由于经济繁荣，带来了人口的激增，并吸引大量的外来人口。为了弥补贫富差距带来的分化，一些望族以雄厚财力为基础，在地方上创办了大量义庄。各地所办义庄，其功能主要在赡养族人，特别是以贫困鳏寡孤独者为主要帮助对象。衣食能自给者，则根据各个义庄实力的不同，分别决定是否予以补贴。此外，义庄的帮助又是"不以贫富为差，而以亲疏为等"，近支族人是优先帮助的对象，如安阳马氏义庄规定："庄裔五世以内，按服制为差等，各有加米，五世以下服尽，子孙方与族人相等。"③

明清两代，建义庄、置义田，蔚然成风，义田的规模和数量之大、分布地区之广、对社会生活影响之深，均超过以往。在晚清的义庄创办浪潮之中，工商业者也扮演了重要角色，这与当时社会的转型相关。面对着各类新思想的冲击，传统的义庄融入了新的元素，新式学堂开始在义庄内出现，义庄的组织结构、管理制度、功能也开始转变。

第四节　近代义庄变迁

近代以降，江南地区义庄的创办人已不仅仅是传统的官僚，更多的是工商业者。一些民族资本家在从事工商业活动中赚了钱后，捐出土

① 《江苏布政司给帖保护杭安福祀产碑》，参见王国平、唐力行主编《明清以来苏州社会史碑刻集》，苏州大学出版社 1998 年版，第 622 页。

② ［清］冯桂芬：《显志堂稿》卷四《武进盛氏义庄记》，参见《近代中国史料丛刊续编》第 79 辑，（台北）文海出版社 1981 年版，第 406 页。

③ 《安阳马氏义庄条规》，转引自张研《清代族田与基层社会结构》，中国人民大学出版社 1991 年版，第 171 页。

地、资本，设立义庄，掀起了民国义庄创办的浪潮。作为传统社会产物的义庄，在这个时代反而获得了发展契机。虽然清帝已退位，共和政体已建成，但整个中国仍是一个以农耕为主的社会，社会动荡、国家危难、民众困苦的局面没有改变，这让有识之士忧心忡忡。

面对于此，冯桂芬曾提出，要振兴宗法以拯救时弊。他认为："夫宗法既为养民教民之原本，其有功于国家甚大，膺兹上赏，不为过也。"[①] 冯桂芬列举了宗法的诸多功效，如宗法行而盗贼可不作，宗法行而邪教可不作，宗法行而争讼械斗之事可不作，宗法行而保甲、社仓、团练一切之事可行，等等。在当时的士绅们看来，义庄可以收拾人心，振起颓势，"敬宗收族之道衰，而人心愈趋于浮薄。何则？无表率之，无提倡之"[②]。

与明清两代一般，近代义庄盛行之地仍是江南。"义庄之始，既始于有宋之范氏，而其流传也遍乎江浙，而尤以江苏为盛。江苏之中，尤称苏属各县"[③]。因为大批绅商在沪上发迹，上海地区此时成为义庄创设的重镇。如曾少卿既是成功的商人，又以领导抵制美货而出名。曾少卿是福建人，寄籍上海嘉定，遂独自捐资数万，在沪创办瑞芝义庄[④]。又如陈氏在沪上以经商发家，置青、嘉两邑常稔田 800 亩，创办义庄，以赡养族中穷人。然义庄未及创办好，陈氏就去世了。此后其孙继承他的遗志，积累财力，完善义庄规程，最终将义庄创办成功[⑤]。

在北京政府时期，由于政府的鼓励政策，各地创设了一大批义庄。与清代相比，北京政府时期在义庄政策上有所扬弃，摒弃了清政府予创办义庄者议叙得官的做法，对捐田建义庄者予以名誉上的奖励。在 1914 年北京政府颁布的《褒扬条例》中，对捐置族田，价值千元以上者，由内务总长"据其事状，分别等差，经由国务总理呈请大总统，给予匾额题字并金质或银质褒章"。至于传统的牌坊，"其本人及家族愿建坊立碑者，得自为之"[⑥]。

北京政府的鼓励措施、名誉奖励的刺激，激起了民间捐田创办义庄的热潮。对各地所办义庄，内务部均予以备案，并给予褒扬。如无锡县

① ［清］冯桂芬：《复宗法议》《校邠庐抗议》卷下，清光绪十年豫章刻本。
② 何卓勋：《曾氏瑞芝义庄序》，《慈善报》1914 年第 3 期，第 24—26 页。
③ 归堤：《常熟之义庄》，《复旦大学社会学系半月刊》1931 年第 7 期。
④ 何卓勋：《曾氏瑞芝义庄序》，《慈善报》1914 年第 3 期，第 24—26 页。
⑤ 张㬊（叔俨）：《云荫义庄序》，《广益杂志》1919 年第 2 期，第 70 页。
⑥ 《褒扬条例》，《通俗教育杂志》1914 年第 5 期，第 66—68 页。

怀上市严氏家族，创办有严义庄，严氏六房族人又共同捐田，以义庄为平台办学，“计各捐赀至一千三百元，合查捐赀兴学条例第二、第五条造具清册，呈请大部核奖褒章”①。

如同往昔一般，创办义庄，成为很多名门望族的标志，并成为家族的传承。如清代吴江施景熊，一直仰慕于范文正公之置义庄赡族，然因力未逮即殁，遂遗命诸子创办义庄。施景熊长子名曰善昌，一直热心于义赈事业。道光二十九年（1849），全国各地遭遇大水灾，遍地灾民，施善昌（字少钦）放弃在上海的丝生意，率施门子弟，行于苏、浙、皖、湘各灾区，倾囊救助，使无数灾民免于沦为饿殍。

施善昌“其子及其从子曰则敬、曰肇曾、曰肇基”。施则敬参加科举时，以浙江钱塘籍登科，发达之后，益念先志之未竟，“乃于原籍震泽镇，建支祠，购田千七百余亩为义庄，其族之孤嫠贫疾皆有赡”②。据统计，施则敬建支祠共用银1万两，购买田亩共用洋70050元，又捐洋1000元。此外又购坟地一处，作为族中义冢③。每年田租收入除完纳丁漕、春秋祭扫，以及一切正用外，余款分别用于孤寡贫病族人的养赡及子弟教育。

施则敬在吴江震泽所建义庄，耗费款项总计8万以上，远远超过嘉奖条件。1916年8月，内政部特意向大总统提出申请，以匾额等作为奖励。后大总统颁给匾额，题以“宗仁主义”四字。

到了1917年，因为《褒扬条例》在实施过程中有所“窒碍”，北京政府“不得不稍事变通”，如提高捐助财产上限，捐献2000元以上者方为“尽心公益”等④。根据修正后的《褒扬条例》，一些创办义庄者得到官方的金色褒章，其中典型代表是嘉定人朱得传。

朱得传祖上几代人都立志于慈善，帮助族人。朱得传自己在沪上经商多年，家财充裕，遂决定返乡创办义庄，以告慰先人。在嘉定、青浦两地，朱得传捐出1007亩义田，用于赡养族中贫寒之人；捐祭田57亩，以供祭祀所用；捐学田201亩，以供义学开销。前后共计捐田1256亩，

---

① 《教育部〈呈报无锡县怀上市严义庄等捐赀兴学情形并事实表册由〉》，《江苏教育行政月报》1914年第13期，第1页。

② 通伯：《吴江施氏义庄记》，《文艺丛录》1917年第1期，第10—12页。

③ 《施则敬等在吴江县地方建置义庄慨捐巨款特请褒扬文》，《政府公报》1916年第236期，第12—13页。

④ 《内务总长汤化龙呈大总统修正褒扬条例及施行细则请公布文》，《政府公报》1917年第673期，第14—15页。

值银26029元。在嘉定城内南门创建义庄1所，地价费用共计1万元；设立国民学校1所，开办费用捐银1000元；另外捐公债券银7500元。总计捐款44529元①。朱氏义庄既有传统元素，也有一些新的内容。“建设义庄，以敦宗恤族为主旨”，义庄设在嘉定县城，定名为朱氏企云义庄。义庄内附设有国民学校，定名为私立企云国民学校。义庄设庄长1人，庄正1人，司事1人，查账员2人。担任庄长必须有4个条件：创建之人的子孙；年龄在16岁以上，有高等小学或高小同等学校毕业证书；未失财产信用；未被剥夺公权。庄长由族会就有资格之人进行投票选举，以得票多者当选。庄长三年一任，期满不称职得随时更换②。

据修正的《褒扬条例》，合于以下条款者，由内务部呈请褒扬：“一孝行纯笃，二特著义行，三尽心公益，四有功艺术，五硕德淑行，六睦姻任恤，七节烈妇女，八年登百岁，合于各款之一者，其子孙亲属邻里均得具呈于县知事请其确考行实，出具证明书，呈由该管最高级地方行政长官咨行内务部请予褒奖。”朱得传在原籍嘉定县捐建义庄，依照《褒奖条例》第六款睦姻任恤，应请褒扬。又查得民国四年（1915）创办私立企云国民学校，捐置学田200余亩，学校建筑准备金7500元，除族中子弟免费入学外，并广设学额，凡乡里子弟咸得入学同受教育，于贫寒学生免征学费。“现在校学生已达一百三十人，开办以来，成效昭著”，又合于《褒奖条例》第一条第三款尽心公益③。内务部决定：“谨拟具匾额字样缮单呈候核题，并按照本例第六条，事状合于二款以上者之规定，请予加给褒辞，又照章给予金色褒章。”④

与当时兴起的乡村建设运动浪潮相适应，个别义庄也适时转型，投入乡村建设运动中去。在无锡地方，“邑人荣华生，经营荣氏义庄田亩，三月间拟将所置庄田，悉数建设农事试验场”⑤。在中央研究院任职的丁文江，1935年返回老家泰兴，以丁氏义庄为平台，举办实验农场，推广良种家禽，提高农民文化水平，获得了良好效果⑥。

---

① 姚浚：《呈为陈报邑绅捐置义庄建设学校谨缮规程并田亩清册》，《嘉定县公报》1918年第42期，第30—31页。

② 《江苏嘉定朱氏企云义庄规程》，《教育公报》1918年第5卷第13期，第84—89页。

③ 姚浚：《呈为陈报邑绅捐置义庄建设学校好义可风谨请》，《嘉定县公报》1918年第42期，第31—32页。

④ 《嘉定商人朱得传捐建义庄并热心公益特请褒扬文》，《政府公报》1918年第1008期，第12—13页。

⑤ 《义庄田亩改作农场》，《无锡年报》1925年第1期，第68页。

⑥ 杨懋青：《丁氏义庄往事回顾》，《泰兴文史资料》第5辑，1988年版，第107页。

民国时期的著名义庄中，以盛宣怀所办义庄实力最强、名声最响，但结局却最悲。盛宣怀前后娶了2位夫人、5个妾，有8个儿子、8个女儿，可谓妻妾成群、儿孙满堂。儿孙多了，家境优越，其中难免有赌博、嫖娼、抽大烟的。长子盛昌颐有妻妾6人，却整日在外寻花问柳，活到40岁就去世了。盛宣怀生前对于家族的未来忧虑重重，再多的家财也经不起无度的挥霍。在去世之前，盛宣怀立下遗嘱，遗产四六分析，六成由家人继承，四成约580万两银子放在盛氏愚斋义庄中，本金不动用，利息用于慈善。至1916年盛宣怀去世后，义庄基金由庄夫人掌管。1927年庄夫人去世后，各房子孙提出分家产，闹得沸沸扬扬。

"在江苏省，有一特殊慈善财团，即上海富室盛愚斋义庄。以一家慨捐巨资立案，将其基金分作国有、族有及本房子孙专有三种性质"①。既然盛氏义庄有一部基金属于国有，在管理上就产生了分歧，有人认为应当派专员到上海查核账目，避免产生流弊。同时严定管理办法，由中央政府、江苏省政府及盛氏子孙，各指定一名信用素著之人，代为经理。随即江苏省政府派专员孟心史到上海，清查账目。至1928年，愚斋义庄的六成本金被各房子孙分掉，其余本金则捐给了政府，愚斋义庄存在了12年后结束。

至国民党在南京建立政权之后，其对社会领域的控制日益加强，出台了一系列限制社会团体发展的法案。国民政府对各类社会团体的限制，既因其自身标榜是"革命政府"，欲对各类传统社团加以变革；又因此种限制可加强社会控制，为中央政府集中权力。"国民政府之初创于南京，以义庄为家族主义之表现也，有收为公有之谣传。于是一般昔日富有，而今日无以自食者，或不顾族谊，但有私利之辈，纷纷创议以义田收回，由庄裔子孙，依房分取。义庄之因是而析散者，盖十之六七矣。"② 当时常熟地方上有学者在写作《常熟之义庄》时，曾准备向各义庄借取资料，不想各义庄因为谣传即将被国民政府收归公有，唯恐泄露义庄田亩数，纷纷拒绝，秘不示人。

1928年，南京国民政府召开全国经济会议，有人提出"请政府保护义庄公所会馆以维持公共救济事业案"，提请"由所隶属之县或市监督保护之"，"由监督政府呈报内政部批准立案"③。提请各县市监督保护

---

① 《派员查核盛氏愚斋义庄基金》，《江苏省政府公报》1928年第17期，第54—55页。

② 《常熟之义庄（未完）》，《复旦大学社会学系半月刊》1931年第2卷第7期，第6—7页。

③ 经济会议秘书处编：《中国金融经济史料丛编》第3辑，《全国经济会议专刊》，1928年版，第517—519页。

义庄，潜台词是欲将义庄等机构置于政府控制之下。虽当时有各类加强控制义庄的议论与建议，但是国民政府欲图加以控制的首要目标是城市中的各类社会团体，而乡村之中散布的义庄对国民政府的统治而言，却是起着积极作用。

为了安抚人心，鼓励义庄继续发挥作用，国民政府出台了一系列鼓励措施。如泰县王氏进业义庄，首先由县内提出备案，申请保护，再由县长呈交给内务部。国民政府内务部在公告中指出："义庄宗旨纯正，办法妥善，并无别项情形，应准备案。再该庄既属慈善性质，并应遵照《管理各地方私立慈善机关规则》办理。"① 如无锡县曹氏义庄，热心教育，捐资助学。经由无锡教育局呈报内务部，发给捐资兴学奖状，作为嘉奖②。"楚南义庄董事蔡珪请为慈善产业，免费登记。查义庄系慈善产，准予免费登记，至田地应照普通登记办法"③。

1932年6月，国民政府颁布了《褒扬条例》及《褒扬条例施行细则》，凡捐资满5000元以上者，由国民政府颁给"匾额、褒章"，另"加给褒辞"。捐资不足5000元者，"得由省政府或直隶于行政院之市政府颁给匾额"④。据此条例，各义庄也得享政府褒奖。

1934年，国民政府内政部出台了《监督慈善团体法》及施行规则，就义庄有特别规定："查各地义庄之设，以捐置田产，周恤寒族为主，虽其救济范围限于一族之寒寡故旧。对于整个社会福利增加裨益甚巨，兹查义庄设立性质，系属财团法人，自应依照《监督慈善团体法》第三条暨第二十三条之规定，暨部颁各地方慈善团体立案办法，饬其呈请立案并转部备案，以便保护。"⑤ 由此可以看出，南京国民政府对义庄仍持扶持、鼓励态度，要求地方政府鼓励有力士民捐建⑥。

义庄及其所属义田，属于传统社会中的族田性质，此时已与时代脱节。对此，南京国民政府有清晰的认识，但在当时却无力加以变革。在国民政府行政院复兴农村委员会的调查报告中也指出："在江南，族有

① 《内部准泰县王氏进业义庄备案》，《江苏省政府公报》1928年第57期，第28页。

② 《嘉奖曹氏义庄等捐资与学》，《江苏省政府公报》1931年第892期，第14页。

③ 《批楚南义庄董事蔡珪爵为慈善产业恳祈免费登记由》，《宁波市政月刊》1929年第2卷第6期，第65页。

④ 《褒扬条例施行细则》，《湖北省政府公报》1932年第6期，第18页

⑤ 《训令各县县长饬知该管区内义庄应依法呈请立案由》，《云南民政月刊》1934年第4期，第68—69页。

⑥ 《为各地义庄应饬依法呈请立案转部备案仰遵办具报》，《内政公报》1934年第7卷第6期，第23页。

田产的发达，构成了一种特色。常熟、吴县、无锡、昆山等县的族产都在十万亩上下。这些族产的目的，大致为祭祀教养恤孤济贫。但因为是族产之故，田权移转时很不容易，不能绝对自由地买卖，以此便形成一种具有特殊性的田权。”① 1933 年，蒋介石曾就土地政策发表宣讲：“今日中国之土地，不患缺乏，并不患地主把持。中正对于土地政策，认为经营及整理问题，实更急于分配问题。”② 对国民政府来说，土地问题的关键是如何利用，即使用权问题；而不是如何分配，即所有权问题。再者，在当时，南京政府忙于应付各种内外棘手问题，实难以发动一场急风暴雨式的社会运动，以解决农村土地问题。于是，义庄、义田不但存续下来，而且更是得到了官方的鼓励与扶持。

在民国动荡的社会局面中，虽然在各地呈现出了兴办义庄的浪潮，但作为传统社会的产物，在当时的各类社会变动的冲击下，义庄不可避免地受到影响。无锡地方上的胡氏义庄，创办于清代，在地方上拥有较多田亩。进入民国之后，胡氏义庄多次遭受兵燹。1924 年，奉直军阀战争中，各路溃兵散布在地方上，义庄主持人胡一修“不得不硬起头皮，鼓着胆气去招待军队”。为了供养军队，义庄不得不向佃农催租，而在混乱局面中，佃农自身难保，更难以缴纳田租，双方关系紧张。1926 年，受北伐军及国内第一次大革命影响，无锡地方上兴起了打倒土豪劣绅的运动，一些大地主被抓了起来，“他们绳绑双手，头戴高帽子，示众游行”，“义庄集团都心胆俱裂，匿居深院，不敢出门”。1938 年，日寇占领无锡，胡氏义庄负责人胡薛毅避走他处。日军开到胡氏义庄，将义庄大厅焚毁。在日军扫荡作战中，义庄账房胡增祥被击中头部而死。在一片混乱中，胡氏义庄被一批不务正业者所把持，而“佃农有的减租，有的抗租不还”③。

至 1948 年，无锡地方上的义庄每况愈下，县政府在公文中指出：“有一部分捐建义庄之后裔，既不发放义米，又不兴办学校，对于地方公益慈善事业均置不问。甚或收回私有，殊失设立义庄、义塾之原意。”县政府令各乡镇公所，就近切实劝导，令各义庄着力于地方公益事业④。

由于佃农拖欠地租不交，一些义庄已无力维持运作。1948 年，曾有

---

① 行政院复兴农村委员会编：《江苏省农村调查》，商务印书馆 1933 年版，第 6 页。

② 《蒋委员长对于解决土地问题意见》，《地政月刊》1933 年 11 月，第 1 卷第 11 期。

③ 胡中沐：《村前胡氏义庄集团始末记》，无锡档案馆藏档，档案号：F02-01-079。

④ 《为请各乡镇长切实劝导各义庄办理地方公益及救济事业由》，无锡档案馆藏档，档案号 ML01-004-1240。

秦氏义庄向无锡县政府当局提出申请，有佃农陆仁福、陆阿大拒绝交租，并煽动租户集体抗租。“该佃显属蛮理抗拒，于业户田赋不能拖欠，顽佃耕种抗欠不还。敝仓收租无着，赋税虚悬，为此伏乞钧长电核，迅派警员协同保甲长，着该佃照数清偿”①。

在整个民国时期，义庄呈现出了发展的态势，并得到了官方的各类鼓励，以使其承担一定的社会责任。但义庄到底是与传统宗族社会紧密联系、与小农经济捆绑在一起的产物，民国时期的发展，却是其行将落幕前的最后辉煌。

第五节　近代义庄的消失

中华人民共和国成立以后，对苏南各地存在的义庄，初期以限制为主，取消义庄所享有的各类特权。1949 年 12 月，苏南行政公署发出训令：“查各地义田系一族私产，须加以注意，以防止逃避负担为要。”②至于各义庄应行缴纳累进公粮，一概不予豁免。

在进行土地改革之前，中共中央在各地进行的详细的土地调研基础上，摸清了各地族田的情况，并据此制定出一系列土地政策。1949 年夏至 1950 年 10 月，华东局决定在苏南组建农村工作团，数百名干部下到乡村，首先调查苏南土地状况，然后进行土改试点③。

各地农村工作团的调查发现，义庄义田在苏南相当发达，吴县、常熟、吴江三县有义庄义田的家族达 64 家，拥有义田 78067 亩④。而苏南地区整体情况是地少人多，平均每个人只有 2.01 亩土地。无锡地方人均占有田地面积更少，荡口北延镇人均占有土地 1.5 亩，云林乡人均占有土地只有 0.78 亩。无锡地方上民众因为田少，故而多数农民不依靠土地生活，从事其他各类职业，“今天种田，明天做工，今天做职员，明天当店主。”调查显示，荡口与甘露相距 4 华里，一般情况相同，两镇合计 5681 户 23028 人（内农民 3463 户 16057 人），土地 31783 亩，农

① 《呈为顽佃抗租请予派经提追》，无锡档案馆藏档，档案号 ML01-004-0827。

② 《为义庄累进公粮不予豁免转仰照遵由》，无锡档案馆藏档，档案号 B33-02-019。

③ 钱宝桐：《苏南土改的试点》，参见《历史的足迹——南京大学离休老同志回忆录》，南京大学出版社 2003 年版，第 497 页。

④ 潘光旦、全慰天：《从义田看苏南农村的封建势力》（上），《新建设》1957 年第 4 卷第 5 期，第 27—32 页。

民有土地者不到十分之一，屋基、坟地也大多交租。10户中有7户农民是自己没有1分土地的。普通农民，每户种地四五亩，有的种一两亩，个别的种到10余亩。没有土地的农民，从事各种职业。除了木匠、泥水匠、裁缝、罱河泥、荡螺蛳之外，很多农民前往上海、苏州做旅馆职工，开堂子。其中妇女很多（占成年人二分之一）做帮佣，甚至当舞女①。

至1950年年初，中共中央为制定《中国土地法大纲》，致电各中央局，征询意见。在宗族族田比较集中的苏南地区，中共苏南区委认为："义庄田有为祖遗者，有为捐献得来，但大部分为地主把持，一部分该族内部轮流管理，一部分组织专人管理，其用途为修葺祠堂坟墓、春秋祭祀、救济族内孤苦与办学校等，但都出租给农民耕种。但有些族田、祠田为本姓耕种，租额较轻，因受种族思想的影响，本族人不愿分给外族或要留敬祖先，不愿分配。"据此，苏南区委提出，对于义庄所控制的土地，"均需没收分配，但为照顾新区群众觉悟程度，尽可能先分给本族人，如果广大群众一定要求留一部分，作为修葺祠堂坟墓与敬祖先用，可通过群众讨论"②。

至1950年6月30日，在征集各地意见的基础上，中央人民政府发布了《中华人民共和国土地改革法》，其中第三条规定："征收祠堂、庙宇、寺院、教堂、学校和团体在农村中的土地及其他公地。但对依靠上述土地收入以为维持费用的学校、孤儿院、养老院、医院等事业，应由当地人民政府另筹解决经费的妥善办法。"第二十一条规定："祠堂、庙宇、寺院、教堂及其他公共建筑和地主的房屋，均不得破坏。地主在农村中多余的房屋不合农民使用者，得由当地人民政府管理，充作公用。"③

据此，苏南地区在土地改革中，决定对苏南义庄田、义仓田、公田、祭祀田、龙灯会田及各种神会、各种同业公会及同乡会等在农村中拥有的土地，按照《土地改革法》第三条办理。义庄及祠堂等建筑，一并予以征收。在苏南地区进行土地改革时，又根据地方实际情况决定，"分田按全乡综合平均数，再经村农会逐一核实平衡调配，在原有基础

① 《无锡荡口区义庄田调查》，锡山区档案馆藏档，档案号XB1-01-06-68。

② 转引自王瑞芳：《土地制度变动与中国乡村社会变革：以新中国成立初期土改运动为中心》，社会科学文献出版社2010年版，第149页。

③ 《中华人民共和国土地改革法》，《人民日报》1950年6月30日。

上远近搭配，好孬搭配，不搞一刀切，分四大财产（粮食、耕畜、房屋、农具）”①。

宗族内的族人，如果不依靠土地生活者，一般不分给土地。族内失业的贫民、工人、店员等，如果能耕种土地，自身又有意愿，经过农会评议、政府批准，可以分给一份土地。对于依靠义庄救济的贫民、鳏寡孤独残疾人等，如愿意种地，视土地多少分给一部分、少分或不分。由义庄协助举办的学校，转由政府贴费赞助，凡由义庄赞助的学校操场、试验农场之类，一律收归国有②。

义田在捐赠之后，虽然属于族产，名义上与捐赠者脱离了关系。但在土地改革中，义田的捐赠者、义庄的管理者，被视为义田的实际拥有者，被界定为地主。1950 年 8 月公布的《中央人民政府政务院关于划分农村阶级成份的决定》明确指出：“管理各宗祠、庙、会、社的土地财产，叫做管公堂。在农村中管公堂无疑是封建剥削的一种，特别是地主阶级及富农，借着公堂集中大量土地、财产，成为封建剥削的主要方式之一。凡属这种为少数人把持操纵，有大量封建剥削收入的公堂，管理公堂的行为，应该是构成管理者阶级成份的一个因素。”③

阶级成分的划分，对于土地改革影响极大。通过此举，往昔以血缘为纽带、以辈分为次序而划分的宗族组织，被以阶级划分的政治组织所取代。在此基础上，传统的宗族观念被打破，新的观念进入广大乡村，国家的意识形态与话语体系，全盘渗透进普通农民的日常生活之中，千年不变的中国农村为之彻底改变。阶级成分的划分，这是“把自己和敌人划清你我”，好的阶级成分与不好的阶级成分之间，是敌我之争，是你死我活之争。在土改运动中，不但义庄捐赠者，连同管理者一并被划入剥削阶层，划入地主成分，在土地改革运动中遭到批斗，彻底丧失了原先的社会威望与经济来源。义田被没收分配时，义庄捐赠者、管理者，一般不分给土地及生产资料。与此相比，一般地主尚能分到一份田地，以督促其自力更生，接受改造。

20 世纪 50 年代初期，在土地改革的风暴之中，苏南地区义庄全被取消，义田被没收分配给无地、少地农民。在此后的历次政治运动之

---

① 吴茂圻：《苏南土改纪事》，参见《岁月风流：无锡社会主义革命和建设亲历记》（第 1 集上册），凤凰出版社 2008 年版，第 197 页。

② 转引自王瑞芳：《土地制度变动与中国乡村社会变革：以新中国成立初期土改运动为中心》，社会科学文献出版社 2010 年版，第 151 页。

③ 《中央人民政府政务院关于划分农村阶级成份的决定》，《人民日报》1950 年 8 月 21 日。

中，义庄、祠堂建筑或是被加以拆除，或是被改为学校、居民区，宗族祖坟也大多被平毁。因为宗族包含了经济、文化、法律等多种社会功能，且宗族管理人是族长、乡绅、地主等多重身份的融合，因此在土改中，宗族权威遭到彻底打击。家族主义的三大支柱——族谱、族产、宗祠受到巨大冲击。族谱被焚毁，续谱、入谱的活动更是遭到禁止，家族的血缘辈分观念在暴风骤雨般的政治运动中逐步松散。祠堂被改作校舍或他用，举族祭祀祖先的活动停止。族田、族产全部被征收，宗族制度赖以存在的经济基础丧失。

经过土地改革运动及之后的一系列运动，农村原先的经济秩序、宗法秩序被摧毁，新的以“阶级革命”为中心的秩序得到确立。土地改革之后，苏南地区的义庄义田全部退出了历史舞台。延续千年，维系宗族血缘，收族敬宗的义庄荡然无存。虽然义庄消失，但宗族血缘意识却在民间、在某些地区依然得到流传，直至当代亦呈现出一些“复兴”的趋势，只是作为宗族意识载体的义庄，却永远退出了历史舞台，再无人关注。

第二章　华氏家族述略

无锡华氏家族源远流长，在其历史的发展之中，有三个重要人物，分别是南齐孝子华宝、南宋迁回无锡隆亭的华原泉、明初荡口始祖华悰韡。此三人对华氏家族家风的形成、文化上的成就、仕宦上的辉煌，起着重要作用。

第一节　无锡华氏源流

无锡古为荆蛮之地，商朝末年，泰伯与弟弟仲雍从今陕西南下，来到无锡一带定居，以此为基础，筑城建国，自号勾吴。周灭商后，周武王追封仲雍五世孙为吴国君，遂为吴国，其后历为越属、楚属。周平王东迁时，在惠山东侧发现锡矿，锡是冶炼青铜器的原料，经过不断开采，至战国末期逐渐减少。秦国大将王翦在锡山驻扎时，发现一块石碑，上面刻有："有锡兵，天下争。无锡宁，天下清。"① "无锡天下宁"，也是无锡之名的最初由来。"汉初，置无锡县，以邑境锡山草石采掘已尽，故名"。到了王莽篡位之后，将无锡改为有锡，后又改回无锡，此后一直保持此名。清军入关后，无锡隶常州府，雍正二年（1724）析无锡为无锡、金匮两县，统称锡金。无锡县在西，金匮县在东，荡口属金匮。民国初年，两县又合并为一，直属于江苏省苏常道。后又废道制，无锡直隶于江苏省。

几千年来，在南北交融中，无锡不断发展，文化发达，经济繁荣，形成了一批望族。洪亮吉在《诸氏族谱序》中曾说过，望族"或占一

① ［宋］史能之：《（咸淳）重修毗陵志》卷二《地理》，明初刻本。

乡，或占一镇，即小有迁徙，亦不出数百里之外”①。华氏当然符合这个条件，无论是居于乡间还是城市，多累世同居，即使析居也相距不远，聚集在荡口、东亭等地。无锡地方的诸多望族，以诗书传家，涌现了无数俊杰。在诸望族中，华氏素以世代行善闻名，立足地方，效力乡里，做出了诸多贡献。

“华，出自子姓”②。汉王符《潜夫论》称华氏“子姓也”。唐林宝《元和姓纂》称：“宋戴公子考父说，食采于华，因氏焉。”③ 宋陈彭年《重修广韵》称：“殷汤之后，宋戴公子考父食采于华，后氏焉。”④

周朝时宋戴公有子名考父说，食采邑于华地（今陕西华阴一带）。考父说的儿子名督，以邑为姓，称华督，在宋穆公时担任太宰。宋穆公的王位，得自于哥哥宋宣公。做了国君之后，宋穆公一直惦记着哥哥对自己的好，临死时将王位传给了宋宣公的儿子与夷，又命大司马孔父嘉辅佐。宋穆公本想营造一段佳话，不想却滋生出无数是非。

为了避免产生纠纷，宋穆公的儿子冯被送到了郑国。与夷，后世称之为宋殇公，即位后很不安分，四处征战。宋殇公一度听到风声，称公子冯要回国争夺王位，残暴好战的他立刻派孔父嘉领兵讨伐郑国，试图杀死公子冯。不想孔父嘉出兵之后，连遭败绩。次年，郑国联合其他诸侯国，共同讨伐宋国。

宋殇公在位 10 年，接连打了 11 次大仗，国力耗费殆尽。华督与公子冯是好友，对好战的宋殇公很是不满。此时宋国民众苦不堪言，将助纣为虐的孔父嘉视为罪魁祸首，请求华督杀掉孔父嘉。华督挺身而出，带领民众冲入孔父嘉府内，将其杀掉。宋殇公以孔父嘉为臂膀，看他被杀，大怒之下，要治华督之罪。此时民怨已沸腾，干脆将宋殇公一起杀掉，然后将公子冯从郑国迎回担任国君，此即宋庄公。

华督的曾孙华元，是春秋时期的名臣，曾约会各国举行“弭兵大会”，使中原战火一度平息了 10 余年。在宋国，华氏世为公卿，权势显赫。至薄情寡义的宋元公当上国君后，猜忌华氏家族与向氏家族。华、向两家不甘坐以待毙，议定提前下手，于周景王二十一年（公元前 524）发动叛乱，劫持了宋元公。

---

① ［清］洪亮吉：《诸氏族谱序》，《更生斋集》文甲集卷一，清光绪三年洪氏授经堂增修本。

② ［宋］邓名世：《古今姓氏书辩证》卷三三，文渊阁四库全书本。

③ ［唐］林宝：《元和姓纂》卷九，文渊阁四库全书本。

④ ［宋］陈彭年：《重修广韵》卷四，四部丛刊景宋刻本。

宋元公被抓后很是无奈，以自己的3个儿子与华、向家的3个儿子互换，作为人质担保。宋元公被释放后，自感受到侮辱，遂背弃约定，杀掉人质，出兵攻打华氏。华氏不敌宋元公，在此番内乱中大伤元气，纷纷出走他国避乱。到战国时，华氏已分散于各地。

至汉代，华氏辅佐汉高祖平定三秦，封终陵侯，定居于中原。东汉末年，开始了持续400年之久的社会大动乱，黄河流域成为主要战场，中原地区生产力受到极大破坏，大量北方人口纷纷南迁，这是南方发展的一次重要契机。除了涌入南方的大量劳动力外，北方先进的生产技术如牛耕和铁制工具的传入，改变了长江流域以往刀耕火种的农业模式。南方开始使用利于围湖造田的铁制农耕工具，并使用畜力代替人力，将长江流域大量的低山丘陵开垦成了良田。自晋室东渡后，南方以偏安之势，而有“六朝金粉”“南朝四百八十寺”的荣光。此时，南方虽未在经济上全面取代北方的地位，但已开始显示出潜力。

在东汉末年的南迁浪潮中，华氏族人纷纷南下，分散居住于高唐、江都、晋陵等地，发展成为江南望族。“居晋陵者曰覈，江南之华由晋陵”①。晋陵所辖，相当于今常州、无锡、镇江等地。三国时，华覈事吴，被封为徐陵亭侯。史载，华覈居住于今常州武进一带，“覈武进人，盖吴省无锡入武进也”②。

华覈四世孙为华豪，在无锡定居。今无锡惠山之麓的华孝子祠，就是当年华宅之故址，据说今“天下第二泉”原来是华家的厨房汲井。约在东晋义熙十四年（418），华豪应征赴长安，此时其子华宝年已8岁，临别时华豪对他道：“须我还，当为汝上头。”③ 即出征归来，为儿子结发举行成人冠礼。

华豪出征之后战死，不能实现为儿子加冠的诺言，华宝终生不结婚，不带冠，以为乃父之诺。有人问起缘由，华宝就恸哭流涕，难以自抑。华宝终身不娶，70岁时以弟弟华宽次子华壸为嗣。后世华孝子祠中，立华豪、华宝、华宽、华壸4人木主，春秋祭祀。华宝的事迹，得到官方的重视，“齐建元三年，并表门闾”④。

华壸之后十六世，世居于无锡。第十七世孙华荣，8岁能文，10岁明《春秋》，16岁中进士。宋太宗时，华荣迁居汴京。北迁之后，华荣

① 许同莘：《无锡华氏谱跋》，《国立北平图书馆馆刊》1934年第8卷第4期，第75页。
② ［清］华希闵：《梅里草堂序》，《延绿阁集》卷一〇，清雍正刻本。
③ ［宋］王钦若：《册府元龟》卷二一〇，明刻初印本。
④ 《南史》卷七三《孝义上》。

生华兴，华兴生华良，世官武爵都尉。华良之子华原泉，官承事郎，排行三一，后世尊称他为“三一承事”。

继永嘉之乱、安史之乱后，以北宋末年的“靖康之变”为转折点，中原开始了中国历史上的第三波人口迁徙浪潮。仅南方两浙路、江西路、江东路，迁入的人口就达500万。靖康年间，华宝二十世孙华原泉随宋高宗南渡，至无锡隆亭梅里乡居住。宋室南渡后，北方人民因不堪忍受女真贵族的压迫，流亡江南者日众。宋高宗赵构认识到，要稳固其偏安政权的统治，必须“招集流离，使各安田亩，最为今日急务”①。南宋朝廷采取积极措施，致力于恢复农业，并以农业作为地方官吏考核的首要条件。各地遂收集流民，安置在旷土荒田之上，贷给种子、农具与耕牛，免租三年或数年，使其安心生产；同时注重农业技术整理，出版了大量农书，兴修农田水利。史载：“南渡后，水田之利，富于中原。”②

华原泉从长江以北迁至无锡，始有族谱，故以他为第一世。以迁徙之人为祖，符合礼之规定。“迁汴者三世，既迁复归，则尸迁祖，礼也”。《华氏宗谱》称，华原泉“为人尚气节，好施与，积德累仁，规模宏远”③。华原泉迁至隆亭后，奠定了华氏家族日后的发展基础，使宗族绵延不绝。

华原泉四传，为华诠，南宋德祐元年（1275）调任无锡县主簿，“华氏尚义，至诠家产益拓，岁得租四十八万石有奇，时称华半州。惟养衰老，植幼孤，培守节，殓停尸。延医治药，以济贫病。设塾以教农稚，置义仓以赈全邑饥乏，活者无算”④。华诠在华氏的发展史上地位相当重要，一方面，他为地方出力，赢得了巨大声望；另一方面，他为华氏的发展奠定了基础，尤注重于文化教育，提高了家族文化水准，“华氏之盛，自此而始”⑤。

华诠生有5子，分别是友谅、友直、友闻、友龙、一雷；5子又生有15孙，此后华氏又分为“十通、五奇”，共15支派。

通一，友谅长子珦。后裔居于隆亭、望亭、万安、福塘、泰伯乡、胶山、惠山、宅仁、永昌东、凤凰嘴等地。

通二，友谅次子瑞。至九世无传。

---

① ［宋］李心传：《建炎以来系年要录》卷七九，文渊阁四库全书本。

② ［明］王圻：《续文献通考》卷一六《田赋考·官田》，明万历三十年松江府刻本。

③ 《华氏宗谱》卷一《总表》，存裕堂义庄清宣统三年（1911）。

④ 许同莘：《无锡华氏谱跋》，《国立北平图书馆馆刊》1934年第8卷第4期，第75页。

⑤ ［明］华悰韡：《四二承事君宗谱传》，《（嘉靖）华氏传芳集》卷一，第26页。

通三，友闻长子瑜。世居无锡南门一带。

通四，友闻次子璞。其后裔贞固一支，于明洪武年间迁居荡口，子孙繁衍极盛，多富贵之士。

通五，友谅三子琪。世居何墓渎、景云乡、居宅仁、扬名等。

通六，友直长子珙。其族析居于胶山、怀仁、新安、秦塘泾、东葑渎、梅里、扬名、居仁、上福、开化、延祥、洛社等地。

通七，一雷长子玠。其族析居于苏州阳山、朱墅、秦塘泾、开化、常熟、江阴等地。

通八，友龙长子琳。其族世居南门，后析居于常州、宜兴、江阴等地。

通九，友直次子璟。其族析居于焦庄、鸭城、兴道、新安、蠡峰、尤图、天授、甘露、梅里、洛社、望亭、开化、莲蓉乡、泰伯乡。

通十，友谅四子戊。居于江阴、苏州、胶山、金凤等地。

奇一，友闻三子寿。居于马蠡、梅村、扬名、宅仁、新安、景云、泰伯、溧阳。

奇二，友龙二子珪。居内江、大里、兴宁、武进等地。

奇三，一雷次子璋。居江阴来春香、田桥等地。

奇四，友谅幼子瑛。俱隐不仕，至十世无考。

奇五，友直三子季。世居秦塘乡，后杂居各乡。

通四支后裔华璞，在元代赈济灾民，被荐授义校尉。华璞生有6子，二子华铉，字子举，儿时即不凡，有志于功名。成年之后，华铉离开家乡，前往京师，"去家数千里无少顾恋"。华铉到京师发展也有所成，由宿卫授都功德使司都事。只是不久患病，返乡之后去世，年仅26岁，遗有一子华幼武。

华铉去世之后，其妻陈氏承下了抚育幼子、赡养双亲的重担。"元华铉妻陈氏，无锡人，抚孤守节，至正二年旌"①。华幼武6岁丧父，在母亲的教育下，也有所成，成年后事母陈氏至孝，著有《黄杨集》。

华幼武经济条件相对较好，得以有余力从事文章。"华幼武，字彦清，无锡人。当元末国初，挟重赀以自隐，藉微吟而近名者也。"②"华幼武，……家素饶于财"③。华幼武身上有着田园情结，哪怕文名传于天

① ［清］赵宏恩：《（乾隆朝）江南通志》卷一八三《人物志》。
② ［明］凌迪知：《万姓统谱》卷一五〇《华幼武》，文渊阁四库全书本。
③ ［清］陈焯：《宋元诗会》卷九七，文渊阁四库全书本。

下，朝廷征辟，他也不为所动，在乡村中怡然自乐。他的追求，就是在自己的土地上，平静过完一生。对母亲尽孝，安度晚年；对幼谆谆教导，让他们能有一技之长，这就是他的理想状态。而其母陈氏，因乃父华铉当年远游而逝，亦不喜子孙远游。

有一年，在庆贺陈氏生日的宴席上，华幼武动情地表达了自己对母亲的感恩。“一日夫人生朝与宴席，酒半，幼武举杯至余，以酒酹地为余言，幼武生六岁而孤，赖吾母至今日。今吾儿四人，长者年且十八矣，今日安得不为吾母罄饮。”① 其母年逾六旬时因眼疾失明，华幼武细心照料。虽处元末兵荒马乱之中，他仍无微不至地照顾老母，遂昌郑元佑曾云：“贞母之节，幼武之孝，皆人所难为者也。”中年之后，为躲避战乱，华幼武带着家人在异乡漂泊 10 余年，经常坐船往来于苏州、吴江、松江、平江、周庄之间。后来儿子华悰韡回忆这段时光道：“漂泊异乡，贫困殆甚。”漂泊之中，华幼武不忘帮助贫困，曾对诸子云：“我见义不为，则心不惶安。”②

华幼武生有 7 子，二子名悰韡（华原泉十世孙），字公恺，号贞固，后世以华贞固而闻名。在外漂泊多年之后，华幼武对华悰韡道：“无锡故乡，坟墓所在，宗祀所属，汝宜还延祥而居，以图活计。”③ 华悰韡思考再三，认为有祖宗余荫，返乡之后，终究会有所成。洪武三年（1370）三月，华悰韡遵父命，携带家眷返回无锡定居。返回无锡后，华悰韡没有住在隆亭，而是迁居荡口。初定居之时，筑茅屋两间，垦田数亩。华幼武随同儿子迁居荡口，他“痛父之早逝，节母之恩勤”，筑“贞节堂”供养老母，以“春草轩”自居。房屋虽简陋，却表孝子之心。

荡口地处鹅肫荡滨，又名鹅湖。迁居之后，“贞固处士”华悰韡成为荡口华氏始祖，其后裔称通四鹅湖支。

初迁至荡口时，华悰韡正值弱冠之年，就承担起了家庭的重担。他带领通四族人，在荡口筑堤垦田，纺纱织布，辛勤劳作。至洪武七年（1374），辛劳耕作方有成果，“收颇丰，生计粗立”。就在此年冬，华幼武染病，于来年春天去世，家中所储粮赀，“适完棺殡之用”④。在荡口定居，家族兴盛之后，华悰韡经营祠堂，编辑宗谱，著有《虑得集》，洪武十五年（1382），以通经儒士征。

① ［明］赵琦美：《春草轩诗序》，《赵氏铁网珊瑚》卷九，文渊阁四库全书本。
② ［明］俞贞木：《栖碧处士圹志铭》，《华氏传芳集》卷二，乾隆七年刻本，第 28 页。
③ ［明］华悰韡：《虑得集》卷一，万历四十二年刻本，第 14 页。
④ ［明］华悰韡：《虑得集》卷一，万历四十二年刻本，第 14 页。

华悰韡生有3子，分别是兴仁、兴叔、兴定。

长子华兴仁，字伯谆，号永喜，后裔为通四永喜支。

次子华兴叔，字仲谆，号乐勤。兴叔有5子，长子华宗胧，字思济，号山桂，后裔称通四山桂支。次子宗福。三子宗寿，字思沅，号怡隐，后裔为通四怡隐支。四子宗安，号澹然，后裔为通四澹然支。五子宗康，字思淳，号三省，后裔为通四三省支。

季子兴定，字伯训，号乐农，后裔为通四乐农支。

鹅湖通四支在明清两代极为兴盛，《华氏宗谱》中云："咸曰华氏盛，我族咸曰通四盛，通四咸曰鹅湖盛。"

无锡华氏的发展，有三个标志性的人物——华宝、华原泉、华悰韡。华宝以其至孝，名垂千古，为万世敬仰，被百代膜拜。于华氏后世族人而言，华宝在精神上具有强大的指导意义，以其为精神偶像而效法之。华原泉在南宋末年南迁，定居无锡隆亭，人丁兴旺，奠定了日后华氏兴盛的基础。明初华悰韡迁至鹅湖，言传身教，发展家业，文章传世，使华氏在明清两代，人才辈出。华悰韡更积极从事社会公益事业，影响着后世族人去行善。

为缅怀三人之功绩，"华氏有三祠，咸在锡。曰南齐孝子祠，在惠山之麓。曰宋承事郎三一府君祠，在隆亭之阳。曰明征孝廉贞固先生祠，在鹅湖之湑。皆私祠也"①。

华孝子祠在惠山第二泉下游五十步。明嘉靖年间，在华悰韡六世孙、通四支华察主持下，将华原泉、华悰韡神主"列之昭穆，配享孝祖"。

在经历了家国巨变之后，华原泉再迁回祖先之地，奠定了后日华氏发展的基础。万历甲午年（1594），在十七世孙华梦麒主持下，于隆亭为华原泉立专祠祭祀。华悰韡迁于鹅湖，带来了华氏通四支的兴盛，"子孙于府君宜专祠也"。崇祯癸酉年（1633），华悰韡八世孙华允诚，会合族人，在南延区延祥建专祠，"以崇我贞固先生"②。

华氏世居无锡，历代名贤辈出，从商者富甲一方，经营学问者文名传世。如王世贞所云："江表甲族推华氏，华之衣履冠盖遍天下。"③ 传统社会之中，君子之泽，五世而斩，五世而祧，是为亲尽。华宝在800

① 《华氏三祠记》，《华氏传芳集》卷一三，乾隆七年刻本，第3页右。

② 《华氏三祠记》，《华氏传芳集》卷一三，乾隆七年刻本，第4页左。

③ ［明］王世贞：《弇州续稿》卷四六《湖西草堂诗集序》，《景印文渊阁四库全书》，（台北）商务印书馆1986年版，第1282册，第606页。

年后仍有祠祭祀，华原泉历450年之后祠堂肇建，华悰韡越250年而祠继创，足见子孙未尝敢相忘于先祖也。

第二节　华氏家族家风

一个大家族能绵延繁盛，世代不衰，不单单是外界的经济、政治地位所决定的，更重要的是其内在的精神支持。此种精神在数代之中，不断积累，凝聚成家风，影响于后世。在漫长的历史长河中，华氏家族就形成了“尚德乐善、忠孝友悌、惠济乡里”的良好家风。

无锡华氏注重教育，不管任何时代，都努力寻求良师，使子弟得有教育，有所成就。不仅如此，为教育子弟为人处世的规矩，以便在社会上更好发展，家族中的长辈贤人还编写家训，传之子孙，熏陶家风。

望族的背后往往有着成熟家训、家规的约束、督促，有着良好家风的熏陶。家训既浓缩了长辈们的人生经验，又有他们对社会的观察、对思想的归纳。华悰韡总结人生经验，为后世子孙虑，成《虑得集》。“虑得集者，华贞固先生所以训其子孙者也”[①]。在《虑得集》中，华悰韡对华氏子弟提出了系列要求，为后世子孙所遵从。

华悰韡写作此书，有着特定的历史背景。元末明初，荡口华氏遭兵燹，产业全部散失，呈现一片荒芜景象。依照积善之家、必有余荫之说，华家本不该遭此灾难。对此，华悰韡解释道：“自度盛衰之理，岂有极而不散者?”“我愿汝等，继承上世一气所生，慈善之性，纯良之德，务农济物之道，修之于躬，复用劝告于子孙，俾人人相守，世世相传，笃信而力行之，则根本兼顾，枝叶自然成长，而可守其嗣祀矣。勉之勉之。”[②]　“族中或不由善道者，遄遭咎患，其验甚明，不可不鉴也。”[③] 华悰韡在《虑得集》中还就家族事务，从经济理财到为人处世，均做了详细陈述：“田地户产，该科税粮，须是从实”；“凡遇事，务需要明白恭问，具陈情实”；“凡闻见言是非，先究何从何来，即时明白”；“增拓田产，置买储物，宜使兄弟通知”；“处事接物，宁人负我，毋我负人。己所不欲，勿施于人”[④]。

---

① ［明］高攀龙：《虑得集序》，《高子遗书》卷九，文渊阁四库全书本。
② ［明］华悰韡撰：《虑得集》卷一，万历四十二年刻本，第3页。
③ ［明］华悰韡撰：《虑得集》卷一，万历四十二年刻本，第2页。
④ ［明］华悰韡撰：《虑得集》卷一，万历四十二年刻本，第16—18页。

华氏自南宋回迁后，虽有出仕者，但多布衣终身、不慕荣华者。对于子孙，华悰韡提出建议："惟愿子孙勤耕纳赋，守分养亲，力行德义，以尽庶人之道尔。"① 如果子孙确实德才兼备、科举顺达，则也可以出仕，但务必要忠君爱国、为民效命。

华氏重教的家风影响久远，明代广为后世所知的华太师华察，其父华谨就"惇学训子，日延四方名士与居，丰其馆谷，令极意学"②。后来华察对自己的 3 个儿子要求也极严，虽然宠爱幼子华叔阳，却从不骄纵，使华叔阳成为明代最年轻的进士。再如华恩，字承之，号愚坦，"生平笃于教子"③。

华氏家风，孝义并举。依照传统社会理念，爱有等差，先对身边亲人尽孝，再一层层递延而开，扩展至家族、地方、社会，方为爱之本性。对血缘亲族的尽孝是一种担当；参与宗族、地方的各类公益事业，为地方效力，则是另一种担当。孝与义并存，两种担当系于一身，此乃人之立于天地之道。华氏在无锡地方上，乐善好施，惠济乡里，明清两代，有 13 人被崇祀为乡贤，荣耀于地方，这是华氏良好家风的结果，也是华氏名望的标志。

乡贤是时代的产物，它由先贤祭祀演变而来。中国人素来崇拜贤者，历朝历代均有对先贤的祭祀，以此教化黎民。唐天宝十三年（754），朝廷下令各地建先贤祠，祭祀历代名臣义士，原先被零星祭祀的先贤们有了"归属"。到了宋代，先贤祠被官方视为教化的工具，通过先贤祭祀典礼，士人们感受着先贤们的风骨气节，以激励自己效法。到了明代，官方规定离职官员必须返回原籍，不能停留在任职地。大批官员返回原籍后，在地方经营多年，遂成望族。他们还寻求更大的地方话语权，希望能够光耀宗族，便对祭祀提出了新的要求。成化二十三年（1487），苏州府学率先将先贤祠分为乡贤与名宦两个祠堂，前者祭祀出生在苏州的乡贤，后者祭祀曾在苏州任职的官员，"故有先贤祠，群祀名宦乡贤，成化丁未始分祠"④。此后各地纷纷效法，将乡贤祠与名宦祠分开。就乡贤而言，嘉靖十三年（1534）官方将其界定为："生于其地，

① ［明］华悰韡撰：《虑得集》卷一，万历四十二年刻本，第 13 页。

② 《封奉政大夫兵部郎中一桂华公墓志铭》，《华氏传芳续集》卷一六，明隆庆六年刻本，第 131 页。

③ 《族叔祖愚坦府君墓志铭》，《华氏传芳续集》卷一五，明隆庆六年刻本，第 109 页。

④ ［清］冯桂芬：《学校一》，参见《（同治朝）苏州府志》卷二五，清光绪九年刊本。

而有德业学行传于世者，谓之乡贤。”① 乡贤祠的出现满足了地方人士的需要，乡贤进入祠堂，享受春秋祭祀不再是缥缈不可及的梦想。

各地乡贤择取的标准，主要是立功、立德、立言，造福于一方。所择取的人物，既有往昔贤达，也有今世俊杰。立功，地方上的士人出仕后政绩卓著，或致仕后效力本乡者。立德，从品德上考察，凡为官清廉，孝行感人，不依附权贵，清高隐遁等，都可以视为立德。立言，则是以文章传世，影响士风，教化地方者。入乡贤祠享受祭祀，成为明清两代士人们的最大荣耀。“死不俎豆其间，非夫也。”②

华悰韡曾教育子孙云：“慈善之心，忠孝之道，吾家历代循守。”③后世子孙，遵循教诲，为地方出力。明代，华氏族人列入乡贤祠享受祭祀者有华山、华钰、华汝砺、华金、华察、华启直、华云、华敦復、华元禔、华允谋、华珍聘等11人。清代列为乡贤者有2人，分别是顺治朝的华亦祥、康熙朝的华希闵。

华氏乡贤在地方事务中积极出力。无锡历史上各类天灾不断，如雨灾、旱灾、地震、水患、瘟疫、冰雹等频频发生，据县志所载，明代各类较大的天灾有79起，清代各类灾患66起。在灾患之中，具备条件的华氏族人伸出援手，赈济地方。

如明代华山，字仁甫，号静庵，成化乙未（1475）进士。他在各地为官时，清廉自好，不畏豪强，惩戒不法之徒。当饥荒之时，他从各地调集粮草，赈济民众，安抚流民。华山去世之后，经地方上公举，崇祀为乡贤。又如华金，字子宣，号嵩峰，在通州、云南等地为官时，“严整慎密，不以烦民”。为官多年后辞职返乡，家居20年，“不轻入城府，邑大夫或就见，言不及私”。他友爱二弟，雍睦无间，于族属孤鳏贫苦，多所赈济，“生平不殖货，家居不治垣屋”④。华金去世之后，经士绅公举，崇祀乡贤。

除了被推为乡贤之外，众多华氏族人在地方上从事公益慈善事业，践行华氏家训。元代华诠，乐善好施，设义学、义仓，乡人赖之；华璞“岁饥输粟千石，以赈而不秩”。明代华守吉“敦本尚义，出粟赈饥”；华守方“湖决堤，出粟二千斛，募垦以苏民困”；华炯，字文熙，“父守

① ［明］俞汝楫：《严名宦乡贤祀》，参见《礼部志稿》卷八五下。

② ［明］章懋：《乡贤祠志后序》，参见《枫山集》卷四，文渊阁四库全书本。

③ ［明］华悰韡撰：《虑得集》卷一，万历四十二年刻本，第18页。

④ ［明］文徵明：《中顺大夫嵩峰华公志略》，《华氏传芳集》卷五，乾隆七年刻本，第26页。

方，遗财巨万。炯无他好，惟以散财为乐，凡助边赈饥，下及捐衣施药，其门如市”[①]；华芝，字楚英，性谨厚，巡抚周忱举为万石长，成化十八年（1482），“饥出谷二千石，赈贫民，有司以闻，锡冠带奖之”[②]。

清代华汝修“力行善事，割田以供祠祭”。华昶曾“建义塾，置鹅湖祖坟祭田，倡建同仁堂，邑中善举，实力仔肩”[③]。华昶与地方上士绅秦震钧联合倡导创建同仁堂，以帮助贫病无力问医者，地方上好义者纷纷出力，以广义行。华昶又设栖流所三处，收容行旅之病者[④]。华瑞清，国子生，能为乡里任事，每有大役，邑令必就询利弊，捐资建望亭丰乐桥，修鸿山泰伯墓，皆瑞清为之，享年 88 岁[⑤]。

家境富裕，拥有较多田亩的华氏族人，往往予佃户以减免。明正统年间的华𤇆，字文高，号东郊，行事必考虑是否符合于“义”，对于租种田地的佃农，“岁减什一”[⑥]。成化年间的华佑，字文吉，号东洋，“及一切义所当为，加惠佃氓，减租十之二”[⑦]。正统年间的华德，字文润，“取逋租二千石捐之，曰使吾乡之人得少免于贫困”[⑧]。“逋租”是某时某地因各种因素，佃农无法按时按量缴纳田租的情况。嘉靖年间华谨，字企容，“喜赴义，振人之急，岁减田租十之二”[⑨]。

对于地方上各类公共工程如修桥、修路之类，华氏族人亦积极参与。如无锡有北仓桥，本是木桥，系元皇庆中期所建。至元初年，经邑人华珪出资，改建为石桥。明正统中期，华德可建沿塘桥、显祖桥，华启兹建高家尖桥。嘉靖年间，华察捐资修建的江陂桥（又名江溪桥），位于伯渎塘转北口，被地方上尊称为“学士桥”。

清代无锡有青云桥，本为青云渡，后地方人士出资建有木桥。乾隆二十六年（1761），经华希闵捐资改建为石桥[⑩]。明代华仲谆曾捐资建有杨巷桥，到了清乾隆年间，后人华启槐再次重建。清代华进思，在鹅湖肫捐建新桥。华进思之子华公弼，在乾隆五十年（1785）捐建延祥河

① 《（光绪朝）无锡金匮县志》卷二五《行义》，第 5 页。
② 《（光绪朝）无锡金匮县志》卷二五《行义》，第 6 页。
③ ［清］华嘉植：《华氏文献略》，道光十二年（1832）刻本，第 4—6 页。
④ 《（光绪朝）无锡金匮县志》卷二三《耆硕》，第 22 页右。
⑤ 《（光绪朝）无锡金匮县志》卷二三《耆硕》，第 23 页右。
⑥ 《东郊府君宗谱传》，《华氏传芳集》卷四，乾隆七年刻本，第 44 页。
⑦ 《东洋府君宗谱传》，《华氏传芳集》卷四，乾隆七年刻本，第 45 页。
⑧ 《西野府君宗谱传》，《华氏传芳集》卷四，乾隆七年刻本，第 46 页。
⑨ 《一桂府君宗谱传》，《华氏传芳集》卷五，乾隆七年刻本，第 11 页。
⑩ 《（光绪朝）无锡金匮县志》卷五《桥梁》，第 7 页。

桥。咸丰四年（1854），华翼纶等人捐资重建至德桥。

除了建设公共工程外，对于教育事业，华氏族人也颇为热衷。通过科举获得更多发展的空间，自然是无数农民改变命运的机缘所在。然而，对于众多底层民众来说，读书是一件奢侈的事，每日里的艰辛劳作，使得他们很难负担起子女的教育费用。明清两代，在子弟教育上，富裕家庭或是延聘塾师，或是子孙进入私塾，这不是一般平民所能负担得起的。就是平民子弟能获得学习的机会，赶考时的路费、考试时支付的费用、考中后的各类花销，均耗费不菲。

华氏族人通过创办书院、义塾，为族内及地方子弟提供教育机会。清嘉庆六年（1801），华昶集资创建华氏书塾，位于城中第四箭河上，凡家中贫困者均可入学。荡口镇也建有华氏书塾，系同治十年（1871）华廷植捐田200余亩创办，书塾有房屋1所。华廷植又捐钱2500缗，存典生息，以供给无力读书及无财力参加科举考试者①。

元代陈旅在诗文中称赞无锡华氏："泰伯当年处锡山，身辞大利远人安。至今邑里高风在，散粟千钟不受官。"② 明清两代，无锡华氏人才辈出，居乡有贤名，为官有官声，成为经久不衰的大族世家，因为他们有着良好的家风。古人认为"家正国清"，"天下之本在国，国之本在家，家之本在身"。无锡华氏重视教育，通过知识的力量使子弟向善，抵挡外界的物质诱惑，进而能为国家、为社会奉献力量。在子女的教育上，无锡华氏重视诱导，反对说教，通过生活中所见所闻的小事，阐释人生哲理，培养子弟的胸襟气质，可谓器宇弘深。华氏之族人，很多人通过科举步入官场，勤政清廉，严于律己。这也在于家族家风的熏陶，使他们能在思想上抵制外界诱惑，从行动上为民请命。

第三节　华氏文化成就

华氏南迁之后，以诗文传家，于科举上屡屡取得突破，成为江南望族之一。科举始于隋代，初考"试策"，主要内容是国家实际事务。唐代的科举考试分进士、秀才、明经、明字、明算、诸史等科，主要还是看重一个人的实际文学才能。宋代承唐制，虽然王安石变法中加入了经

① 《（光绪朝）无锡金匮县志》卷六《学校》，第22页。

② ［元］陈旅：《无锡华氏散粟赈饥不受赏二首》，《安雅堂集》卷一，文渊阁四库全书本。

义的考试，却未成定制。明太祖朱元璋开始设学校，诏令全国普设官学，举行京师会试，将学校和科举紧密结合起来，排斥“自学成才者”和非官方学校出身者；又确定以朱熹等人注释的四书五经命题考试，并要求文体采用严格的对仗排比八股文。清入关建立政权后，为笼络汉族知识分子，仍承袭明代的八股制度，并承认明朝的举人、秀才身份，容许他们继续参加清朝的各级科举考试。

科举制度在古代中国，以其公平的人才选拔体制而被推崇。虽然它有着诸多弊端，但它基本没有操纵的提名、卑鄙的争斗、混乱或者腐化的选举，以及凭巧言登入仕途的现象，“在最善的本意下，它是民主的，因为它给人争取领导和职位的机会是平等的。在最好的形式下，它是贵族的，因为这个政府，是由每一代显贵中，公平选出的最有能力的人来主持。这个制度下，全国上下一心往着学习的道路上走，而所产生的英雄和模范，多是有识之士，而非土豪劣绅”①。

明清两代，华氏族人在学术上取得成就者颇多。据道光十三年（1833）华氏族人统计，明代华氏取得进士功名者有25人，分别是华秉彝、华山、华烈、华珏、华津、华杲、华金、华钥、华察、华舜钦、华云、华秉中、华汝砺、华启直、华叔阳、华延诏、华国荣、华士标、华钰、华元禔、华敦复、华允诚、华琪芳、华廷献、华湑吉。

明代华氏考中进士者，不论是在官场还是在文坛，都为当时人所瞩目。如万历己丑科（1589），华士标、华国荣叔侄及无锡同邑高攀龙等9人，同中进士，成为无锡文坛之盛事。华氏考中进士的25人之中，华琪芳为天启五年（1625）乙丑科进士榜眼。华钰一度曾入狱5年，在狱中精研学问，文名更盛。华察在当日享有盛誉，堪为文坛之领袖。“吾邑巨姓首华氏，居鹅湖者族尤蕃，风气淳朴，彬彬有礼让遗俗。其后学士鸿山公起，明嘉靖间蔚然为风雅之宗”②。

清代华氏考中进士者12人，分别是华章志、华振鹭、华亦祥、华黄、华王澄、华观光、华栻、华恒泰、华云鹔、华允彝、华榕端、华端翼③。其中，华亦祥是顺治十六年（1659）己亥科进士榜眼，同科高中的还有华振鹭。

华氏考取举人者，明代有42人，清代有52人。比较起来，明代华

① 姜义华等编：《港台及海外学者论中国文化》，上海人民出版社1988年版，第64页。
② ［清］孙尔准：《华香樵弟禾诗集叙》，《泰云堂集》文集卷一，清道光刻本。
③ ［清］华嘉植：《华氏文献略》，道光十二年（1832）刻本，第26页。

氏考取进士者人数占优，而清代考取举人者较多。另外，各地从生员（秀才）中挑选成绩或资质优异者，升入京师的国子监读书，称为贡生。贡生是身份地位较高的学生群体，享受较好的学习条件，理论上可以直接入仕。贡生的多少也是名门望族的象征，明清两代，因为成绩优秀，华氏族人以秀才资格（举明经）升入京师国子监，成为贡生者，总计有49人。华氏所拥有的诸多贡生，乃是其家族文风昌盛的标志。

明清两代，还有一些华氏族人，虽未在科举上获得大突破，却学问深厚，为当时及后世所推崇。如清代华学泉，平生精研经学，尤精通易，著述10余年，闻名于江南士林，在《江南通志·儒林传》中有载。又如华玉淳，“研穷经史，著作甚富，惜未刊布行世”[①]。

明代袁长尼云：无锡华氏“逮入国朝，益昌以炽，枝折条分，连邑跨川”，“其从事于文学者，袭儒衣冠，率尝百人”[②]。据《华氏文献略》统计，华氏族人的著述包括：考订经史类共计51种，诗文词类184种，小学杂著类60种，谱牒类29种。

元代华幼武著有《黄杨集》，收录了其一生所作诗词。诗词之中，对元末明初的社会动荡、家园的荒芜、逃避战乱的艰辛、一般民众的生活，均有翔实记载，具有较高的文学价值与史学价值。明代华悰韡著有《虑得集》，其中既有文学作品，又有详细的家规、婚葬礼俗，对后世子弟起着指导、教育作用。华察辞官之后隐居于乡，著有《岩居稿》，收录诗282首。《岩居稿》备受学人推崇，如沈德潜所言：“学士五言，冲淡有陶韦风。”[③]

华氏有着辉煌的历史，在明清两代，经过系统编撰谱牒，有诸多文献传世。谱牒之学在魏晋南北朝时期兴起，渐渐发展成为一种专门的学问。谱牒之学的兴起，与九品中正制相关，当时选官首重出身，“有司选举，必稽谱牒，考察真伪”[④]。谱牒学在唐代遭到沉重打击，一度“废绝”，至宋代又开始复兴。苏洵根据其父苏序提供的口头资料补充了《苏氏族谱》，欧阳修编撰了《欧阳氏谱图》。苏洵、欧阳修编撰谱牒，提出了“五世则迁”的原则，影响到了后世谱牒的编撰。

明中期以后，随着承平日久，地方上开始恢复生机，人口开始膨胀。在编修谱牒时，时人对“五世则迁”的原则做了修订，开始追寻更

① ［清］华嘉植：《华氏文献略》，道光十二年（1832）刻本，第2页。

② 许同莘：《无锡华氏谱跋》，《国立北平图书馆馆刊》，1934年第8卷第4期，第75页。

③ ［清］沈德潜、周准：《明诗别裁集》卷七，上海古籍出版社1979年版，第164页。

④ ［明］王祎：《章氏族谱序》，《王忠文公集》卷五，文渊阁四库全书本。

远的始祖。就宗族而言，其外在象征不外三大部分，即“族谱、祠堂、族产”。随着时代的变化，祠堂、族产常会消失，但族谱却能传之后世，永不泯灭。族谱中包含内容较多，有同族的系谱、人物谱、家训、族约、义庄祭田等各类内容，堪为“宗族百科全书”。华氏对谱牒之重视，为当时所罕见，如明代高攀龙云：“谱牒明，子孙析处他邑，皆知所根蒂，惟华氏其人多敦宗盟，重祭祀，有古世家风。”①

早在元末明初，华晞颜就已经着手整理家族史料，收录华幼武以上凡九世族人，以及名人所作诗文、墓志铭、宗谱等，以南齐孝子华宝为篇首。华晞颜，字以遇，别号东湖叟，“洪武初，辟为本府训导，不就，以老病辞，隐居东湖作诗画自娱”②。但华晞颜未完成编撰工作即去世，遗下《传芳初集》。元末明初，华悰韡继承华晞颜遗志，将《传芳集》编撰完毕，此后又经华兴叔、华兴定等人补充。到明嘉靖年间，华守方又加以编修，收录了华氏族人传略、祠记、名人题诗文等。至隆庆年间，华察继续加以编修，补充了第八世至十六世先人相关文献，使得华氏谱牒堪为完备。

清乾隆年间，华孳亨编有《华氏宗谱》《华氏文献表》，收录第一世至第二十四世华氏先人诗文传记，并整理了诸多名人所撰诗文、墓志铭、祭文等。至清末，在华鸿模、华渚的主持下，华氏编修了《华氏本书》，对历代华氏族人传记及相关诗文做了系统整理。经过元、明、清三代华氏诸多族人的系统编撰，使华氏家族的宗族脉络、历史文献，得以系统保存下来。

到了民国年间，华氏族人继续编撰族谱。如1929年，山桂支后人华鹏寿、华备钫等人，联合在《申报》上刊载广告，编修族谱：“我华氏山桂公支谱修辑于同治十一年，迄今五十余载未经续修。兹由支裔倡议修辑，设谱局于荡口老义庄，除刊发传单，专员採访外用。再登报征求，凡我本支各宜确查支派、世数、名字、配氏、科名、职衔、子嗣、生卒、坟墓，克日录稿送局，务求翔实，勿稍混冒。”③

对宗族、先人的事迹加以整理，通过文字等形式传之后世，可以为家族凝聚历史，亦为后世所敬仰。此类文字的撰写，受到华氏族人的高度重视，他们常不惜重金，延请当时名人大儒、旧识老友撰写。从墓志

① ［明］高攀龙：《华氏重修族谱序》，《勾吴华氏本书》前卷，清光绪三十一年存裕堂刻本，第30页。

② ［清］赵宏恩：《（乾隆朝）江南通志》卷一六八《人物志》。

③ 《锡山华氏山桂公支续修支谱征稿启》，《申报》1929年7月29日。

铭、祠记等文字中，也可以看出一个家族的人脉圈。

自建祠之后，华孝子祠在后世经过多次修缮。每次修缮既是对祖先事迹的追忆，更是当时族人的盛事，故而常请当世之名人撰写祠记，以铭记祖先之功德善举。乾隆年《华氏传芳集》中，收录华孝子祠记多篇，其作者分别为郑元佑、高明、惠连、唐肃、颜肃、王华等人。为华孝子祠祭田作记者，有林瀚、杨循吉等人。其他各类祭文作者有吴宽、尹台、欧阳东凤、姜宸英等人。为华孝子祠作诗文者，有丁辅、韩诚伯、储惟德、周衡、顾谅、瞿克让、颜肃、沈周、孙慎行等人。

清代《华氏义田事略》记录了华进思捐义田、置义庄的善举，收录了当时诸多名人所作文章，如陈大受《华氏义田事略序》、汪由敦《序》、安宁《给发匾式记》、嵇璜《华氏义田记》、明晟《义田记》、王允谦《华氏义田记》、陈鼎《华氏义田记》、田深猷《华氏义田记》、郑时庆《华氏义田记》、郑鸿任《义田事略序》、侯陈龄《义田记》、杨度汪《义田记》、金麟《义田记》、杨绳武《华氏义田记》、缪曰芑《华氏义田记》、华希闵《义田记》、张鸿高《义田拾遗记》、方懋勤《义田诗》、赵继禾《义田颂》、华瀛《义田诗六首》、金询《义田事略序》、金德瑛《书华氏义田事略后》、顾栋高《恭祝葵圃华先生六十寿序》等。《华氏义田事略》所邀集的作者队伍堪称豪华，如陈大受、汪由敦为乾隆朝协办大学士、军机大臣，安宁为江苏巡抚，嵇璜仕至文渊阁大学士，明晟担任江西分巡饶九南道按察副使，其余多是进士出身，名噪一时。

华新义庄创办后，也请了诸多名人作记。《华新义庄事略》中，为新义庄作记者有吴协心、彭久余、黄自元、华金寿、窦士镛、姚清祺、华庆成、吕耀斗、章型、薛临正、荣汝楫、侯映奎、华本松、蔡希邠、张堂荫、张钧等人。此类文章的撰写，所邀作者名气很大，如吴协心，字镜如，宜兴人，同治年举人，精通小学。彭久余，江夏人，进士出身，曾担任江苏学政。华金寿是直隶天津人，进士出身，官至吏部左侍郎，以书法在当时闻名。黄自元，字善长，号敬舆，湖南安化人，同治七年（1868）进士第二名。另外，《华新义庄事略》所收录的文章，其时间跨度从光绪三年（1877）一直延续到光绪二十七年（1901），可谓耗时长久，而邀集当时名人撰写文章，这样做既可记述创办义庄之艰辛，又是宗族、义庄声望的象征。

华氏族人在各个时代系统整理家族文献资料，详细记录了本宗历代先贤的事迹、文章，让后人敬仰效法。对于华氏族人在宗族文献资料整理上下的功夫，近代史学家许同莘感叹道：“余论谱牒，以为故家大族历久而不替者，必有维系一族之精神。观于华氏，世世耕读相传，其积基树本，非有高远难行之事，而发于文章，见于事业，乃炳炳麟麟若是。”①

华氏族人的著作不但林林总总，而且一些族人还积极从事书籍出版印刷业，为文化的延续和传播做出诸多贡献。近代目录学家叶德辉在《书林清话》中说道：“华氏一门好事，洵足为艺苑之美谈，然而印行诸书，亦实不能无遗义。”②

明代华氏族人从事出版事业，使用铜活字印刷，所刻印的多是宋版书籍，保存了不少珍贵书籍，其中华燧更是对印刷技术及书籍的传播贡献良多。华燧，字文辉，号会通，生于正统三年（1438），是华贞固玄孙，华方次子。少年时代，华燧即对经史充满兴趣，不时于路旁诵读，经过多年苦读，在经史上造诣颇深。华燧发现，很多前人流传下来的作品，其中有较多谬误。而要更正这些书籍中的谬误，就需要重新刻印，这又对刻印技术提出了要求。华燧在自己家中设立刻书坊，称“会通馆”，取《易经》“圣人有以见天下之动，而观其会通”之意。华燧初期使用木板印刷，因为木板印刷在当时是成熟的技术，经济实惠，但木板刻印的效果不佳。华燧曾尝试过锡字印刷，但不易着墨，效果一般，之后又改用铜活字印刷。礼部尚书邵宝在《容春堂后集·会通君传》中，记录了华燧从事刻书事业的事迹，“既而为铜版锡字以继之，曰：吾能会而通之矣。乃名其所曰会通馆，人遂以会通称”③。

自宋代毕昇发明胶泥活字后，在活字印刷上后世有诸多尝试，如木、锡活字等。华燧经过多年实验之后，在弘治三年（1490）使用铜活字印刷了《宋诸臣奏议》50 册。初期刻印技术仍不过关，所刻书籍质量较差。经过不断改进，两年之后再次使用铜活字刻印《锦绣万花谷》时，印刷质量大幅度提高。在成功进行铜活字印刷后，华燧还刻印了《容斋笔记》等 10 余种书籍。华燧自己的著作《十七史节要》《会通馆集》也使用铜活字印刷。会通馆所刻印的书籍，印刷精良，被藏书家视为精品，流传海内外。正德八年（1513），华燧在 75 岁时去世。吏部尚书乔宇为其撰《会通华处士墓表》，记录了其生平详细事迹。又据《锡

① 许同莘：《无锡华氏谱跋》，《国立北平图书馆馆刊》1934 年第 8 卷第 4 期，第 74 页。
② 叶德辉：《明锡山华氏活字版》，《书林清话》卷八，民国郋园先生全书本。
③ ［明］邵宝：《会通华君传》，《容春堂集》后集卷八，文渊阁四库全书本。

金识小录》载，华燧“能以经济施于乡”。地方上遭遇灾害，千亩农田歉收，华燧主动为灾民纳税，并修筑堤坝，应对灾荒，同时组织民众开垦荒地，使民众得沾实惠。

华燧的族叔华珵，字汝德，号尚古，富于藏书，亦从事印刷事业，“所制活版甚精密，每得秘书，不数日而印本出矣”①。弘治十五年（1502），华珵以活字铜版选印了陆游的《渭南文集》50卷，印制精美，珍贵异常。

华燧的侄子华坚也从事印刷事业，开设有“兰雪堂”。正德年间，兰雪堂刻印唐代类书《艺文类聚》100卷，择录古籍1400余种加以汇编，保存下来不少珍贵资料。

到了清代，华氏族人继续从事文化整理事业。如康熙年间的举人华希闵主持刻印书籍，编撰地方史志，对于文化传承有着诸多贡献。因为传承文化有功，华希闵身后被推举为无锡乡贤。

江南地方上的望族，多以诗书传家，维系千百年。一代代人的耕读，凝聚成浓厚的家族文化，并世代传承。传统社会中，士大夫阶层处于社会顶端，拥有丰厚的文化、经济、政治资源，华氏族人对于这种资源的态度不是垄断，而是开放，使得本族寒门子弟也能得到发展的机会。华氏宗族通过言传身教、家风家规、家族私塾等形式，培养了一批批精通诗文、在科举上取得突破、于文化上有所创新的族人。

第四节　华氏家族仕宦

明清两代，无锡华氏家族不仅于科举上取得巨大突破，而且在仕宦之路上也有较多成就，一批族人担任文武要职。在官场之上，华氏族人承袭先人的厚德之风，基于共同的认知，为国为民，造福于各地，为华氏博取了巨大的声望。

《华氏文献略·宦望》篇，记载了华氏家族在政坛上享有佳誉的族人。如元代华友闻，担任无锡州税务提领簿，在任时改革弊政，商民受惠。明代华旭担任吉安府推官，在任期间清理盗贼，打击豪强，颇有政绩；景泰年间，华敏担任南京锦衣卫，太监王振乱国，华敏上书，言其虐军害民十事；华津担任山西右布政，善于决狱，打击豪强；华炅为官

① 《（康熙朝）无锡县志》卷二二《义行》。

期间，屡屡上疏，以耿直闻名，担任闽藩时，有善政；华舜钦担任瑞州知府，有善政，条议漕法；华士标担任博平知县，有功于民，当地建祠祀之；华宇担任光禄寺典簿，裁冗员，节省费用，禁科罚，厘清弊政；华启直担任四川布政使时，解黔苗之乱，政尚宽平；华秉中担任给事中时，不畏权贵，先后上奏弹劾严嵩①。

《华氏文献略》所载较为简略，后人在《华氏本书补编》中对华氏宦望有详细记载。本书扼要择取明代华氏族人仕宦事迹加以介绍。

华氏族人为官，洁身自好，忠于职守，严格执法，敢于抗上。如华士宏，字任之，先后担任浙江宁波府通判、云南盐课提举司正提举等职务。云南地方上旧例，每年有盐规几千金，华士宏“却之不受，洁己奉职，商民靡不爱戴”②。

华珏，字汝和，号诚斋，成化甲辰科（1484）进士。华珏担任员外郎，负责京仓事务。其时仓务管理混乱，经过华珏整顿，京仓走上正轨，兵民咸服。在吏部任职期间，华珏严控属下，挑选出了一批人才。华珏因病致仕返乡之后，官场上无不惋惜。

华山，字仁甫，号静庵，成化乙未科（1475）进士。华山为人忠厚朴直，敢于抗上，执法如山。华山在许州为官时，有豪强之子犯法当死，有地方官想加以包庇，欲曲全之。华山“入分司庭抗辩，至免冠签天，卒抵与法”。在担任湖广右参议时，“襄阳顽民冯，以罪减死，当戍边，久讼避遣，立遣之”。“郧阳饥廪，无以赈，为发襄阳粟”③。于湖广任职之时，华山敢作敢为，以民情为首要考虑，最终不见容于官场，两年之后，主动辞职返乡。返乡之后，华山之父有太平别墅，悉数让给诸兄，自己独居隆亭旧里。在乡间时，华山“立义田以赡贫族，修葺宗谱以明世系，尤为宗党所推重”④。

华氏族人出仕者，至各地为官时，往往根据地方实际情况，减轻民众负担，建设公共工程，造福于地方。如华文甫，字显甫，号西桥，年少聪慧，成年后“才敏而志坚”。在担任昌化知县时，于地方上有诸多贡献。初至昌化，华文甫见学宫失修，捐赀修葺，又建“敬一亭”，与诸生讲学其中。为振兴文教，修县志，“循名责实，取足征信”。昌化地方上的田地，入籍者仅600亩，一般民众负担较重。在华文甫主持下，

① ［清］华嘉植：《华氏文献略》，道光十二年（1832）刻本。
② 《宁波府通判毅庵公》，《华氏本书补编》卷三九，第3页。
③ 《湖广布政使司参议静庵公》，《华氏本书补编》卷三八，第6页。
④ 《吏部稽勋司郎中诚斋公》，《华氏本书补编》卷三六，第2页。

进行丈量田亩，“得新田二倍，赋役益轻”。华文甫推行了诸多惠民政策，不可殚述。不过华文甫在官场上，既不讨好上司，又打击豪强，不为各方所喜，“以刚正不阿，不得久于其职”①。官场不得意，华文甫返乡养老母，著史书，万历丙申年（1596）以84岁高龄去世。

华汝砺，字用成，担任刑部主事时，“论断一禀于法”。严世蕃被抓捕之后，由华汝砺主审，“奋笔判定，众快之”。担任浙江按察司副使时，适逢海水暴涨，波涛汹涌，华汝砺力排众议，“启下流坝以杀势，得无大患”。灾后米价奇贵，华汝砺“弛禁通商，民得不饥”。在浙江为官期间，因为“严斥贪墨”，不为上司所喜，被调往云南。在担任云南按察副使期间，华汝砺疏通水利，松弛米禁，造福地方②。

浙江龙泉是通往江西、福建的必经之路，迎来送往，耗费颇多。龙游地方上民众时常拖欠赋税，尤喜欢诉讼，历来被视为难治之地。华延诏担任浙江龙泉县令时，县城周围皆山，又无城墙，地方上治安不靖。华延诏到任后，清查田亩，厘清赋役，严惩盗贼，维持治安，设邮传隶役，以供给过往。“二年而治效益彰，三载奏积”。华延诏治理地方有功，“钦命按西蜀”，抱病不能赴，万历丙戌年（1586）九月病死于任上。华延诏去世之后，家贫无以殓，赖官吏及友人募集资金，才得以归葬③。

在明清鼎革之后，华氏出仕者，多忠于前明而终生不再出仕。如华滐吉，崇祯癸未年（1643）进士，授太和县令。在前往太和的赴任途中，明清鼎革，华滐吉遂返回无锡，此时其年甫三十有五，正值而立之年。返乡之后，华滐吉矢志不仕，有劝说者则怃然云：“愿全手足以报先人于地下。”④

再如华允诚，字汝立，号凤超，天启二年（1622）进士。“是时魏忠贤与阁臣魏广征等乱政，欲尽诛逐东林党人”，华允诚据理力争，奋力阻止。时魏忠贤势大，不得已之下，华允诚辞职归乡。崇祯初年（1628），华允诚再次出仕，被列为天下四大清官之首。是时，朝中朋党斗争激烈，华允诚无奈叹道：“去河北贼易，去朝中朋党难。”华允诚抱必死之心上疏，直陈时下局势“三大可惜，四大可忧”，不料崇祯帝阅罢“意颇悟，仅夺俸半年”。明清鼎革后，清顺治五年（1648），华允诚

① 《昌化县知县西桥公》，《华氏本书补编》卷二九，第2页。
② 《浙江按察使司副使昆源公》，《华氏本书补编》卷三九，第5页。
③ 《龙泉县知县斗野公》，《华氏本书补编》卷三九，第6页。
④ 《进士胥人公》，《华氏本书补编》卷四〇，第3页。

隐居躲避清兵。“兵猝至，先生以不薙发被执送抵江宁”，被擒送至江宁后，满汉官员群集，劝说华允诚，请他薙发投降。华允诚南向而立，举手曰：“二祖列宗，神灵在上，允诚发不可去，身不可降，乃遇害，年六十有一。”①

华氏族人，不但为文官者忠于职守，为民谋取福祉，担任武将者，亦为国出力，精忠报国。明代华斌，字伯芳，年轻时擅长文章，兼通谋略，崇祯辛未年（1631）中武进士。此时边陲多事，朝廷急需良将，族祖华允诚推荐华斌，认为其才堪重用。华斌初担任广东守备，深得巡抚郭多贤器重，“每遇机密必以咨”。华斌后升任广东都使司都指挥使，其间巧用计谋，抚平瑶民变乱，“诸瑶皆贺更生，而粤中百姓喜得安业”②。因在广东的功劳，华斌内调回京。崇祯末期，变乱诸多，是时京师戒严，“凤超公（允诚）分守德胜，方坐胡床，指挥府君握大刀立公后。却军数里，不敢逼”。明清鼎革之后，顺治四年（1647），华斌因忠于前朝被抓捕入狱，经过地方人士出力营救，方才幸免于难。

明代华氏在仕途上取得较高成就，清代华氏族人沿袭祖先士风，入仕之后多有官望。如清代华亦祥，顺治年间数被顾问，奏对多所裨益；江南诸多书生因为奏销案被解送北方，华亦祥出力营救，很多读书人得到宽释，为江南留存了读书种子。华章志担任贵州提学佥事，振兴文教，崇祀名宦。乾隆年间，华恒泰担任直隶新城知县，廉洁爱民等等，在此不一一赘言。

华氏族人，出仕入宦者，其政风体现在忠于职守、廉洁奉公之上。为地方民众谋利益，为弱势群体发声，面对豪强，面对上司的阻力，丝毫不惧，鞠躬尽瘁，死而后已。步入浑浊的封建官场后，祖先的言传身教，圣贤的谆谆教诲，让他们保持着傲骨清风，实践着个人的认知。可一旦步入官场，自由将受限，心灵更难以自适，圣贤的教训往往与现实相冲突。为了坚持自己的理念，一些华氏族人选择离开官场，遁世离俗，隐遁于乡野。出则为国为民，退则独善其身，有余力则兼济地方，此为华氏族人的传统。诚如明代华察所云：“吾华在江南为望族，代多隐君子。”③

① ［清］汪琬：《吏部验封司员外凤超公》，《华氏本书补编》卷三〇之四，第4页。

② 《广东协镇总兵官长人君》，《华氏本书补编》卷三〇，第6页。

③ 《族叔祖愚坦府君墓志铭》，《华氏传芳续集》卷一五，明隆庆六年刻本，第109页。

第三章　华氏义庄的变迁

华氏义庄在明清两代，经历了诸多变动。明代华氏族人华燠、华云、华曇等，先后创办义庄，并对宗族宗祠加以修缮，编修族谱。明代华氏所办义庄，由于历史原因，只留下部分记录，今人已不得窥其全貌。至清代，华氏涌现了创办义庄的热潮，其中规模较大者有乾隆年间华进思、同治年间华鸿模所建的义庄。至民国年间，华氏族人继续创设义庄，荡口地方上出现了义庄林立的景象。

第一节　明代华氏三创义庄

自范仲淹在苏州创办义庄后，宋元时期，苏州地区陆续涌现出一批义庄，为地方做出了诸多贡献，受官方嘉奖，被地方称颂。元末，华氏奇五支华厚珍，号松隐，“君以族人日蕃，而贫者日众，欲捐田为义庄以收族”①。只是元末战乱频仍，华厚珍不得不外出躲避战火，创办义庄一事未能成就。

到了明代前期，义庄的发展受到限制，热衷于宗族事务者选择了创办义仓，为地方和族人提供帮助。义仓的历史久远，早在隋代长孙平就设置官办性质的义仓，以赈济灾民。南宋朱熹一度设置义仓，储藏粮草，以备荒年之用，并在民间加以推广。

明初朱元璋打击大宗族，予义庄以诸多限制。华氏族人之中有余力而又热衷公益者，通过创建义仓来服务地方。明代华氏最早的义仓，据《华氏宗谱》载，系永乐八年（1410）华兴叔所创办。华兴叔乃是华悰韡次子，因勤劳而致富。发家之后，华兴叔建桥筑堤，减族惠佃，广行善举，“又割上田数百亩，置义仓赈荒”。与义庄相比，义仓的功能是储

① ［元］宇文公谅：《清逸处士华君墓志铭》，《华氏传芳集》卷一，第65页。

存粮食，在饥荒时赈济灾民，“通一县之数，截留下户苗米，输之于县，别储以备赈济，使穷民不至于艰食”①。义庄的主要功能则是通过义田获得稳定收入，用于族人各类福利，使贫困族人不致流离失所。比较起来，义庄的主要帮助对象是本族族人，义仓则是灾民，二者在功能、帮助对象上差异较大。

在多年持平之后，明代江南地方上的宗族日益壮大，并不断分化，涌现出许多小家族。分化而出的各个小家族，散居在一定的地域内，互相依傍，彼此借力。对华氏而言，无锡乃是其宗族兴盛繁衍之地，族人多以此地为中心散居，如此既可进行联宗活动，也为创办义庄提供了条件。明代荡口华氏第一个义庄，为华辉所创设。华辉属通四支，是华守吉第三子，字文远，号近斋。

成化年间，在华氏族人主持下，惠山华孝子祠得以修缮。明代顾清撰《无锡华氏义庄记》，认为此次修建惠山华孝子祠，由华晞颜主持，“成化间其三十二世孙晞颜，尝一新之”②。但笔者认为，华晞颜为元末明初人，去成化年间已远，且明洪武初年，华晞颜即已年迈。《佩文斋画书谱》卷五五载：“华晞颜，一作希贤。华晞颜字以愚，洪武初辟举，以老辞，隐居东湖，作诗画自娱。”③ 故顾清《无锡华氏义庄记》中所载，当有误。

华孝子祠修缮完毕后举行了隆重的祭祀仪式，族人聚集祠堂者有数百家，其中有富有贫，分化严重。华守吉在场目睹此景，很是忧虑。在与儿子华燠、华辉等人商量后，他准备效法范仲淹，创设义庄，“遗意割常稔之田五百亩，籍记于官，推族人之贤者一人掌之，收其租入以充岁时祭享修葺之费，因其盈余以赡族党之贫不给者”④。只是义庄未曾创办，华守吉就去世了。

华守吉去世之后，华燠与其弟华辉、华勋及其他后人，“早夜经画，思用厥图，以成先志”。定下义庄规划之后，华燠决定由乃弟华辉前往京师，将此事加以宣传。华辉活动能力颇强，竟将此事上达朝廷，“孝宗览而嘉之，下有司悉从其请，时弘治甲子某月日也”。义庄尚未创办，华燠即抱憾去世。华辉继承父兄遗志，在修缮华孝子祠的同时，捐置田

① ［清］俞森：《义仓考》，参见李文海、夏明方编《中国荒政全书》第二辑第一卷，北京古籍出版社 2002 年版，第 72 页。

② ［明］顾清：《无锡华氏义庄记》，《东江家藏集》卷二一《北游稿》，文渊阁四库全书本。

③ ［清］孙岳颁：《佩文斋书画谱》卷五五《画家传十一》，文渊阁四库全书本。

④ ［明］顾清：《无锡华氏义庄记》，《东江家藏集》卷二一《北游稿》，文渊阁四库全书本。

亩，创设义庄，“立条约，一如其父遗命”[①]。在兄弟群策群力之下，弘治十八年（1505）八月，义庄最终建成，“以赡五服亲疏，缓急赈之有等”[②]。古人以丧服轻重、丧期长短，表明生者与死者之间的亲疏关系，所谓“五服”指“斩衰、齐衰、大功、小功、缌麻”五个服别。最亲近的斩衰（父子关系），丧服用粗麻布，不缝下边，服期3年。最疏远的缌麻丧服用稍细熟布，服期3个月。始迁祖以下的同姓成员都是近支宗族，始迁祖超过五代的，就产生支派。五服之外，成为族亲，遇到丧事要着素服，尺布缠头。

华辉所创设义庄，留下的记载不多，因此今人不能知晓其具体田亩数及延续时间，而将义庄创设带上规模的则是华麟祥、华云父子。

华麟祥，号海月，是当时天下闻名的无锡三大富商之一。“锡古泰伯地，墓在延祥乡，嘉隆间有三富翁，世所传安国、邹望、华麟祥也。”[③] 华麟祥年轻时家贫，不得已入赘张姓家庭，后家境改善，方才重新归于华氏宗族。此时，华麟祥已有了一个儿子，也改回华姓，名云。文徵明与华麟祥交往较多，对他有着生动的记录。华麟祥平素为人，不拘礼法，性情爽朗。他去学宫听讲课时，觉得内容枯燥，就起身离开。后来他以贡生身份参加选官，等了几天，觉得就是选上了官，也不过是他人的奴仆，毫无自由可言，就自行回家，不愿“仆久为人役”。不再追逐功名后，他潜心经营商贸，很快发达起来，富甲一方。

华麟祥的起家，得益于其头脑敏锐，能把握市场脉络，抓住商机。他经商的诀窍是：“人弃我取，积久无用者，方为收置。”一次他将川蜀商人运来的板枝花，以每包（百斤）二钱的低价，收购了1000包，用银不过200两。不到一个月，宁王朱宸濠谋反，明武宗领兵亲征。“凡所经历州县，备供帐，设衾褥，皆需板枝花，价已昂极，一斤对两，迫无货见也。贩卖远商，舣舟堵集，海月徐发，匝月方完，实银几百万矣”[④]。华麟祥“富有其名，商有其德”，发达之后在无锡南门外“创田租千石，为义庄义塾，以赡族人，越数代犹守其遗训”。田租千石，已是相当可观，足见其捐置田亩数量，当不在千亩之下。

华麟祥之子华云，字从龙，号补庵，师从南京礼部尚书邵宝，后来“闻阳明王先生之学，复往师之，同游徐日”。华云少年时就有文名，但

① ［明］顾清：《无锡华氏义庄记》，《东江家藏集》卷二一《北游稿》，文渊阁四库全书本。
② 《近斋府君宗谱传》，《华氏传芳集》卷四，第55页。
③ ［清］花村看行侍者：《锡山三富》，《花村谈往》卷二，民国适园丛书本。
④ ［清］花村看行侍者：《锡山三富》，《花村谈往》卷二，民国适园丛书本。

科举上一直不顺，直到晚年方在科举上取得突破。嘉靖辛丑年（1541），华云53岁时考中进士。进入官场之后，因反对严嵩擅政，嘉靖二十七年（1548），华云辞官回家，从隆亭移居南郊菰川庄，建庄园，筑读书堂，收藏名人字画。《无锡金匮县志》称："一时往来翰墨，几甲于江左。"华云所交游者都是当时的大名士，留下书墨较多。

退隐之后，华云热衷于地方事业，"当岁饥，出粟赈济，至累千金"①。华云在乃父创办义庄的基础之上继续捐田，扩大义庄规模。"补庵公为尚书刑部郎，归割田千亩赡族人之贫者，筑庄南壖贮其田之入，而延师以教族子之贫不能读书者。"在规模扩大的同时，义庄的职能也得到了扩充。庄中设置有专门库房，存储义田收入，又有义塾，为族中子弟提供教学。为了推广教化，缅怀先祖，义庄中悬以南齐孝祖华宝绘像，自晋唐以降华氏族中先贤，亦均绘像于其中。华云认为："教莫先于孝，孝莫先告以先祖之遗范，此所以设孝祖之像，而令弟子朝夕展谒焉。"②

华云主持义庄时，凡第十一世祖以下子孙"皆籍之"，也就是登记入册，予以帮助。十一世祖以下族人的认定，乃是效法范氏义庄的做法，以十一世为界，第十一世以上的族人已经疏远，亲情已断。十一世祖以下族人，"其不能自业者给口食"，婚丧嫁娶，各有差略，予以补贴③。不能读书、不能嫁娶者，生重病者，根据各自情况，相应予以帮助。义庄的日常管理，"推族人之贤者一二人，专理其事，不称则易其人"④。义庄事务，华云的直系子孙，不加以干预，不能享受其中补贴。"盖终先生身，五服之内外宗戚，亡不儒润者。环所居而称，里人亡不囷廪我者。吾郡之名士大夫，皆以先生，故不虞阳家鹈鹕"⑤。对于华云所办义庄，唐顺之在《义田记》中亦感叹："其可谓仁人君子之用心矣。"唐顺之是无锡邻县武进人，嘉靖八年（1529）会试取得第一名，与华云相交甚笃，特意作《义田记》称颂。

华云晚年时，正逢倭寇作乱，一度逼近其师邵宝（二泉先生）旧宅。华云叹道："锡人近世文章，自二泉先生始，况吾受业者乎。"乃出

① 《奉议大夫补庵府君宗谱传》，《华氏传芳集》卷五，乾隆七年刻本，第39页。

② ［清］华希闵：《重葺菰川圃孝祖祠记》，《延绿阁集》卷八，清雍正刻本。

③ ［明］唐顺之：《义田记》，《荆川集》文集卷一二，四部丛刊景明本。

④ ［明］唐顺之：《义田记》，《荆川集》文集卷一二，四部丛刊景明本。

⑤ ［明］王世贞：《华补庵先生诗集序》，《弇州山人四部续稿》卷五四《文部》，文渊阁四库全书本。

全力加以保全，此后又筑七贤祠，祀宋代杨时至明代邵宝等无锡大儒7人，以告慰乃师。

华云所创义庄，如同华孝子祠一样，延续百年后荒废。“我华氏之有义庄也，始于明而盛于昭代。通八支补庵公生当嘉靖，通籍数年，而割田千亩，建庄恤族，未及百年而废，后人惜之”①。华麟祥虽为巨富，但后裔学到了其轻财好施的一面，却未遗传他的经商天赋，长年不事生产，以至于家道中落。

至清代，华云后人华汝修，号履祺，经营家业有方，家族再次兴盛。华汝修敦行孝悌，教授乡里，训子唯曰“为善最乐”②。华孝子祠，一在惠山，一在菰川庄西，华汝修捐田20亩入祠，以每岁田租收入，供修葺之费。华汝修一度出力，欲重振义庄，“割田十亩以供祭祀，又捐田若干以赡宗族、姻亲之贫无告者，寒助之衣，饥助之粟，死丧助之棺，戒子孙不得衣食其中”③。经过华汝修捐赠田地，义庄得以恢复，凡族人需要帮助者，登记入簿，由宗族统一加以分配管理，予以补助。

康熙年间，华汝修的儿子华希闵，对明代华云所创办义庄，在岁月流逝中的颓败有所记载：“迄今出望湖，循塔影寻义庄故址，惟见禾麦与翼，牛羊上下，孰阶之属，其可痛夫。”义庄旧址被外人侵占，华氏族人“禁之不可，听之不能，作文刻石以志之”④。明代华麟祥、华云父子所办义庄，至清代虽有后人再次添置田亩，但终究未能达到明代的辉煌，且日渐消散，不复见于历史。

华希闵对乃父事迹也有详细记载：“先世茔墓，远近不一，吾父遵吾祖遗规，春秋祭扫，必遍及亲墓，有倾坏者修整。”⑤

明代华氏族人中创办义庄的还有华杲。华杲，字文光，弘治进士，曾官太仆、福建左布政使，光禄为其加官，故后人尊称“光禄公”。华杲得到弘治帝信赖与重视，在于他敢言。任给事中不到半年，他就连上七疏，直指朝廷弊政。如他曾上奏指责朝内大臣与太监交往：“今天下之财多聚于大臣，大臣之财多聚于内臣（太监）。”⑥ 此言一出，朝野喧哗。弘治十二年（1499）正月，华杲享受皇帝特恩，“杲父守庄为户科

① 《新义庄记》，《华新义庄事略》卷下，光绪辛丑年（1901）存裕堂刻本，第25页。

② ［清］赵宏恩：《（乾隆朝）江南通志》卷一五八《人物志》。

③ ［清］张伯行：《文学理奇华公暨配黄孺人合传》，《华氏传芳集》卷九，第62页。

④ ［清］华希闵：《族侄葵仪小传》，《延绿阁集》卷一〇，清雍正刻本。

⑤ ［清］华希闵：《先考邑庠生履祺府君述略》，《延绿阁集》卷一〇，清雍正刻本。

⑥ ［清］查继佐：《王敬》，《罪惟录》列传卷之二九。

给事中，母杨氏为孺人，各赐敕一通。时炅官未半岁，盖特恩也”①。

就在此次特恩之后，华炅卷入唐寅科举案，“弘治己未科会试，学士程敏政主考，仆辈假通关节以要赂举人。唐寅辈因而夤缘，欲窃高第，为言官华炅等所发”②。此科考试时，外界盛传徐经、唐寅贿买试题，被给事中华炅检举。华炅上奏弹劾，称程敏政素行不谨，“今为主考，甘心市井，将题语、论表策三问四问，卖与江阴徐经、苏州唐寅戊午新解元。二生先以题问人，且骄于众，败露至此，百口难掩”③。案发之后，经反复审查，并无实据，最终以各打五十大板结案，奏事者华炅、主考程敏政均被罢或被贬，徐经、唐寅则以进京时曾拜会过主考程敏政，被削去仕籍。华炅虽然遭到挫折，但不久就东山再起，徐经、唐寅则终生沉沦，不得出仕。

华炅创办义庄，在明代并无直接记录，只是因为他的后裔华从周而被记载下来。清顺治年间，才华横溢的华从周被当时人所称赞，认为他在科举上必然前途无限。顺治十八年（1661）三月，清廷颁布《定直隶各省巡抚以下州县以上征催钱粮未完分数处分例》。时朱国治担任江宁巡抚，为开脱催征不力之责，上疏言曰苏、松、常、镇钱粮，抗欠者多。朱国治造册列举抗欠钱粮官绅13517人，按册查处，凡官员降二级调用，士人革除功名。一时之间，江南官绅“既而尽行褫革，发本处枷责，鞭扑纷纭，衣冠扫地”④，史称“江南奏销案”。

华从周受江南奏销案牵连，功名被革，此后多年被官司所累，倾家荡产，无处可去，遂迁居义庄，“义庄者，光禄公义田赡族之所也”。光禄公，即华炅，可见在清初，华炅所办义庄尚存在，并成为后裔落难后的住所。华从周迁居义庄后，仍保持峥嵘风骨，“民苦粮长破家，公以可否白当事，均役均田，保全者无算”⑤。后太湖湖匪聚集为祸，地方上不堪骚扰，华从周出面上书江苏巡抚，请派兵围剿。湖匪探知是华从周请来官兵后，“夜炉义庄”，先祖华炅所办义庄被彻底焚毁。义庄被焚后，华从周在旧址旁建房舍，藏书千卷，逍遥一生。

明代华氏族人，捐置义田、创设义庄者，当不止以上所列几人。只

① ［明］顾清：《华氏敕命碑阴记》，《东江家藏集》卷二一《北游稿》，文渊阁四库全书本。

② 《徐襄阳西园杂记上》，《唐伯虎全集》附录三《轶事》，中国美术学院出版社2002年版，第556页。

③ ［清］李调元：《卖题》，《制义科琐记》卷二。

④ ［清］董含：《三冈识略》卷四，辽宁教育出版社2000年版，第81页。

⑤ ［清］姚见龙：《惜阴华公传》，《（乾隆）华氏传芳集》卷九，第19页。

是距今历史已久，缺乏相关文献记录，遂致善行湮没于史。此外，华氏族人创办义庄，从事公益，多不求回报，对官方的旌表加以谢绝，故而在官方记录中所录不多。明代华氏族人中有成就者颇多，他们或在科举上取得突破，或在商场叱咤风云。有意思的一点则是，不管是从政还是经商，华氏族人多刻意选择与皇权保持一定距离，较少参与政治纠纷，更不愿争权夺利。他们以更多的精力、财力从事宗族地方事务，乐为族人效力。

第二节　华进思建老义庄

在经历了明末清初的战乱与康熙年间的“三藩之乱”后，华氏所办义庄一度处于低谷。清初，华氏族人的主要注意力，放在了华氏宗祠与祖坟的保护、修缮上。因为在传统社会中，“慎终追远”的思想得到广泛认同，先人祖坟祠堂的维护往往比现实生活更为重要，更得到关注；在战乱之中，后人更须耗费心力，加以维持。

至乾隆年间，当太平日久之后，华进思捐田创办义庄，使华氏义庄达到了一个新的高度。华进思系华氏二十二世通四山桂支，号葵圃，祖父华呈藻，父亲华端揆。对于华进思的生平，留下的记载不多，只是说他“累积致富”。华进思虽是商人，却有官方身份。如往昔一般，清代文人梦想着经由秀才、举人、进士，一步步获得突破，走入官场。如果不选择科举这条道路，还可以通过考试或者捐纳，进入国子监，成为贡生或正监生，然后获得低级官职。康熙四十四年（1705），山东省发生灾荒，华进思捐米 80 石救济灾民，得到官方嘉奖，被授予监生资格，可以参加选官。

华氏通四支为地方上的大族，因为族人众多，其中不乏穷困者。华进思的父亲华存斋（端揆）有着庠生的身份，他热衷地方事务，得以参与地方上的乡饮礼。而有资格参与乡饮礼者，都是在地方上立德、立功、立言的乡贤。华存斋“一生蓄志，仿范文正义田千亩故事，不克”[①]，可见是限于财力而未能达成创办义庄的心愿。

义庄的创办，所需投资极多，常需几代人的努力。明清两代，未能

① 《阖邑绅衿顾开陆等具呈覆本县稿》，《华氏义田事略》，同治四年（1865）诒谷堂刻本，第 14 页。

完成创办义庄、义塾心愿的华氏族人，在生命最后关头常遗命儿孙们去努力实现。华进思考虑到乃父的心愿未曾达成，遂以数十年之精力，在付出较多财力后，“置得南延乡清馨似兰、如松之盛、川流不息、容字等号常稔田一千亩”，以此丰美膏腴之地作为建庄义田。

除了捐出义田、创办义庄外，华进思还从事一系列地方公益活动。每逢冬月，华进思体恤贫民，必预置棉衣，凡乡里贫寒而无衣御寒者，不分男女，都可前来领取棉衣。华进思散发棉衣，前后历经多年，“岁以二十金为率”。对于穷苦人家将遗骸运来义冢安葬者，则发给安葬费。为了保证施舍棉衣、提供义冢能常年持续下去，华进思特意捐出义田50亩，附入义庄，以其收入作为施舍棉衣、运作义冢的经费。

南延乡有鹅肫荡，为交通要津，但经多年风波侵蚀，旧桥已坏。华进思捐出千金，建造石梁，并亲自督导工程，将桥梁修竣，便利乡人出行。乾隆三年（1738），望亭司巡检移驻荡口。望亭司设有巡检一员，掌训练甲兵，巡逻地方，维持治安。得知巡检移到荡口后，地方上舆情欣慰，因为荡口临湖，不时有湖匪骚扰，此次安全问题总算能得到解决。但巡检移动之后，不是租住民房，就是寄居寺院，觉得不便，便想再次迁出。荡口地方上大为忧虑，“华进思即捐银一百五十两，契置房屋一所，改造衙署”，使巡检能长期驻守在荡口。

乾隆五年（1740），华进思响应朝廷号召，捐出谷200石，此后又捐出银100两，建仓房12间，作为贮谷之所，以备荒年。为了体恤农工，华进思再捐田120亩，以每年租米及义庄收存的部分租米，于每年四月赏给租种义田的佃农，作为补贴。本镇寺庙系华进思祖上创办，有木主供养于此，华进思捐田4亩，资助寺庙香火，使僧人永远崇奉，庇佑本镇及先祖。

华进思对于地方公益慈善无不热衷，除了帮助贫苦佃农外，每逢地方上有喜庆等事，他还按田亩数，给予白米1斗。每逢夏秋之际，如果地方上米价昂贵时，他就拿出一定数量的存米，以低价出售，使地方民众能均沾其惠。华进思多年效力于地方，民众均得其恩惠，所捐田地、银两价值远超千两。到了乾隆八年（1743），南延乡士绅汪以言、吕芳林、朱绪、华世济等人，联名为华进思向地方官请求嘉奖。对此，金匮县批复云：“华进思赡族仁孝可风，抑且乐善不倦，惠及桑梓，诚堪嘉尚。”为创办义庄者申请嘉奖，程序比较烦琐，需要一层层向上递交：先由宗族报到县，再由县报府，由府到藩司（布政使），藩司核实后申报巡抚；巡抚核准后，一面申报礼部，一面奏请朝廷给银建坊；获得准许后，再下到藩司，由藩司发给执帖，予以奖励。执帖的内容包括对盗卖祀田、义田制定的惩罚措施，宗族为义田勒石、报官存案，规定义田交赋税但优免差徭，义庄的田数、族田功用，执帖颁与对象等等。

金匮县隶属于常州府，常州府审读了金匮县递送的申请嘉奖呈文后，又呈递给江苏布政使。江苏布政使认为，华进思这样的人物，敦宗睦邻，乐善好施，足以媲美前代乡贤，更可证明本朝圣化涵濡，至于是否能够旌扬，还须呈递于江苏巡抚。乾隆八年（1743）年底，江苏巡抚尹继善在仔细清查了相关材料后，与两江总督联合署名，为华进思向乾隆帝请求旌扬，“以示圣恩”。在奏折中，尹继善也指出了华进思所办义庄的运作模式，“据查明，田亩丘号、施舍棉衣另建义仓。公举董事以司出入”①。同时他建议，参考元和县候选知州范遥捐田千亩被旌扬之例，予以褒奖。

就此类热衷社会公益慈善事业者之嘉奖，吏部以雍正十三年（1735）的谕旨为指导，“好善乐施，扶危济困者，大抵于水旱饥馑之岁，散财发粟，赈救穷黎。又或于平安无事之时，造义仓以贮米石，修桥路以便行人。或置敦宗睦族之田，或立养老育婴之所，凡此善事多端，必须出自本人之诚心，而又亲身经理，谊通休戚，始可以惠乡闾而收实效。若有无故捐银交官者，俱着停止”②。可见，获得嘉奖的条件，除了乐善好施、扶危济困外，还须出自本人心愿，不抱功利目的，且要亲自办理。至于嘉奖条件的审核，如果是灾荒时捐助钱粮赈济，则要报告给户部审核；如果是平时在地方上建设公共工程，则要报给工部核实确查。由两部分别查实之后，再行会同吏部议叙。审核时，如果发现存在以少报多，或者有其他虚假情况者，除了本人不准议叙外，地方官员也要受牵连，“倘有抑勒捐助，及以少报多者，一经发觉，悉照定例，除本人不准议叙外，将题请之督抚，申报之地方官，一并从重议处”③。

此次华进思捐田帮助族人，照例由户部审核。金匮地方上对于如何议叙尚缺经验，仅仅罗列了华进思所捐田亩数，江苏督抚在提交的请功奏疏中也未加以补充。户部细阅后指出：“查华进思所捐田亩，每岁租息是否散给族人？抑或仍有存贮？华进思之族，果否实属贫乏，赖资养赡？且自捐置以来试行几载，有无着有成效，疏内并未声明。臣部无凭

① 《江苏抚院呈题稿》，《华氏义田事略》，同治四年（1865）诒谷堂刻本，第11页。
② 《部议》，《华氏义田事略》，同治四年（1865）诒谷堂刻本，第12页。
③ 《部议》，《华氏义田事略》，同治四年（1865）诒谷堂刻本，第13页。

可查核，应令该抚据实确查，遵照雍正十三年谕旨办理。如果有应行奖励之处，详晰声明，具题到日再议可也。”随即批复：“奉旨依议。”[1]

至乾隆十年（1745）二月，无锡地方士绅顾开陆等人，再次联合为华进思申请嘉奖。乾隆八年（1743）时，未曾就所捐义田用途加以说明，此番就此予以特别关注。就华进思所捐田亩，每岁收租息是否散给族人，抑或仍有存贮？地方上查核之后，认为乾隆六年（1741）以前，华进思所捐义田未足千亩，每年收息先于五服内之鳏独者，分给口粮，其余兑换成银两，用以增置义田。自乾隆六年以后，义田田亩数量充足，依赖其生活的贫困族人日益增多。“岁收租息，至岁底酌米多寡，计来年册上穷口，按月给散，并无存贮”[2]。

至于户部提出的“华进思之族，果否实属贫乏，赖资养赡？”顾开陆等人指出，华进思族人，繁衍极快，“其中口食维艰者，不可胜数”。登记入册，按时给米者，现在已有400余口。自华进思捐义田、设义庄之后，贫困族人得免饥饿之苦，生活可告无虞。

就户部提出的疑问，义庄创设以来，试行几年，“有无着有成效?”顾开陆等人特意指出，华进思捐义田、创义庄，由族中品行端庄者掌握。乾隆七年（1742）后，凑足义田千亩，迄今三年，“远近亲族，饔飧给而礼仪兴”[3]，故而此番再次为华进思申请嘉奖。

金匮县照例又是一层层地送上去。此年十月二十二日，由江苏巡抚陈大受提交朝廷，请求予以嘉奖。此番所递报告相当详细，其中列出了田亩数：“捐赡族义田一千亩四厘六毫，又捐佃田一百二十亩，又另置施舍棉衣及义冢资费田五十亩一份，共田价银一万七百四十五两。乾隆七、八、九等三年，每年收租米自一千七百九十一石至一千一百四十二石不等。岁收租息散给族人，并无余存。”奏折中参考了乾隆四年（1739）“安徽捐职州同王庆泽，捐谷赈济等项共计银八千两，经吏部议叙，准其以应得之缺，不论双单月，即用在案”之例。而华进思所捐田，“价银一万七百四十五两”，此数字经过户部按册核算，数目相符。至于华进思的奖励，“应比照捐职州同王庆泽之例，准其以本项应得之

① 《部议》，《华氏义田事略》，同治四年（1865）诒谷堂刻本，第13页。

② 《阖邑绅衿顾开陆等具呈覆本县稿》，《华氏义田事略》，同治四年（1865）诒谷堂刻本，第14页。

③ 《阖邑绅衿顾开陆等具呈覆本县稿》，《华氏义田事略》，同治四年（1865）诒谷堂刻本，第15页。

缺，不论单双月即用”[1]。

不想此番申请嘉奖又出了漏洞，吏部在审核时发现，康熙五十四年（1715），吏部考取州判册内并无华进思的名字，只有考取县丞册内有华进思之名，且系江南无锡人。州判是清代知州的佐官。直隶州的州判，相当于同知；散州的州同、州判分掌粮务、水利、海防、巡捕诸事，均为从七品官。此时，华进思隶金匮县，而非无锡县，且职衔出现错误，让吏部觉得其中有蹊跷。乾隆十一年（1746）二月初二，吏部上奏乾隆帝，请江苏巡抚“查明华进思确系何职衔，并取具印甘结投部，准其查核铨选可也”。“初四奉旨，依议钦此可也”[2]。

至此为止，为华进思申请嘉奖的，都是顾开陆等地方士绅的自发行为。华进思对此一直不出面加以干预，盖因历代华氏族人行善，都是功成身退，不求名利。为首的士绅顾开陆，字符臣，也是无锡地方上之名流。顾开陆于康熙四十五年（1706）考中进士，曾在贵州永宁县担任县令。他在地方上开水灌田，抓捕人贩，官声颇佳。“江南顾开陆，皆一时知名之士”[3]。

但在地方士绅两次申请嘉奖出错之后，华进思不得不出面加以澄清。早在康熙四十四年（1705），华进思捐助山东省饥民米 80 石，获得监生资格。“于康熙五十四年，吏部考取县丞职衔”。县丞是正八品，比州判还要低一个级别，顾开陆等在为华进思申请嘉奖时，错将华进思认为是州判职衔。

乾隆十一年（1746）六月，华进思就为何职衔出错解释道：“缘职所出薄田赡族，不敢邀议叙，故众绅未及向职问明考取职衔，误将州判之职开列，由兹错误，并无别情。”[4]

此年九月十一日，江苏巡抚再次为华进思申请议叙。相应文件到部，经过考核之后，十二月二十五日，华进思最终获得嘉奖，被钦选为安徽徽州府休宁县县丞。

华进思捐置义庄一事，在乾隆朝影响很大。乾隆帝自夸十全武功，文韬武略，号称盛世。华进思捐置义庄，正是“圣化”“教化”普及的标志。乾隆十四年（1749），内阁学士、军机大臣汪由敦特意书《义田记》，称赞华进思之功绩。

---

① 《江苏抚院呈题稿》，《华氏义田事略》，同治四年（1865）诒谷堂刻本，第 21 页。

② 《部议》，《华氏义田事略》，同治四年（1865）诒谷堂刻本，第 22 页。

③ ［清］张廷玉：《澄怀主人自订年谱序》，载《桐城派研究》2003 年第 1 期。

④ 《职监华进思具呈本县稿》，《华氏义田事略》，同治四年（1865）诒谷堂刻本，第 24 页。

华进思在休宁为官时，“莅官勤慎，惠施于民”，具体任职情况，其上司郑鸿任也有详细记载。郑鸿任是山西文水人，乾隆十年（1745）进士，在任期间“勤于训课，诸生贫者尤加意。嗜学不倦，夜半书声达户外”。郑鸿任到任一个月后，由于乐善好施而被议叙的华进思也调至休宁担任县丞。对于华进思，郑鸿任初见时就留下了较好的印象，“下车之日，见其为人朴茂，恂恂不染世俗浮夸嚣诞之习”。交往之后，更发现华进思有古长者之风，不同于迷恋声色犬马之人，或是在释教中一掷千金的巨富。“华君家资中人，衣食俭朴，节衣缩食，不可不谓贤哉。”此时恰逢乾隆南巡，郑鸿任的主要精力忙于修建皇帝行在上，县内事务交给了华进思全权处理。“华君遇事条分缕晰，反复周详，毫无糁漏，豪胥滑吏一见，即洞烛其奸，其智有足多者，然不事矜张，赏罚既行，邑之士民皆相忘于无事，而又赈孤恤寡，捐俸不足即自解囊不少吝，殆所为仁心为质者非耶?”①

据黄卬《锡金识小录》载，华进思在休宁任职8年之后，病逝于休宁县丞任上。华进思于休宁去世后，受其恩惠者无不痛哭，“丧归，华族男女老幼号哭拜迎，数日内挨挤不绝，咸曰‘声求活我’”。当华进思棺椁运回原籍时，“遗族之贫贱者行哭塞道”，此时恰逢户部侍郎嵇璜回乡省亲，地方上的士绅都登门庆贺，时人称之为“嵇为生荣，华为死哀”②。华进思去世之后，循例进入祖祠，春秋祭祀。

华进思所创华老义庄，坐落于荡口北仓河北侧，现存房屋4进，占地2500平方米。此后的岁月中，华氏族人继续捐资置田，并用义庄历年积累购置义田，扩充义庄。华进思无子，以兄之次子华公弼为嗣。华公弼，字圣培，号勖斋，继承父志，再捐义田50亩给义庄。华公弼又出力，将族内的上千亩祭田并入义庄。华公弼次子文瑛，“善居积，积资累百万”。道光十八年（1838），华进思五世孙华湛恩又捐资修建华进思专祠。

华进思乾隆年间所创老义庄，一直延续至近代。至清末，华老义庄拥有田亩已超过3000亩。荡口华老义庄的规模，在苏南地区仅次于历史悠久的范氏义庄。苏南地方上的其他义庄，不论是义田数量还是规模，均不能与荡口华氏义庄相比。

① ［清］郑鸿任：《义田事略序》，《华氏义田事略》，同治四年（1865）诒谷堂刻本，第15页。

② ［清］黄卬：《锡金识小录》卷五《补卷四·华进思》，第24页。

华进思是清代华氏创办义庄的第一人。他本为地方士绅，由捐田而先获得功名，后得到实缺，担任地方官员，这为当时及后世的华氏族人树立了榜样。获得功名虽然并非他的本意，但于当时而言，却起着强大的示范作用，鼓励着地方其他家族以及本族族人，投入地方与宗族事务之中。

华进思捐义田、创义庄，乃是华氏家风的延续，以义庄赡养族人，敬宗收族，使贫困族人生计无忧。不过，华进思所创老义庄拥田虽多，但华氏族人众多，其中沦落至社会底层者更多。单靠华老义庄一庄之力，无力赡养所有族人，更难以教化所有族人。至道光年间，出现了创办义庄的浪潮，华氏族人创办了一批义庄。

第三节　华存宽创新义庄

清代华氏所创义庄，除华进思所建的老义庄外，尚有多所。

道光十四年（1834），华起莘捐置义祭田 320 亩，在城中道长巷创办义庄。道光年间，华氏永喜支义庄后裔华汾春，联合坊廷标等捐田 500 亩，在荡口镇西阁上建义庄[①]。此外，还有华培之捐田 400 亩，创设义庄。

道光二十四年（1844），华氏永喜支华锡麟捐田 243 亩 1 分 5 厘，与三锡支华桂馨、翼望支华裕元等，共计捐出义田 400 余亩，发起创办义庄。在此基础上，华氏又有 20 余户族人出力支持，共捐田 60 多起。

华进思的曾孙等陆续捐田 290 亩、族墓田 8 亩，总计集得义田达 1174 亩 2 分 2 厘，创设“永义庄”。义庄田单入官保存，由县府立案给帖刻碑公布，永禁族裔儿孙兼并倒卖。永义庄于荡口西面，因捐田者甚众，对佃农优惠，美其名为“农民义庄”[②]。

道光年间之所以出现创办义庄的浪潮，与社会的变迁相关。经过了乾隆朝的长期兴盛之后，道光朝开始走入了萧条期，史称“道光萧条”。道光朝既有连年的战事，更遭遇到了空前的自然灾害，国库吃紧，民间萧瑟，无数民众嗷嗷待哺。看到族人受苦受难，江南宗族纷纷创办义

① 《（光绪朝）无锡金匮县志》卷三〇《善举》，第 13 页。

② 华敦礼：《荡口华氏义庄概述》，《无锡县文史资料》第 4 辑，无锡县政协文史资料研究委员会 1986 年版，第 55 页。

庄，帮助族人。在道光、咸丰两朝创办义庄的热潮中，以华存宽兄弟所办华新义庄规模最大。

华新义庄的创办，源于华清莲。华清莲，原名清琏，字芬远，是荡口始祖华悰韡之孙华宗康的后裔。华宗康，字思淳，号三省，系华兴叔季子，此支后人称三省公支。华清莲秉性尚义，笃念宗亲，一直想创办义庄，但力有所不逮。道光二十年（1840），华清莲临终之前，目睹诸多族人沉沦，对家人道："睹此惨容，何忍坐视？"便立下遗嘱，命4个儿子，若是日后有余力，定要创办新义庄，帮助族中贫困之人，稍解老义庄之困。

华清莲长子华存恭，字廉终，号春亭。他毕生辛苦，以勤俭起家，继承父志，与兄弟一起筹集良田千亩，创办新义庄（也称华芬义庄）。华清莲次子华存宽，字豫安，号耕乐，平生乐善好施。华存宽与弟弟华存吉在无锡城中从事商业，将兴仁堆栈捐出，以每年收益，作为义庄经费。至临终之时，华存宽又捐出义田500亩，创办"怀芬义学"。

创办华新义庄的过程中，华存宽出力最巨。在《华氏新义庄记》中，名士沈汝奎对华存宽的生平做了简要介绍。华存宽青年时代曾有志于科举，但在科举上并未有所收获，转而投身于商业，至晚年则精研《周易》。沈汝奎住在通州，与金匮隔江相望，久闻华存宽仁义之名，几度想要拜访，却未能得见。至光绪九年（1883），沈汝奎得到华存宽去世消息后，便为其写下《华氏新义庄记》。"先生风望，至于地方诸善举，若修桥梁、治道路、掩骸、施衣。他人之称为难能者，犹先生之小节焉，兹不复赘。"① 华存宽之妻钱淑人，身处华家，受其世代孝义精神感染，也热衷于公益慈善事业。据《华氏宗谱》载，钱淑人素性仁慈，每见戚族邻里受苦，不啻身受，晚年以生平积蓄，置办义田赡族。除了帮助本族穷困之外，她另辟蹊径，捐置"广辅田"，救助异姓穷人。

华清莲去世多年，华存恭兄弟一直未敢忘记乃父遗愿，筹划创设义庄。可义庄的创设、义田的购置、族中关系的处理，却是千丝万缕，需要多年的精心准备，积蓄充足的财力。至咸丰十年（1860）正月，华存恭、华存宽、华存吉等72名华氏族人，汇集一堂，商量创设新义庄。

咸丰十年的年初，因受太平天国革命的影响，江南地方上情势复杂，而清军更是在江南战场上处于劣势，节节败退。受战事影响，地方上民众生活困苦，诸多族人嗷嗷待哺。此时经过多年准备，华存恭兄弟

① 《华氏新义庄记》，《华新义庄事略》卷下，光绪辛丑年（1901）存裕堂刻本，第18页。

已购置一定数量的田亩，每岁可收田租375石。手中有了一定数量的田亩之后，创设义庄，方有底气，特别是面对着日益激烈的战事，更需加快创办义庄的进度。华存恭兄弟遂在正月邀请众亲友聚集会议，“将所置田亩，自愿尽数先立公账，每年租息，除办赋外，续置田亩祠堂公务”①。

在当时，义庄有田500亩，可称“半庄”；有田千亩，方称“全庄”。此时华存恭兄弟筹集的田亩尚不足500亩，故而预备待筹到500亩时，再全数捐给宗族，以赡养族人。田亩虽然未捐出，但已议定，此后华存恭兄弟及后人一切私人开销，不得从这批田亩中计算。日后待各方手头宽裕时，继续购田捐赠。除了义田外，同时附带列入华清莲墓基田地，计有平田1亩1分，另有丁口粮田1亩1分1厘，共收租2石3斗。田号细数及清册一本、粮单契券等，都交由华氏长房执管。此后，华清莲公墓春秋祭祀费用，均从田租之内开销。

此次会商就义庄未来的发展做了长远规划。华氏族人众多，虽有华进思所办老义庄予以援助，但仍有很多族人没有得到补贴。登记等待义庄补助者，此时另有135人。华存恭兄弟所捐义田，可得田租不过375石，发给族中任何一支族人，尚有不足。故而议定待筹到500亩义田后，再建造庄屋，并根据实际情况，扩充领取补贴族人的名额。

会上还议定，5年后，对华氏三省公直系后人，有需要帮助者，每人每月给钱210文，旁系族人有需要帮助者，每人每月给钱140文。此时采取的是依附老义庄的策略，根据老义庄所定补助情况，将钱送至老义庄，由老义庄发放补贴。待华芬义庄正式创办后，再行独立给以补助。10年后将依附于老义庄的三省公一支族人领回，由华芬义庄照原额概行给钱，如果10年之内遇到年岁荒歉，需要赈济，临期再共同酌议。其他与义庄相关的事务，如“芬远公墓、条漕及春秋祭扫，修葺坟屋，补贴坟丁口粮在内开销”，“恤佃俟十年领回给发后开销”，“考费会考，俟大有盈余再议”，也一并在会上议定②。

据华存宽儿子华鸿模记载，华清莲这一支在准备创办义庄时，家境其实一般，仅有数间房，田无一亩。华存宽兄弟多人，历经艰辛，节衣

① 《创建义庄家议》，《华新义庄事略》卷上，光绪辛丑年（1901）存裕堂刻本，第1页。

② 《亲族创建义庄合同公议》，《华新义庄事略》卷上，光绪辛丑年（1901）存裕堂刻本，第3—5页。

缩食，“积锱铢者二十余年”[1]，才能购置义田，年入田租375石。华存宽兄弟的本意是，待田租扩大至500石时，创办义庄，不想其间经历了兄弟的故去，又逢战乱，导致创办义庄的努力一度受挫。

荡口位于常州府与苏州府交接处，地理位置四通八达，历来为兵家必争之地。咸丰十年（1860），就在太平天国兵临荡口时，多名华氏族人出面，组织团练，对抗太平军，其为首者是华翼纶。

华翼纶，字赞卿，号篃秋，先祖乃是创办华老义庄的华进思，其祖父华文瑛在吏部任职22年，以“京察一等”选授“福建福州府平潭县同知，署福宁府知府”，年近七十而归。其父华沛恩，乃是华文瑛长子，未能考取功名，改走经商道路，做起了土布生意，获利甚丰。近代数学家、科学家和翻译家华蘅芳和数学家华世芳，乃是华翼纶的长子和次子。华翼纶精通书画，山水画收藏极多，“其作画也，运笔如飞，竟日可做大幅四五本，元气淋漓。性嗜酒，交友处世，一以率真”[2]。华翼纶书画极佳，咸丰十一年（1861）十月，华翼纶从上海至安徽，找曾国藩求兵，曾国藩即令其当场作画6幅。

华翼纶于道光十三年（1833）考中秀才，此后在科举上再无突破。后随亲家邹鸣鹤到广西镇压太平军，立下军功，咸丰六年（1856）至江西吉安府永新县担任知县，其间与太平军对抗，后因永新城失守被革职返乡。返乡之后，适逢太平军向江南发展，“咸丰十年三月，金陵大营兵溃，至无锡苏州，城门不闭，官兵本无斗志，吾邑人本懦弱，岂能抗此悍贼?”[3] 华翼纶遂利用华氏宗族的影响力，在荡口组织团练，拥众万余，实力强劲，于对抗太平军的战斗中屡战屡胜。除了组织团练，对抗太平军外，华翼纶对于义庄事务颇为热衷，战后辑有《华氏新义庄事略》，收录了创办华氏新义庄的详细经过。

太平军见一时难以打败荡口地方团练，遂约定“互不相犯”。在苏南被太平军占领后，荡口俨然成为太平天国占领区内的一个独立王国，由地方上自行维持秩序。荡口地方附近各乡，造册征粮，均由本地人办理，太平军不派一个“长毛”进入。至于地方上民众不愿意如太平军一般蓄发者，听其自便。看着华翼纶影响力较大，太平天国“欲以华翼纶

① ［清］华鸿模：《建庄原始记》，《华氏新义庄事略》卷上，光绪辛丑年（1901）存裕堂刻本，第58页。

② ［清］王韬：《瀛壖杂志　瓮牖馀谈》，岳麓书社1988年版，第154页。

③ ［清］华翼纶：《锡金团练始末记》，《近代史资料文库》第5卷，上海书店出版社2008年版，第752页。

为官，华不就"[①]。咸同年间，尚有其他华氏族人参与创办团练，华存宽兄弟在其中尤为得力。"耕乐名存宽，墨亭名存吉，倡办团练得显职"[②]。

虽然荡口地方上局势相对比较平静，但还是受到了战争的冲击，这冲击不但来自太平军，也来自清军。如同治二年（1863）七月，清军官兵驻扎在荡口之后，四处劫掠，两次放火焚烧民房560余间，据华翼纶自述："余本家亲仁堂藏书为一邑之冠，付之一炬。"[③] 太平天国战争的冲击是巨大的，无锡、金匮人口遭到巨大损失。道光十年（1830），无锡、金匮两县在籍男丁人数为598483人（无锡男339549人，金匮男258934人）。咸丰十年（1860）至同治二年（1863），清军与太平军在锡、金爆发激烈战斗，人口骤减一半以上。同治四年（1865），无锡县有72053人，金匮县有138008人[④]。

太平军攻陷苏常二府，战乱之中，田地荒芜，田租颗粒无收，华氏兄弟创办义庄的努力遭到重创。同治初年（1862），战火尚未停息时，华氏族人就已预备创办义庄。受战火的冲击，华存宽兄弟的宅院被焚毁，尚未来得及修复，他们即已全身心投入修建义庄房屋之中。可修建义庄房屋，购置义田，二事并举，于经济上较为吃力。在华存宽兄弟倡议下，华氏各房出钱出力，予以支持，共振善举。是年冬，经过努力，义田田租收入增至460石，田亩约达500亩，且义庄房屋最终落成。新义庄房屋坐落在南延乡，有庄屋60余楹，基地田2亩4分5厘，新义庄建造工料计纹银4327两。

至同治九年（1870），各房联合捐出制钱5000串，以早日建成义庄。至同治末年，华氏新义庄"捐置义田一千二十三亩六分五厘二毫八丝，岁收额租一千一百五十八石一斗三升五合。原绝契价纹银一万一千四百五十一两一钱"[⑤]。义田1023亩多，足称"全庄"，在当时的苏南诸义庄中实力也称雄厚。

华氏新义庄的创建，耗费颇大，历时甚久，也是华氏族人群策群力的成果。参与创办新义庄的计有"五品封职议叙县丞华存宽、花翎知州候选州同举华存吉，同子侄举人华鸿模、监生华鸿渐、生员华鸿本、侄孙儒童华彦麒"等人。华氏新义庄的创办过程较长，一些族人未等到义

① 中国史学会编：《太平天国》第5册，上海人民出版社1957年版，第253页。

② ［清］王先谦：《金匮华氏新义庄记代》，《虚受堂文集》卷一三，清光绪二十六年刻本。

③ ［清］华翼纶：《锡金团练始末记》，《近代史资料文库》第5卷，上海书店出版社2008年版，第758页。

④ 《无锡县志》卷四《人口》，上海社会科学院出版社1994年版，第173页。

⑤ 《给贴投县禀稿》，《华新义庄事略》卷上，光绪辛丑年（1901）存裕堂刻本，第5页。

庄创办成功，便已辞世。华存恭的叔弟华存信，积极响应创办新义庄，壮年即去世。作为长兄的华存恭在同治五年（1866）去世，此时华存宽也年近六十。

义庄之所以能发展到义田千亩的规模，除了族人慷慨解囊外，也与华存宽兄弟经济状况的改善相关。同治年间，在平定太平天国战事之后，各地掀起兴办洋务的热潮，经济获得快速发展，出现了诸多机会。华存宽兄弟把握时代脉络，全力投身于商业之中，很快发达起来。

无锡是当时的漕米中心，“每年江苏、浙江两省在锡采办之漕米，约在三百万石左右，益以消费各地所需，总计当时无锡米市之集中数，常年在七八百万石之间”①。华存宽兄弟将经商所获得余利，在无锡城内购得堆货栈1所，捐入义庄。堆货栈有70余楹，计有基地粮田4亩7分4厘5毫，岁收租钱480千文。“添造工料计纹银四千七百四十六两三钱，共计捐纹银二万五百二十四粮一千。”② 同时议定，以每年田租收入，继续购置田亩，充实义庄力量，以便扩大帮助族人的范围。

此时，华氏新义庄名实俱符，既有建好的房屋，又有义田千余亩，更有堆栈作为稳定的经费来源。新义庄不同于老义庄的地方，如华存宽所指出的那样：“职等勉承父兄遗绪，续置田产，尽数归公，不留已业，斯盖别乎乾隆时所建之义庄，而成为新义庄。”③ 以往各地所创办的义庄，虽在名义上将田地、房屋捐给宗族，作为族产，但出资兴办义庄者，在义庄事务中占据主动，拥有更多的发言权。一定时日之后，由于各种原因，后人之间产生财产纠葛，而义庄财产也往往被卷入纠纷之中，最终义庄败散。创办新义庄时，华存宽等人即已声明，义田、房屋、堆货栈全部捐给宗族，后人不得加以干涉，不得将义庄财产私用。

华氏兄弟以多年之精力财力，承袭乃父之遗志，创办义庄，符合清代嘉奖的条件，于地方官员而言，此事也是其政绩之表现。光绪元年（1875）八月十二日，金匮县正堂倪咸生将华存宽兄弟捐置田亩、创办义庄事迹，报告给江苏布政使，“该职等克承遗训，捐田赡族，洵属好义可嘉，候详情题咨立案，并请藩宪颁给印贴一面，谕饬各区书分别该户办粮”④。江苏布政使批示：“华存宽等捐田房，归入义庄，复查无异，

① 无锡地方志编纂委员会办公室：《无锡米市调查》，《无锡地方资料汇编》第1辑，内部发行，1984年版，第64页。

② 《给贴投县禀稿》，《华新义庄事略》卷上，光绪辛丑年（1901）存裕堂刻本，第6页。

③ 《给贴投县禀稿》，《华新义庄事略》卷上，光绪辛丑年（1901）存裕堂刻本，第6页。

④ 《给贴投县禀稿》，《华新义庄事略》卷上，光绪辛丑年（1901）存裕堂刻本，第7页。

理合加具印结是实。”① 并为华存宽等人向朝廷请求嘉奖。光绪元年（1875）九月，礼部发文，命江苏布政使查明华存宽捐田赡族一事详情。

就在江苏布政使对嘉奖华存宽进行调查时，光绪二年（1876）闰五月初五日，华存宽、华存吉、华鸿模等人，又再次将祖坟墓地田亩造册，递送官方。华清莲的墓地田亩，经过多年扩充，计有30亩9分9厘8毫，造册之后，申请附入印贴立案。

至于官方予以旌表一事，华存宽本人则是再三推辞：“窃故父清莲勇于义举，心悯贫宗。爰垂恤族之规，非为邀名之典，故遗命职等，特以此意嘱咐谆谆。”② 在以孝为先、以父为大的礼法社会中，既然华清莲遗命不得因创办义庄而得嘉奖，地方官员自然只能尊重其选择了。

至光绪二年（1876）六月，倪咸生回复称：“前来卑职伏查已故赠员华清莲诒谋赡族，照例原应旌扬。今既职员华存宽等重违遗言，似宜听任。”③ 故而金匮县令将华存宽等人递送的墓基清册，提交督抚立案，同时请江苏布政使给予印贴，予以保护。至于请求嘉奖一事，则不再坚持。

江苏布政使司遂颁发印贴，宣告华氏新义庄宅屋、田亩受到律例保护，并重申凡有敢于买卖义庄田亩、房屋者，一律予以严惩。至于请求嘉奖一事，在向朝廷禀报了华存宽不愿获得嘉奖之后，光绪二年（1876）九月批复：“知道了，钦此。”④

新义庄尚未创办完成，华存恭就已去世。兄弟4人中，华存吉、华存恭，一花甲之年、一古稀之年辞世，其子孙后代均有成就。“春亭公子景贤，墨亭公子子澄均游庠。孚吉公子少梅尤精，能权变，克振其家，岂非天道之昭昭者？”⑤ 后世子孙，能科举有成，处世通达，足以告慰祖先。至光绪八年（1882）春，华存宽去世，临终前遗命捐田500亩给义庄，用来创办义塾，名曰“怀芬义学”。又命再捐田500亩，以备各项善举，及帮助不能进入义庄义学的异姓子弟读书，名曰“耕义田亩”。

华存宽兄弟是荡口华氏通四支后裔。该支传至华清莲时，虽然家境一般，却热衷宗族及地方事务，被地方人士所推崇。华存宽兄弟4人，

① 《华新义庄事略》卷上，光绪辛丑年（1901）存裕堂刻本，第17页。

② 《县覆详督抚宪稿》，《华新义庄事略》卷上，光绪辛丑年（1901）存裕堂刻本，第29页。

③ 《县覆详督抚宪稿》，《华新义庄事略》卷上，光绪辛丑年（1901）存裕堂刻本，第30页。

④ 《藩宪遵饬抄片行知扎》，《华新义庄事略》卷上，光绪辛丑年（1901）存裕堂刻本，第47页。

⑤ 《新义庄记》，《华新义庄事略》卷下，光绪辛丑年（1901）存裕堂刻本，第26页。

继承其父遗愿，历经多年积累，在战乱之中着力，建成了规模宏大的华新义庄，将华氏义庄事业推上了新的高峰。

第四节　华鸿模扩建义庄

华氏义庄，历经明清两代，绵延不绝，拥有众多义田以赡养族人且效力地方。至清末，华鸿模出力扩建华新义庄，使无锡华氏义庄实力更为雄厚。近代国学大师唐文治先生著有《华子随先生传记》一文，据此后人能一窥华鸿模生平。

华鸿模，字范三，号子才，晚年号子随，生于道光二十年（1840），"幼而岐嶷有至性"①。华鸿模少年时敏而好学，得了廪膳生的资格。廪膳生是明清两代官府招收的正式学生，享受国家膳食供给。按明洪武二年（1369）的规定，每月有6斗大米，外加鱼肉等副食，并免徭役征捐。廪膳生有定额，洪武二年规定，府学40人，州学30人，县学20人。廪膳生的出路主要有两条：入贡国子监深造或者直接参加乡试。至清代，廪膳生沿袭明代制度，简称廪生。

同治十二年（1873），华鸿模由廪生考中举人②，但此后连续三次参加会试，都名落孙山。华鸿模遂断了再参加科举考试的念头。时代的大变革为华鸿模提供了更大的舞台、更多的机会，他放下文人的身段，在荡口从事酿造及典当等行业，因其信用佳、财力雄厚，故生意红火。

华鸿模创办的"永裕典当"，资本10万元，成为江南最有名的典当行之一。典当俗称当铺，是接受动产质押、发放高利贷款的信用组织。典当行获利丰厚，缴纳官方赋税较少，在清代广受欢迎，各地随处可见。光绪三十四年（1908），无锡城乡就有典当行25家，利率月息3~5分，高者7分，借款期限最长为27个月③，经营范围广泛，"这个典当除了当衣裳、首饰外，任何东西都可以典当"④，极大地便利了地方上急需资金者。

在继续购置义田、壮大义庄的同时，华氏子弟积极从事工商业，以

① 唐文治：《华子随先生传》，参见朱洪元、薛慰祖主编《荡口史话》，凤凰出版社2008年版，第310页。

② 《江南乡试题名全录》，《申报》1873年11月10日。

③ 张荣坤主编：《无锡市金融志》，复旦大学出版社1992年版，第32页。

④ 《无锡县文史资料》第2辑，无锡县政协文史资料研究委员会1985年版，第29页。

其中获利反哺义庄。明清以来，江南大米经大运河北运。无锡地濒太湖，运河穿城而过，成为运输的重要通道，也使其自身成为米市所在地。米市主要集中在无锡城北运河两岸的北塘一带，运河西岸是堆栈，东岸则是米市场。如前文所述，华鸿模的父亲华存宽与叔叔华存吉，很早就在无锡城内运河旁开办了堆栈。

光绪十四年（1888），清廷将浙江各州府的漕粮，转到上海、无锡采办，并指定无锡为江苏各县漕粮集中转运站，使无锡成为全国四大米市之一。华鸿模敏锐地把握到了商机，当即将荡口的业务交给族中叔伯兄弟经营，自己至无锡县城开办堆栈。由于经营有方、保管得力，华鸿模经营的堆栈发展成为无锡最大的堆栈。同时，他还在无锡城内拓展业务，从事典当、房地产等业务，开无锡工商业之先风。在今日锡山区荡口镇甘露北横头弄7号，尚存有华氏堆栈，共5进：前两进为平房，建于明末清初，面阔11米，进深24米；后3进为两层楼房，始建于晚清，为两层大型库房式建筑①。堆栈至今保存良好，既是当日商贸繁荣的确证，也是华氏财力的象征。

华鸿模隐居乡里，乐善好施，广泛参与各类公益慈善活动，如建义庄、兴学校、修先茔、辑谱牒、浚水利、筑道路、掩埋尸骸等，每逢灾荒，则以平粜为己任，数十年如一日，“至今乡之人称其积德累行之厚”②。

在家庭之中，他更以孝悌持身。光绪六年（1880），华鸿模赴京赶考，刚走出考场就收到家书告急，其父华存宽染病。华鸿模闻讯后当即出京南返，行至天津时又收到家书，云其父得病已久。华鸿模日夜兼程，赶回无锡，父子得以相见。

光绪十五年（1889），在母亲的再三嘱咐下，华鸿模送儿子参加省试。行至途中，有家人仓皇追来，云其母生病。此时长江轮船不通，华鸿模连夜赶至丹阳，雇扁舟从运河急行，一日夜赶路250里，返回家中。华鸿模的姐姐嫁入钱家，早寡守节，华鸿模将姐姐接回家中供养。待姐姐去世后，又为她修节孝坊于墓门。华氏叔伯兄弟有10人，其中有早逝者，华鸿模即将其后裔抚养，视如己出。

华新义庄开办之后，陆续添置田亩，实力日益雄厚，庄内上下人人

① 江苏省文物局编：《江苏省第三次全国文物普查新发现》，江苏美术出版社2009年版，第71页。

② 唐文治：《华子随先生传》，参见朱洪元、薛慰祖主编《荡口史话》，凤凰出版社2008年版，第310页。

都能得到月米供应。以新义庄为平台，华鸿模又进行了系列宗族活动，如修缮宗谱、创造祖祠、添建庄屋、增广堆栈，并修葺历代祖茔、扩墓基、置祭田等①。

光绪七年（1881）秋，叔父华存吉（墨亭）在去世之前，遗命以堆栈租息，每年酌提钱款作为义庄经费。华鸿模又陆续购置田亩，为未被义庄登记入册却又迫切需要帮助的近房亲族提供帮助，此田亩被称为“固本田”。至光绪二十七年（1901），固本田已得到很大发展，“迄今共得田租四百石”。清代太湖流域，租户每亩田大约要缴纳1石田租。若以田亩为衡量标准，田租400石，则固本田约在400亩左右。

光绪二十七年秋，华鸿模作《建庄原始记》，回溯华新义庄的历史：“溯自道光庚子以来，历三世阅六十年，诸父倡于前，鸿模偕诸弟侄承于后，计共得义庄田一千六百亩，各墓祭祀田三百亩，义学田五百亩，固本田四百亩，耕义田五百亩，堆栈一所，市廛一所，始得楚楚完备。”华新义庄历经几十年努力方成规模，华鸿模告诫子孙：“凡我芬远府君后裔，宜慎终如始，毋忘创造之艰难，幸甚慰甚。”②

关于华氏的文献较多，但明清两代创办义庄的历史，传世者“惟老义庄有事略二卷”。为了记载华氏几代人坚持不懈创办义庄的经过，华鸿模邀请了诸多名流，撰写多篇华氏新义庄记，收入华翼纶所辑《华氏新义庄事略》。这些文章的作者，既有无锡华氏家族内功成名就的子弟，也有已北迁的华氏分支子弟，更有诸多名士加入其中。《华新义庄事略》的编撰、刻印工作，从光绪三年（1877）延至光绪二十七年，前后历时24年，足见华鸿模之心血。

将先世族人的努力编撰成书，传于后世子孙，使族人既可以目睹先人之艰辛，又可教育子孙继承先人之志，其用心可谓良苦。华鸿模持续不断地扩建华新义庄，也吸引了官方的注意，但华鸿模秉承先人之遗训，一直不接受官方嘉奖。至宣统元年（1909），江苏巡抚上奏，为华鸿模承袭先人遗志捐置义田，申请立案予以保护③。

在晚清的大变革中，华鸿模还积极参与地方事务，先后参加保路会、参选议员等。在清末风起云涌的保路运动中，荡口地方上也成立了

① ［清］华鸿模：《建庄原始记》，《华氏新义庄事略》卷上，光绪辛丑年（1901）存裕堂刻本，第58页。

② ［清］华鸿模：《建庄原始记》，《华氏新义庄事略》卷上，光绪辛丑年（1901）存裕堂刻本，第59页。

③ 《苏抚奏华鸿模承志捐置义田请立案片》，《政治官报》1909年第603期。

“荡口保路会”。华鸿模在自己所创办的果育学校中，发起绅商学三界集合，“演说外债之害，劝众认股以为抵拒。于是校长华子随首认五百股，教员学生继认二百余股，众绅商又认二百余股，有校仆数人亦认十余股，收款存庄俟后汇解公司云”①。“无锡选举，先由劝学所、教育会、商会推举绅董华子随等八人为董事，移请两县分给照会，设立选举事务所着手调查。一切经费，由劝学所、商会分担”②。当日规定，参选者需要纳税达到一定数额，其中纳税最多者可以互选。据《申报》载：“华鸿模，常州府金匮县人，年七十一岁，住荡口镇，年纳税捐洋五千二百三十七元。”③

1911 年，无锡耆老华海初六十寿辰，约华鸿模、吴俊夫集资建楼三间，为雅集宴宾之听，取名“多寿”，由吴稚晖书匾额，成为无锡文坛盛事。就在此年，华鸿模因病去世。华鸿模的儿子华彦钰英年早逝，孙子华绎之 6 岁时由祖父抚养长大。华鸿模去世之后，年仅 18 岁的华绎之扛起了华氏家族商业与义庄之重担。

华绎之接手家族事业后，使堆栈规模发展更快，其中宏仁栈有厫间 450 间，为当地最大堆栈。兴仁栈有仓房 360 间，仁昌栈有仓房 270 间，可储粮 20 多万石。宏东栈主要存放丝茧、棉花、布匹等物资，容量也很大。这些堆栈在华绎之接手经营后，还根据存栈货物，相应办理抵押贷款，以利于商家资金周转，扩大业务。华氏所创办的华芬义庄，到了华绎之手上，继续发扬光大。全盛时华绎之的资产在百万以上，人称“无锡第一隐富”。华绎之经营工厂和商业活动，将部分收入用于办学及家乡的慈善事业。对成绩优秀的学生发给奖学金，为清寒勤学的子弟发给生活补助，还提供华氏子弟出国留学的全部费用。另外，他所经营的工厂和商业活动，也为本族子弟提供了就业机会，解决了生计问题④。钱穆先生后来在《华绎之传》中记道：“凡其祖所谓善举，如义庄，如学校，如修道路，建桥梁，浚水利，掩胔骼，恤孤寡，赈灾荒，施医药，君一一遵承，推行勿懈。”⑤

---

① 《荡口保路会集股》，《申报》1907 年 11 月 24 日。

② 《士民动议调查》，《申报》1908 年 10 月 25 日。

③ 《纳税最多者互选人清单》，《申报》1910 年 3 月 15 日。

④ 高国强、蔡贵方主编：《吴文化名人谱 · 无锡编》，黑龙江人民出版社 2003 年版，第 290 页。

⑤ 钱穆：《华绎之传》，参见朱洪元，薛慰祖主编《荡口史话》，凤凰出版社 2008 年版，第 312 页。

义庄是一个家族兴盛的象征，被视为积德之举，余庆子孙，备受江南望族推崇。自明代创办义庄后，华氏家族的义庄持续兴办了400年。因华氏的带动，无锡、金匮地方上出现了一大批义庄。据光绪七年(1881)《无锡金匮县志》载，无锡金匮有35姓、48处义庄，占地38828亩，堪称江南之首。在江南各地的义庄之中，华氏族人所创义庄，无论在数量、规模，还是持续时间等方面，均居前列，被后世赞誉为“江南第一义庄”。

第五节　民国荡口诸义庄

无锡义庄，在1918年时有29姓、44处，至1947年时有28姓、41处。据1947年《无锡指南》统计，义庄有：华氏（荡口、西阁上、许家庄、城中、东浜），过氏（南延、北延），秦氏（城中），孙氏（石塘湾），邹氏（江尖、啸傲），安氏（安镇），周氏（南桥、怀上），陈氏（芙蓉塘桥），蔡氏（北门外、西仓），严氏（寨门），袁氏（城中），余氏（城中），侯氏（城中），赵氏（鹅子岸），顾氏（圣渎、新开河），须氏（黄庄），庄氏（兴塘），杨氏（江溪桥、双板桥），周氏（香山），丁氏（张泾桥），许氏（嵩山），马氏（仁里桥），乔氏（乔巷），浦氏（安基里、原桥），胡氏（村前），张氏（谈渡桥、黄泥），倪氏（坊前），滕氏（谢埭桥、南延）等处。专养族中鳏寡孤独，兼办理义塾，培植人才，津贴学费，补助学子，均有数百年历史[①]。

民国年间，无锡“荡口镇原有义庄六处，即华老义庄、华芬义庄、华永义庄、华襄义庄、徐义庄及殷义庄。惟殷义庄已于1935年间分掉，故目前只有义庄五处”[②]。这些义庄的基本情况分述如下。

荡口的殷义庄，由殷耀林、殷养斋捐田500亩，在前仓浜建立，但在创办后未延续太久，即被分掉。“分义庄的原因，是穷户太多，义庄租米不够分配，大多数人要分就分掉了，义房也同样按房份分配。殷义庄原有田三百二十亩，是按照老房份分的，如果哪一房人口兴旺，分支多，田亩分得就少。最多一家三十亩，少的十几亩，不管田亩好坏，拈

① 无锡杂志社编：《无锡指南》，1947年版，第109页。

② 《无锡县荡口镇义庄田情况调查》，《江苏省农村调查·华东农村经济资料》第1分册，1952年编印，第259页。

阐决定”[①]。

创办华襄义庄的华襄云出生在荡口白茅墩（今为青荡村）。白茅墩地方民众，素以缝纫业为生，华襄云也学得一手缝纫好手艺。由于家境贫寒，少年时华襄云便来到荡口镇一家小裁缝铺里做学徒，靠着心灵手巧和勤劳节俭，年复一年，终学成满师。华襄云自立门户后在镇上开了一间小裁缝铺，他本分经营，广结人缘，生意逐年兴旺[②]。华襄云继往上海发展，开绸缎店、小钱庄，家业日渐兴盛。华襄云平日热衷慈善，1918 年其长孙完婚时，为感谢亲友厚赠隆仪，他将“所有筵资省余洋一百元，用特移助救济妇孺会善举，藉为诸亲友造福”[③]。

华襄义庄由华襄云后人华锦远捐田 300 余亩，在荡口摇湾里建庄房，于 1924 年农历十二月一日兴建，耗时 3 年方才完工。工程结束后，华锦远请举人华鲁堂题写庄名。华鲁堂综合考虑后，认为以“襄”字为庄名为妥。但有族人对华锦远道，以襄字为庄名，是嘲笑其祖上以成衣为业耳。华锦远就质问华鲁堂，华鲁堂道：“襄者乃是协助之意，你庄现在仅有田三百多亩，要千亩之数才成全庄，即使是半庄也要五百亩。取名襄，乃是族人协力捐助之意。你祖上以成衣为业，何必自卑，以襄字为名，正可鼓励子孙，永远缅怀祖先艰苦创业之德。”

民国年间，荡口尚有华廷桢捐义田 500 亩，以其父华春泉之春字为庄名，预备创设华春义庄。义庄选定一栋房屋为庄址，但在筹建过程中，华廷桢突然中风而亡，没有建成。

此外，徐氏捐田 500 亩，于老湖桥建徐义庄。徐义庄和殷义庄田亩均不足千亩，故称半庄[④]。

在民国年间的荡口诸义庄中，华老义庄历史最悠久，系华进思在乾隆甲午年（1774）建立。嗣后在道光、同治、光绪年间，陆续有义庄建立，存在时间最短的则是民国年间所创的华襄义庄。1950 年，为进行土改工作，政府对苏南地区的义庄进行了详细调查，记录下民国时期华氏各义庄的详细状况。调查数据显示，荡口镇共有土地 13010 亩，而各义庄占有土地 9691.6 亩，占总土地面积的 74.5%。此项义庄土地主要分布在荡口、甘露及其他各乡镇，梅村区和查桥区也有一部分。

---

① 《无锡荡口区义庄田调查》，锡山区档案馆藏档，档案号 XB1-01-06-57。

② 华克放：《一门忠烈，革命世家》，《红岩春秋》2008 年第 5 期。

③ 《襄云启事》，《申报》1918 年 12 月 9 日。

④ 华敦礼：《荡口华氏义庄概述》，《无锡县文史资料》第 4 辑，无锡县政协文史资料研究委员会 1986 年版，第 56 页。

荡口镇每户每人田亩平均表①

总田亩数	13010	户口	2642	每户平均亩数	4. 92
		人口	11014	每人平均亩数	1. 17

各义庄之中，以华芬义庄所占土地最多，总计4223亩，占该镇义庄总田亩的43. 57%；最少为徐义庄，仅290亩，占总田亩3%弱。义庄所拥有的土地，大部分用来出租，一般出租率在90%以上。如华老义庄占有土地3598. 67亩，除屋基203. 75亩外，其余3394. 92亩全部出租，占该义庄全部土地的94. 3%。

从调查数据可以看出，民国年间，各义庄所拥有的义田，占据了荡口地方上田亩的绝大多数，其比例之高，至七成以上。义庄之所以拥有如此之多的土地，其原因一是各望族累世所积，不断扩充；二是官方对义庄义田，有诸多保护措施，使各义庄义田不致失散；三是各大家族族人，在后世不断捐赠，使其规模益大。

义庄拥地造成了土地兼并，却未曾带来严重的社会问题，其中原因也较多。其一，近代以降，无锡地方上工商业发达，大量农民从事各类副业，于农业倒不是特别重视。此点在1950年的调查中也得到反映。其二，义庄以“义”字当先，在田租上不至于太高，对佃农也有一定补贴，双方关系比较融洽。其三，江南土地肥沃，田产较丰，风调雨顺之时，土地所出足够家庭生活。

1950年的土地调查说明了义庄的经营性质、义庄在地方上的影响、义庄土地的经营方式等诸多内容。

义庄土地的来源主要靠捐献，有些义庄将捐献的土地出租，用一部分地租继续添购土地（如殷义庄）。除依靠捐献土地外，还有的义庄依靠工商业上所赚来的钱添购土地（如华襄义庄）。华老义庄义田的情况较为简单，它未将义田转移到工商业上去，主要依靠义庄田地收取地租，办理祭祀及善学等族内一切事宜。华老义庄的情况，可代表大多数义庄情况，华永义庄、华襄义庄、徐义庄均属于此一类型。华新义庄的土地关系较为复杂，不仅义庄土地与宗族祠堂混杂，而且兼营商业。如在抗战前，华新义庄曾兼营兴仁堆栈（无锡西门）②。

除了义庄田亩之外，堂田也占据了一定的份额。堂田是同一祖父或

① 《无锡荡口区义庄田调查》，锡山区档案馆藏档，档案号XB1-01-06-58。

② 《无锡县荡口镇义庄田情况调查》，《江苏省农村调查·华东农村经济资料》第1分册，1952年编印，第259页。

曾祖父的一小房份的公田，如崇德堂、德本堂、孝余堂等，共有15家，无锡地方堂田有4888.9亩。经过负责人同意，堂田租米也可以接济本房或本族的鳏寡孤独和子弟读书，性质近乎义庄。堂田实际上是每一房或弟兄几个的私产，而不是义田那样的族产。堂田最多者，如德本堂有田2000亩，少者如孝余堂有田120亩。荡口地区的堂田，以华姓为最多，15家堂田有5家姓华①。

调查报告认为："华老义庄在无锡县具有较大势力，过去无锡县内出任大小官员，需经该族有权有势者同意，如明代华太师，今之华绎之皆是。"华氏族人虽在地方上具有较大影响力，但对于地方官员的任命，实际并无干预的权力，调查中的描述明显过于夸张。调查也显示，华氏义庄社会名望较高，而其他义庄如殷义庄负责人殷国清，对农民压迫亦甚，每年收租，租额要比别的义庄高5升至1斗。农民慑于恶势力威胁，只能将田租交足。如果略有拖欠，就有坐牢的风险。

义庄田租收入的支配，各庄略有不同，但主要用途不外是义塾、祭祀、救济本族的义米，以及其他开支等项。

据对华芬义庄的调查，全庄所拥有的4223亩土地中，留出分庄田1524亩，收入除捐赋开销外，余作救济本族鳏寡孤独之用。另拨义塾田45.7亩，用作办学校及补助贫苦子弟的学费。耕义田有620亩，用于办理各种善举。固本田652亩，供本族远房贫苦者借贷之用。同善辅嫠田380亩，供本族之鳏寡孤独户代葬棺木之用②。华芬义庄规定，租米入仓后，除上列项目所列开支外，一律不准动用，原则上是今年的租米今年用完。

清乾隆年间，华进思捐出1340亩田建华老义庄，原址在甘露镇东北二里之茅庄，后因庄房在农村不便，迁至荡口镇。义庄创设后，1340亩土地的使用划分如下：（1）赡族田1000亩。（2）恤佃田120亩。（3）施衣埋柩田50亩。（4）塾本义田120亩。（5）会课田50亩③。

华老义庄创办后，华进思后裔陆续捐赠，至民国时，归该房所有者共2205.503亩。除该房外，尚有他房捐出田1393.169亩（其中有屋基203.758亩）。经过几代人不断捐赠，至1950年时共有土地3598.672亩。

① 《无锡荡口区义庄田调查》，锡山区档案馆藏档，档案号XB1-01-06-57。

② 《无锡县荡口镇义庄田情况调查》，《江苏省农村调查·华东农村经济资料》第1分册，1952年编印，第260页。

③ 《无锡县荡口镇义庄田情况调查》，《江苏省农村调查·华东农村经济资料》第1分册，1952年编印，第260页。

民国年间，该房后裔共有16房，有新、老宅之分，由于外房有田捐入，故外房子孙亦得享受义庄待遇。义庄土地只许捐进，不许拿出或变卖[①]。

虽然说义庄规定，捐入义庄的田亩不得拿出或者变卖，但在实际中会发生变通。1922年，华氏族人华省山去世，留下妻子华庄氏与女儿根弟，以及从胞兄处过继的儿子翼亭。华庄氏将位于荡口的26亩土地和苏州的房屋，全部捐作了祭产，由义庄加以管理。每年华庄氏母女和翼亭夫妇，可从义庄各领取6石米。到了1926年，华庄氏提出，由于女儿根弟出嫁，翼亭经商亏损，需要将房契暂行抵押借款，要求从义庄领出已捐献的房屋单据。面对此种情况，义庄也只能予以同意[②]。

依靠华老义庄补助生活者，华氏本房、外房共450人。虽然庄规规定，远地族人不予以补贴，不过民国时期已开始放松。远在苏州、常州等地的族人，每年凭票可来义庄领取补助。即使家庭生活能维持的，但只要符合鳏寡孤独的条件，即可获得帮助（男孩成年后不给，寡妇照给）[③]。其他如华新义庄，所依附的族人也在400人左右，华氏几个义庄所赡养族人之数，合计起来，应不下千人。

民国年间，无锡华氏族人继续捐置田地，创办新义庄。在近代工商业的浪潮中，华氏新、老诸义庄，经历了漫长时光后，却仍然保持着传统的功能，并不断发展壮大，帮助族人，效力地方。

① 《无锡荡口区义庄田调查》，锡山区档案馆藏档，档案号XB1-01-06-59。

② 据今荡口华氏族人华金山先生调查资料。

③ 《无锡县荡口镇义庄田情况调查》，《江苏省农村调查·华东农村经济资料》第1分册，1952年编印，第262页。

第四章　华氏义庄的功能

明清两代，华氏族人所创设的义庄，承担了诸多社会功能，对稳定社会秩序、缓和社会矛盾，起着重要作用。华氏义庄的社会功能，主要体现在进行各类祭祀，以附设于义庄的义冢帮助贫困者下葬，以义田田租收入帮助族中弱势群体，以义塾为族中子弟及地方子弟提供更多的发展空间，通过助役田帮助维持地方秩序等方面。

第一节　祠堂祭祀

在宗族社会之中，祭祀祖先是维持宗族秩序、维系宗族传承的重心所在，为一代代族人所重视。

宗祠是同族人共同祭祀祖先的场所，宗祠的别称较多，如宗庙、家庙、宗堂、享堂、神坛、祠宇等。祠堂的功能广泛，除了祭祀祖先之外，还被用来进行议事、教育等。祠堂可以分为总祠和支祠两类，总祠是同族人供奉本族祖先的场所，后者是其分支，属于血缘关系较为密切的某一支或某一房。

对祖先的天然情感，使民众在日常生活中频繁举行祭祖活动，如司马光《文潞公家庙碑》所云："先王之制，自天子至官师皆有庙。君子将营宫室，宗庙为先，居室为后。及秦非笑圣人，荡灭典礼，务尊君卑臣，于是天子之外，无敢营宗庙。汉世公卿贵人，多建祠堂于墓所，在都邑则鲜焉。"①

宋代之前，祭祖已是相当普遍。此时的祭祖，往往与社祭合一，民众尚无祖庙，也没有宗祠，所祭祀的也不是宗族的共祖。至宋代，朱熹

① ［宋］司马光：《文潞公家庙碑》，参见［明］贺复征《文章辨体汇选》卷六五一，文渊阁四库全书本。

在家礼中规定，“君子将营宫室，先立祠堂于正寝之东”，“为四龛以奉先世神祖”[①]。不过宋代家礼所祭祀的祖先仍然受到限制，四龛中所祭祀的是“高、曾、祖、考”四代。且祠堂附属于住宅之中，“立祠堂于正寝之东”，仍是家庙性质。之所以庶民祭祖限于四代，因为礼制认为，亲情“五世而斩”，五代以上的祖先很难见到，祭祀缺乏亲情基础。

到了明代，《明会典》中规定：“庶民祭里社、乡厉及祖父母、父母，并得祀灶，余俱禁止。”[②] 此时的祭祀祖先，只能两代，比之于宋代尚有不足。洪武十七年（1384），唐县知县胡秉中上奏，请许可庶民祭祀曾、祖、祢三代，士大夫祭四代，得到朝廷许可。

依照《礼记・王制》：“天子七庙，三昭三穆，与太祖之庙而七。诸侯五庙，二昭二穆，与太祖之庙而五。大夫三庙，一昭一穆，与太祖之庙而三。士一庙。庶人祭于寝。”据此礼制，“庶人无庙”，普通民众只能在堂屋中列宗亲牌位。“庶人无庙，死曰鬼”，庶民在“寝”里所祭祀的，不过是鬼而已。

正德朝之前，庶民之家，不得建祠立庙，“庶人无庙，可立影堂”，即可在家中厅堂内供奉祖先画像。嘉靖十五年（1536）十一月，时为礼部尚书的夏言上《令臣民得祭始祖立家庙疏》。夏言认为：“臣民不得祭其始祖、先祖，而庙制亦未有定制，天下之为孝子慈孙者，尚有未尽申之情。”夏言连上三疏，请皇帝下诏，“诏令天下臣民，冬至祭厥初生民之始祖，立春祭始祖以下高祖以上之先祖”[③]。通过祭祀先祖，以求化民成俗，教化万民百姓。嘉靖帝许可了奏议，“令天下得祀始祖”。

诏令虽只许可臣民在冬至、立春祭祖，并不准在家庙、祠堂中设牌位常祭，但允许祭祀始祖，即等于允许各支同姓族人联合祭祖。同时政府又要求官员建家庙，并在家庙设临时祭祀始祖、先祖的牌位，“以今得立庙者为世祀之祖，世祀而不迁焉”。此后宗族纷纷建立宗祠，祭祀先祖，以至于此后“宗祠遍天下”[④]。

宗祠、祭祀为荡口华氏家族所重视，围绕宗祠、祭祀，一代代人付出了诸多努力。华氏第一个被建祠祭祀者，乃是南齐孝子华宝。三国时，东吴徐陵亭侯华覈四世孙为华豪，华家世代居住在无锡惠山之麓。华豪生子华宝。东晋义熙十四年（418），华宝 8 岁时，华豪奉命出征，

① 《朱文公家礼》卷一《通礼・祠堂》。
② 《明会典》卷八一《祭祀通例》。
③ 《献末议请明诏以推恩臣民用全典礼疏》，《桂洲夏文愍公奏议》卷二一。
④ 王鹤鸣、王澄：《中国祠堂通论》，上海古籍出版社 2013 年版，第 14 页。

"将行，抱其首而语之曰：儿乎，待我归，为汝加冠矣"[①]。但不幸的是，华豪东征战中被夏国赫连勃勃袭击而死。此后华宝恪守孝道，终生不冠不娶，至 86 岁时去世。

南朝宋时，无锡被太湖水患所困，华宝捐资筑堤，抵御水患。水患平息后，地方民众感恩华宝，将所筑堤命名为"华坡"。

华宝去世之后，其孝名远扬。南齐建元三年（481），齐高帝萧道成赐"孝子第"旌表华家。唐会昌元年（841），于惠山始建"华孝子祠"，此祠在后代屡经兴废。元至治年间（1321—1323），华氏后人华奇五，以旧祠隘陋，"始于泉之东偏建祠以祀孝祖"，并以良田收入作为祠堂祭祀经费，又请吴兴赵孟頫题匾额。至明清时期，祠堂多次荒废，又多次重修，迄今犹存。

北宋时，华宝第十八世孙华荣，至汴梁为官，此支北迁。北迁后，至第三世华原泉时，于靖康年间随宋高宗南渡，扈驾南归无锡，居于梅里乡隆亭（今东亭），其后裔称隆亭华氏。至第十世华幼武，生有 7 子，次子华悰韡迁居鹅湖。在鹅湖，华悰韡经营宗祠，编辑宗谱，著有《虑得集》，明洪武十五年（1382），以儒士征[②]。华悰韡在荡口华氏中地位重要，因为由华宝华氏而名著于无锡，由华原泉而望于隆亭，至于"望于荡口也，自贞固始"[③]。

在明初，华原泉及其子华晔、孙华天锡的墓地，在战乱中被毁。华悰韡在《虑得集》中也表达了对祖先墓地毁失很是痛心。天长日久，华氏祖坟多难以寻觅。华悰韡探听得戴墅之南有华姓之墓一所，旁有华姓族人居住，但不知此墓是哪一代先人的，"以此怅怏而不能忘耳"[④]。

华悰韡对于四代则迁之令，颇有微词。年代久远之后，很多后人以亲尽而不祭祖，在他看来，可谓忘本矣。之所以有迁走祖先木主的规定，也是受到祠堂规模的限制。即使木主迁出，仍要每年祭墓，"墓则无亲尽不祭之说，盖尽吾祖宗体魄之所藏也，岂可以年深而遂忘"。华氏祖先之墓，不论世代多么久远，华悰韡都要一一祭祀，"先从隆亭之报亲，及次大坟墓，次及堠阳。春季二祭，我宜年年自备，预为办完，一一诣墓而祭之"[⑤]。

---

① 《记二孝子事》，《复旦》1916 年第 1 卷第 2 期，第 107 页。

② 许同莘：《无锡华氏谱跋》，《国立北平图书馆馆刊》1934 年第 8 卷第 4 期，第 76 页。

③ ［明］华察：《孝子祠配享记》，《华氏传芳集》卷一，乾隆七年刻本，第 27 页。

④ ［明］华悰韡撰：《虑得集》卷一，万历四十二年刻本，第 31 页。

⑤ ［明］华悰韡撰：《虑得集》卷一，万历四十二年刻本，第 29 页。

在明代，华氏子弟创办义庄后，就将宗祠、祭祀之事纳入其中，作为其主要职能。弘治十七年（1504），华燠兄弟遵照父亲华守吉的遗命，于是年七月修成宗祠，至来年八月，建成义庄。义庄的职能，在明代首先体现为祭祀，其次才是为族人生计，“华氏义庄者，为其远祖孝子祠堂及其族人而作也”①。

到了嘉靖年间，祭祀祖先的政策放宽，官方允许庶民祭祀始祖、先祖，也许可民间各支宗族联合起来，共同祭祀先祖。政策的松动，带来了民间祭祀活动的兴盛，宗族祠堂在各大宗族之中涌现。聚族而居的大宗族基本上会有一座乃至若干座宗祠，此即所谓的“族必有祠”。在祠堂中祭祀祖先，是宗族最为隆重的活动。祭祀一般在每年春秋举行，届时，全族成员沐浴斋戒后，汇集于祠堂内，在族长或宗子的主持下，共同祭拜先祖。

华氏历史上族人虽众，但只有华宝有专祠祭祀。明代中期政策松动之后，华察与众族人商议，基于“以功德或以无墓基”的考虑，将华原泉、华悰韡、华晔、华天锡等先人的木主，放入华孝子祠奉祧。在朝廷放宽了对宗祠的限制之后，华察又带领族人，对华孝子祠加以修葺。由于华察的努力，“岁享之仪，始有定式”。华氏一脉，从华原泉至华察，已是第十六世矣。

至清康熙年间，华孝子祠年久失修，祠中供奉的木主都被藏在祠后的成志楼②。此时，华原泉在隆亭已有专祠，华悰韡在鹅湖也有宗祠。康熙丙辰年（1676），荡口华氏后裔将华原泉及其子孙的木主迁回隆亭，将华悰韡木主迁回鹅湖③。此后，华氏先祖，各有专祠。

围绕宗祠建设，明清两代的华氏族人做了诸多努力。华悰韡有三子，兴仁、兴叔、兴定。兴叔第五子宗康，号三省，家日益饶裕而服食俭约，不尚浮靡，藏书万卷，诵读不辍，著有《诗学启蒙》《鹅湖集亨》《三省集》等作品，耆寿而终，葬于椿桂山④。

华兴叔这一支后世极为繁盛，乾隆年间创建华老义庄的华进思，是华兴叔长子宗胧后人。同光年间创建华新义庄的华鸿模等人，则是华兴叔五子宗康后人。对先祖之祭祀，华进思不敢怠慢，“捐田饭僧以崇佑本镇。义盛庵伊祖创建，故庵中设木主供养。进思即捐田四亩，以资祖

① ［明］顾清：《无锡华氏义庄记》，《东江家藏集》卷二一《北游稿》，文渊阁四库全书本。
② 明弘治甲子年（1504）七月，华孝子祠重修成，华氏后裔又在祠堂后筑成志楼。
③ 《追祀三祖记略》，《华氏传芳集》卷一，乾隆七年刻本，第29页。
④ 《三省府君宗谱传》，《华氏传芳集》卷四，乾隆七年刻本，第16页。

位前香火，使僧人永远崇奉”①。

从清朝入关至咸丰年间200余年，因为宗族祠堂狭小，几不能容纳神主，不得不在所居宅院中设置家庙，祭祀先祖。华原泉南渡之后，从第一世至第十一世，皆有专祠，第十二世三省公（华宗康）一度曾设有主祠，但此后却被取消，再未能设有主祠。传至第二十世时，族中有兄弟二人，长兄裕身公，所居住的宅院名曰“惇礼堂”，是所多年老宅，宅中设有神主供奉。弟曰乾若公，乃华鸿模先祖，所居住的宅院曰“承绪堂”。承绪堂之前有“恒堂”，堂凡三楹，第一楹供奉十八世承之公（明代华恩，字承之，号愚坦）以下神主，为承绪堂之家祠。

三省公（华宗康）一支在明清两代，已发展成为大支，却不能设置专祠，祭祀先人，“不免繁亵，诸长老谋改”。建设专祠的考虑是，古人认为，五服以内为亲，神主“五世则迁”，放在神龛中再无意义。宗族宗祠之中，常将一些远祖神主迁出，“埋于墓所”。但若是分支族人设置专祠之后，神主“永远不迁”，“百世不祧”。

华鸿模之父华存宽，生前曾购置毗邻族人房屋一所，用作祭祀。新购置的宅院，“东向中堂三楹为三神龛，奉祀十二世三省公以下至十七世神位供中龛，十八、十九、二十世，二十一世以下，分昭穆供左右龛”②。

华存宽新购置的宅院，“由甬道至大门，归祠内。其左右房屋，割与余从弟鸿渚为酿酒所”。同治二年（1863）十月，三省公及先人神主迁入。此时，裕身公一支凋零，后继无人，原先的“惇礼堂”也被转手卖给了外姓，保存在家祠中的神主大半被抛散，余存者被收入新祠中祭祀。新祠与往昔相比，已形成一定规模，只是祠堂与酿酒厂共处，“酒气熏蒸，佣工嘈杂”，华存宽兄弟对此很是不满，一直筹划再建宗祠。又数年，华新义庄落成，遂在义庄东边营建祠堂两进。

光绪八年（1882），祠堂迁入新址。新祠“屋完整而静谧”，方便族人前来祭祀。华存宽考虑到华宗康为通四三省支先祖，但在祠堂中却未能突出其地位，“位置一如其旧”，故而想“建专祠以昭独尊之义”。此外，每逢春秋祭祀时，通四三省支后裔人丁繁盛，济济一堂，更应兴建宽敞明亮的专祠加以祭祀。只是华存宽寻觅良久，却一直未能觅得合适的地块。此年华存宽去世，故去之前，遗命儿子华鸿模兴办三省公专祠。此后10余年间，华鸿模身体多病，也未能用心于此。一直拖到光

① 《华进思履历》，《华氏义田事略》，同治四年（1865）诒谷堂刻本，第4页。

② 《始建三省公祠记》，《华新义庄事略》卷末，光绪辛丑年（1901）存裕堂刻本，第16页。

绪二十年（1894）春，终于在华新义庄西面购得合适地块，是年秋动工兴建。专祠地势向阳，所用材料精良，不负其父遗愿。

华鸿模兄弟议定了未来祠堂的布局，祠堂中央三楹，奉三省公为主位，以十三世、十四世祖神主一同祭祀。东三楹为家祠，奉十四世以下至二十世神位。西三楹为祖父华清莲祠，附华清莲以下先人神位。祠后设有一堂，东西两厢为斋戒处，此外还有仓库、厨房，以备举行祭典时使用。祠堂空隙处设为花圃。

两年之后，光绪二十二年（1896），祠堂初具规模，但此年华鸿模母亲去世，他无心于祠堂事务。光绪二十四年（1898），地方上爆发灾情，华鸿模忙于办理平粜，祠堂事务再被耽搁。平粜之后，华鸿模身体不适，得了眩晕病。到了秋天，儿子华彦钰染病去世，华鸿模伤心良久，“病骨支离，心绪恶劣，百事俱废”①。光绪二十五年（1899），华鸿模感叹老少俱失，自己也已年迈，若是不能早日将祠堂事务办好，何以见先人于地下？

是年春季，华鸿模联系工匠，定制神龛，制造联额殿堂门庑，刷以黝垩丹漆。一直忙到秋天，宗祠装修一新，此时华鸿模病情稍解，计划在十月十一日，将先祖神位移入新祠。预订日期到来之前，连日阴雨，不见停息。到了十月十一日，雨水突停，当日云开日漏，天空清朗，道路干燥，仿佛列祖有灵。

为了修建祠堂，华氏族人付出多年努力，先后三次迁徙，最终将“三省公祠”造成。当日，仪仗辉煌，衣冠跄跻，族中300余人齐集于祠堂之中，为一时之盛。面对此景，华鸿模老泪纵横，感叹道：“呜呼，我先人之欲成此祠也，几费审度，几费经营。迄今三迁乃定，从此先灵可案。先人之志可慰。”②

宗祠为屋20余楹，前后3进。三省公祠除了春秋祭祀功能之外，还增添了新的教育功能。华氏各房族中子弟及异姓子弟，在祠堂第三进中讲学，以品学兼优之士数人为主讲、辅讲，每月分期讲解。课堂上允许生徒质疑，以功课之优劣，定赏罚之等差，宗祠学堂开办一二年后，颇有成效③。

清代推行以孝治天下，鼓励各地宗族修建宗祠。《圣谕广训》倡导：

① 《始建三省公祠记》，《华新义庄事略》卷末，光绪辛丑年（1901）存裕堂刻本，第17页。
② 《始建三省公祠记》，《华新义庄事略》卷末，光绪辛丑年（1901）存裕堂刻本，第18页。
③ 《三省公建祠记》，《华新义庄事略》卷末，光绪辛丑年（1901）存裕堂刻本，第20页。

“立家庙以荐蒸尝，设家塾以课子弟，置义田以赡贫乏，修族谱以联疏远。”① 清代华氏通四三省支后人经过持续不断的努力，最终修成三省公专祠。专祠的建成，既缅怀先祖功绩，也激励华氏后人承袭祖先之志，为地方、为宗族做出更大贡献。至光绪三十一年（1905）华鸿模创办果育学堂时，又以祠堂一部分作为校舍，培养了一大批人才。

与祠堂紧密相关的是祭田，“士有田则祭，无田则荐。盖祭之兴废，系夫田之有无也”②。朱熹就曾谈到过“置祭田”的重要性，以此作为维持宗族祠堂的经费开支。祭田多在祖先坟墓周围，祭田收入用作祭祀、修葺费用。

祭祀开销项目较多，如祠祭、墓祭等。祠祭一般一年三次，除夕、清明、中元，墓祭则在清明或是秋冬。此外，还有小祭，如花朝、春社、端午、重阳及祖先生辰忌日。祭祀时需要三牲果品、酒肉羹饭等。族祭时，族中所有成年男子必须参加，族中妇女只能参加部分祭扫活动，有的宗族则严禁妇女进入祠堂。祭祀完毕之后，有的宗族举行聚餐，吃供品；有的宗族不聚餐，举行“分胙”，即分发祭品。一次隆重的祭祀，花费不菲。为了保证祭祀的开销，宗族公产之中设有专门用于祭祀开销的田产，这些财产以田地的形式存在。在宗族设有义庄的情况下，此部分田产依附于义庄之下，若无义庄则寄于祠堂之下。

以孝悌传家的华氏，为祭祀活动的开展，也设置了专门的祭田。华孝子祠设在惠山泉左，天长日久，在战火之中荒废，“龙亭、惠山两祠俱为瓦砾”③。至元末，华氏后人华晞颜出资重修华孝子祠，却未能将春秋祭祀持续保持下去，重要原因就是缺乏祭田。

至明代华守吉时，曾一度发愿捐出田亩，作为华孝子祠祭田。但华守吉心愿未能达成，就已去世，临终前嘱咐儿子们继承父志。弘治甲子年（1504）春，华守吉的儿子燠、辉、燿、勋，“割延祥乡腴田五百亩，以供孝子祠岁祀，积其余粟，分周族之贫者，百有余灶”④。四子之中，华辉最为出力，曾远行京师上疏，使家族捐祭田、修祠堂的事迹为朝廷上下所知。至该年七月，华孝子祠重修完毕，又在祠堂后筑成志楼，“前瞰原野，却临名泉，周览顾望，尽林岳之美”⑤。

① 《圣谕广训》，《景印文渊阁四库全书》第717册，（台北）商务印书馆1986年影印本，第594页。

② ［明］林瀚：《华孝子祠祭田记》，《华氏传芳集》卷一，乾隆七年刻本，第13页。

③ ［明］唐肃：《南齐华孝子祠堂记》，《丹崖集》卷五，明末祁氏澹生堂钞本。

④ ［明］林瀚：《华孝子祠祭田记》，《华氏传芳集》卷一，乾隆七年刻本，第13页。

⑤ ［明］杨循吉：《成志楼记》，《华氏传芳集》卷一，乾隆七年刻本，第16页。

华孝子祠重修后，地方上士绅出面，为华孝子祠争取到了官方祭祀的资格。华宝一生尽孝，又在地方上出力帮助乡人对抗水患，可谓忠孝两全。万历元年（1573），以尤瓒为首的士人上书地方官，请求合祀，“按祀典，忠臣孝子理应致祀。又按礼祀，御灾捍患，合祀报功”。地方官员认为“诸生言不妄”，随即上疏朝廷，得到批准，“案行无锡，春秋致祀”①。

万历二十二年（1594）春，华原泉后裔华梦麒等人议定，“建立家庙，创置祭田百余亩，择其贤者掌之，藉其所入供祠费”②。华原泉专祠在故居以西，有祭田百余亩，兼作宋元先祖五墓的祭祀费用。不料不到50年，祭田遗失殆尽。祭田丧失的原因，在于“司祭者不得其人”③。

除了专注于华孝子祠外，明代其他华氏族人也捐置祭田，作为族中先祖祭祀开销。如华靖，在父母去世之后，建先祠作为祭祀之所，又特设祭田，作为祭祀开销。每至祭祀时，器物具备，肴醴丰盛，“得事死如事生之礼”④。

至清初，华氏族人一度集资修葺华孝子祠，但苦于没有祭田，不能长期维护。时日一长，不但华孝子祠荒芜，就连宋元年间的5座华氏祖坟坐落的墓地田亩，也屡屡发生外族葬入事件。在议论捍卫先祖坟地时，“族人皆有难色”。所幸有华允藻出面主持，捐出祭田，维持宗祠与祖坟。

华允藻，字天翼，号觉非，在宗族事务上，“以身倡之，以财佐之，以义激之，勤劬捍卫”⑤。经过努力，宋元华氏5大墓方得安妥。在捍卫宋元先祖5墓之外，祭田也得到了族人捐赠，有所扩充。如康熙年间华汝修捐出祭田20亩；族人华振声，遗命二子捐出腴田20余亩。通四支族人联合捐出祭田40余亩，从族内选择一人执掌，“然后岁祀无缺”⑥。华氏汲取了以前祭田流失的教训，决定慎重选择司祭者，同时又规定，执掌祭田者每四五年一换，以避免侵吞之弊。

至雍正癸丑年（1733），华元瑛执掌祭田时，锐意改革，铲除宿弊，对日久失修的华原泉专祠加以大修，使之焕然一新。乾隆年间，华进思

① 《部颂祝文》，《华氏传芳集》卷一，乾隆七年刻本，第18页。
② ［明］华启直：《始祖祠祭田记》，《华氏传芳集》卷一，乾隆七年刻本，第31页。
③ ［明］华孳亨：《重修一世祖祠记》，《华氏传芳集》卷一，乾隆七年刻本，第32页。
④ ［明］邹亮：《华彦谋传》，《华氏传芳集》卷四，乾隆七年刻本，第9页。
⑤ ［清］张文耀：《贡士觉非先生传》，《华氏传芳集》卷一〇，乾隆七年刻本，第19页。
⑥ ［明］华孳亨：《重修一世祖祠记》，《华氏传芳集》卷一，乾隆七年刻本，第32页。

捐田千亩，创设义庄，同时捐出大量田地，作为祭田。华进思嗣子华公弼又捐义田50亩，并将族内祭田集中，形成规模。经过族人多年努力，华氏所拥有的祭田规模庞大。华敦礼在《荡口华氏义庄概述》一文中认为："孝祭（华孝子祠祭田）约一千亩，大祭（东亭西大坟祭田）约一千亩，惠祭二百亩，本族祭田三百亩。"①

一般情况下，祭田与义田是分开的，但很多实力较大的大义庄，常以其拥有的义田收入，为宗祠提供祭祀所需的各种费用。族人捐赠给宗祠的祭田也依附于义庄，加以系统管理，以维持百世。

祭田纳入义庄的好处，是可以一并向官方备案，获得保护，并由义庄系统管理。如华进思捐义田、创义庄的同时，将族中祭田附入义庄，参考《投献捏卖祖坟山地原例》向官方备案，获得保护。依照此例，倘有不肖子孙，"投献势要，私捏典卖，及富室强宗谋夺吞受买，各至五十亩以上者，问发充军。田产收回，卖价人入官，不及前数者，即照《盗卖官田律》治罪，其盗卖宗祀者，亦计间数，一体办理"②。

同光年间，华新义庄创设后，除了专注于宗祠修缮外，也将祖先墓地纳入其事务范围。至光绪二年（1863），华清莲一支共有9墓，墓地有30亩9分9厘8毫③。华新义庄所辖坟地地基，也在官府注册，以求保护。不过，华鸿模创办三省公专祠时，并未捐赠祭田，因为此时义庄田亩充足，且有雄厚财力支持，足以承担起祠堂祭祀费用。

到了近代，江苏省立教育学院在无锡推行民众教育实验，选择了荡口等区域作为实验地④。为了开展实验，省立教育学院急需办公用地。为此，省立教育学院与荡口华氏老义庄、华氏新义庄、华氏永义庄，签署了房屋租赁合同，租赁使用设在东亭的华氏宗祠。由此可见，华氏宗祠实际上处于义庄控制下。

不过，在设置宗祠、祭祀祖先之时，宗族内部也发生过一些争执。

---

① 华敦礼：《荡口华氏义庄概述》，《无锡县文史资料》第4辑，无锡县政协文史资料研究委员会1986年版，第54页。

② 《华氏义田事略》，同治四年（1865）诒谷堂刻本，第38页。

③ 《遵谕禀覆续请墓基立案并入前详稿》，《华新义庄事略》卷上，光绪辛丑年（1901）存裕堂刻本，第28页。

④ 20世纪30年代，中国处于内忧外患之中。当此危难之际，一些知识分子在中国各地进行了乡村教育实验，从各个方面对农村加以改造，试图探索出中国农村进步的道路。作为近代中国经济发达的地区，江苏无锡东部也进行了农村改造的实验。无锡北夏普及民众教育实验区由江苏省立教育学院主持，之所以取名北夏，是因为无锡县城东有"北上市"和"北下市"，在创办实验区时，选择了"北下市"作为实验区，将"北下"易作"北夏"，由是得名。

"道光十八年，葵圃（华进思）五世家孙，兵马副指挥、前安徽太和县教谕（华）湛恩，捐钱千缗于义庄之右，置屋建祠，奉葵圃之先三代木主祀焉。又附祀葵圃之兄忍庵以配"①。原来华进思无后，将其兄忍庵之次子华公弼（号勖斋）过继，至五世孙华湛恩时，除了祭祀华进思之外，将忍庵也奉祀于祠中。

华湛恩此举，在当时却激起了非议。将华进思供奉入祠，本无可非议。华进思捐田创办义庄，死后受到祭祀，在时人看来，是"国家所命祀也"。祭祀时将华进思的祖父及其子纳入，于礼法上无可非议。但后世子孙将华进思的兄长纳入祠堂祭祀，却与礼法有悖。明代就曾有过激烈的"大礼议"之争。正德十六年（1521），明武宗死后无子嗣，15岁的朱厚熜得以藩王身份继承帝位，第二年改元嘉靖。登基后他想追封自己的生父兴献王为帝，朝中的高级官员认为，生父只能尊为皇叔，应以明孝宗为皇父。中下级官员则迎合嘉靖心意，提出应尊兴献王为帝，双方争论激烈。故而时人对华湛恩此举，提出批评意见。就家族传承而言，过继之子，即是此支一脉相承者，当以过继后的一支为归属。虽然华湛恩此举存在争议，可到底是一般民众，未曾激起什么波澜，最终默许了忍庵奉祀于祠。

自嘉靖朝放松对宗祠的控制之后，各地纷纷建置宗祠族庙，与此相配套的则是编修族谱。族谱主要记载本族世代、分支及列祖名讳。一个族姓的繁衍情况，彼此之间的关系，通过族谱可以一目了然，如此也便于开展宗族祭祀活动。华氏对于编修族谱，相当重视，存有详细记载。华氏各义庄中甚至有修谱部门，每年收集、记载本庄家族的婚姻、生育、职业、丧葬等情况，详细记载历代子孙名号、婚配、始卒年月日及个人历史等，修辑入家谱，以便后裔祭祀，追述考查。

祖先祭祀在传统社会被高度重视，守孝祭祖是宗族、国家的头等大事。敬天祭祖的活动，由国家和宗族组织来执行。"天"有时还可以不敬，"祖"却绝对不可以不祭。就连主张无鬼神的荀子、王充，也不得不在祭祀祖先的问题上妥协。

"通过祖先崇拜，家系将活着的人和死去的人联系在一个共同体之中"②。明清两代，义庄与宗祠，彼此配合，凝聚族人。义庄为现世的族

① ［清］李兆洛：《华氏义庄记》，《养一斋集》文集续编卷四，清道光二十三年活字印。

② ［奥］迈克尔·米特罗尔：《欧洲家庭史》（赵世玲等译），华夏出版社1987年版，第11页。

人提供物质上的帮助，是为收族；宗祠通过缅怀先祖，起着慎终追远、凝聚人心、推行教化的作用，是为敬宗。而祖先崇拜、重视祭祀的另一面，是现实的祈祷求富心理。费孝通比较中西宗教后道："我们对鬼神也很实际，供奉他们为的是风调雨顺，为的是免灾逃祸。我们的祭祀很有点像请客、疏通、贿赂。我们的祈祷是许愿、哀乞。鬼神在我们是权力，不是理想；是财源，不是公道。"① 这种重现实人生、将祖先祭祀服务于现实人道的传统，一直保持下来，使得多数中国人虽有宗教信仰，却不特别虔诚、专注、狂热；既宽容，也易于改变；更重于外在礼仪，较轻灵魂净化。

"宗族进行的祭祖、修谱、登记人口活动，令族人的宗族意识根深蒂固，大大增强了宗族的凝聚力，从而使得宗族有了施行教化权、自教养的牢固的意识前提，令族人可以接受。"② 对祖先的尊崇，通过一代代人的文字整理、口耳相传，将先祖的功德善行植入人心，进而规范他们的现世生活。

第二节　义塾助学

宗族欲求未来长远发展，就必须重视子弟教育，以求取功名。江南地方上的望族，多年来形成"尚文"风气，以诗书传家。在宗族内部，多设有族塾，凡族内子弟均可就学，哪怕不能在科举上取得功名，也能做到知书达理、持家有方。

宋代宗族就强调对族人加以"收""养"，"养"即对族人进行教育。皇祐元年（1049），范仲淹创办义庄后置屋聘师，创办义学，教育宗族子弟，"为其宗族者，宅于斯，学于斯"③。范氏义庄的创办为各地所效法。义庄有义田田租的支持，有固定的场所，是宗族活动的中心，自然成为义塾的所在地。以义庄为基础，设置义学，成为后世较为普遍采用的形式。义庄承载了赡养族人、供给祭祀、教育子弟等功能，既追忆过去，更联系未来。

义塾对外姓并不完全排斥，常对乡党、族姻子弟开放，凡入学者免

① 费孝通：《美国与美国人》，生活·读书·新知三联书店 1985 年版，第 110 页。

② 冯尔康：《简论清代宗族的"自治"性》，《华中师范大学学报》2006 年第 1 期。

③ ［宋］牟巘：《义学记》，参见范仲淹：《范文正公集》《褒贤祠记》卷二，四部丛刊初编本。

除他们的全部或部分束脩。此类义学，不过分强调同宗，兼顾了血缘与地缘两层关系。向外姓开放的义塾，早在宋代就已出现。民国《福建通志·孝义传》记载："绍定初，漳州通判王必正仿范仲淹，以郭外田五百亩置办义庄，资族人冠婚丧葬之费，复立义塾，延师训族里子弟。"明人刘基记载其家乡季氏湖山义塾情况时也谈到，该义塾"延名儒为师，以训子弟以及族姻之人"①。此现象反映了社会办学重视人才培养的良好风尚，体现了"欲高门第须为善，要好儿孙必读书"的理念。

明清两代，无锡华氏族人在科举上取得突破者较多，这与华氏良好的家风，以及对文教的重视分不开。明代华氏创办的众多义庄，是否曾开办义塾，未有详细文献记载。但明代华氏族人，多有从事义塾者。如华靖，字彦谋，"有给子弟之俊秀义塾之诲"②。成化年间的华佑，字文吉，号东洋，曾"设义塾，训里中子弟"③。

清初，在战乱中一度被荒废的宗族教育，再于无锡地方上发展起来。荡口华氏在康熙十五年（1676），于三公祠后楼创办了华氏学海书院。直至咸丰年间，书院毁于战火。今日，在旧址墙中仍存《学海书院课田》石碑一块④。

明清两代，华氏族人在科举上不断取得突破，只是族人繁衍极多，难以聚集起来加以系统教育。清乾隆年间，华进思捐置田亩，创办华老义庄之后，以义庄为平台，定期于每月十二日，将族中要参加考试的童生，集中至义庄会课。会课时，晨至夕归，各自拈题，加以训练，会课时的一日三餐，由义庄供给，每桌6人。会课时，请地方上的贤达评定优劣，对优秀者加以奖励。会课所需要的费用，另外捐出义田50亩，附入义庄之内。"其逐期经费多寡，在租息内开销，不宜太俭，亦勿过丰，庶垂永久"⑤。

至同治年间，华存恭、华存宽兄弟创办华氏新义庄，初期以帮助族人为宗旨。光绪初年（1875），华存宽之子华鸿模对义庄功能加以扩展，兴办起义塾。义塾取名"怀芬书屋"（怀芬义学），成为华氏子弟学习之所。怀芬书屋创办后，华存宽进一步扩大书屋规模，兼收地方上外族子弟，免费入学，更名为"耕余书塾"。书塾由华新义庄提供资金，聘请

① ［明］刘基：《季氏湖山义塾记》，《诚意伯文集》卷六，四部丛刊明正德本。

② ［明］邓亮：《华彦谋传》，《华氏传芳集》卷四，乾隆七年刻本，第9页。

③ 《东洋府君宗谱传》，《华氏传芳集》卷四，乾隆七年刻本，第45页。

④ 无锡县志编纂委员会编：《无锡县志》，上海社会科学院出版社1994年版，第791页。

⑤ 《续申条规十二则》，《华氏义田事略》，同治四年（1865）诒谷堂刻本，第6页。

宿学名儒，定期讲解书题，批阅圈注，命题完篇，为科举考试做好准备。

无锡邹鸣鹤记述了鹅湖华氏兴办义塾之后，带动无锡地方上义塾发展的盛况：“江左人文渊薮之地，士兴于学，民兴于业，义田、义塾之设比比皆是。”① 邹、华都是无锡望族，常有联姻。道光二十四年（1844），邹鸣鹤的女儿佩兰，与华翼纶的儿子华蘅芳订下婚约。

值得注意的是，华氏义塾乃至无锡地方上各类义塾，其教育不单着眼于科举上取得突破，更重视子弟素质的提高，若是科举上不能取得突破，则在工商业中寻觅发展。华鸿模就是其中的代表，三次参加会试失败后，转而经营工商业。

据华鸿模儿子贡生华彦钰递送的文书显示，为创办义塾，在金匮县地方上共计购置了平田 19 亩 8 分 9 厘 8 毫，再捐出堆栈一所，以土地、堆栈租息作为义塾、文社开办的经费。土地、堆栈及起造工料，共计纹银 17500 两。至光绪二十四年（1898）三月初十，义塾呈报无锡县正堂，获得批准立案②。

华氏还特意创办文社，培养地方士人，以求在科举上取得突破。怀芬文社设在荡口镇旺儿桥华氏祠堂内，文社取名为“怀芬”，以缅怀先祖华清莲（字芬远）。每月既望之期，集合华氏及地方上生童加以考核，分别测试“贴括”及“韵语”。“贴括”是科举考试时考生押的重点题。试贴经考试时，考官常从经书中选择偏僻晦涩的章句出题考试，因此在平时的学习中，考生们也相应选择冷僻的经句，编成易于记忆的歌诀诵读以应付贴经考试，故称“贴括”。“韵语”则是诗词考试。遇到乡试或院试之年，文社都要集中应试的考生，选择良师加以训练，以期取得突破。文社考核严格，入选文社的士人，要按期交出考核文章。文章由良师评定甲乙，位居前列者，给予膏火奖励。如果每年考核均在前列者，膏火所得更丰厚。华新义庄帮助士人较多，“邻邑课者纷至，多至数十百人”③。

每逢考试之前，文社举行大小试，考试如同科举现场一般，请乡中贤达判断试卷优劣。天长日久，所积累文章日多，精选其中上佳之作，由义庄出资，刊印《怀芬社稿》。得以进入怀芬文社的士人们颇为自勉，

① ［清］邹鸣鹤：《鹅湖华氏家塾文钞序》，《世忠堂文集》卷三，同治二年刻本，第 32 页。

② 《书塾备案禀稿》，《华氏新义庄事略》卷上，光绪辛丑年（1901）存裕堂刻本，第 2 页。

③ ［清］姚清祺：《华氏怀芬文社记》，《华氏新义庄事略》卷下，光绪辛丑年（1901）存裕堂刻本，第 21 页。

勤奋刻苦，每科考试，告捷者“踵相接也”。时人姚清祺将怀芬文社的成功之处总结为四点：（1）文社中有良师可以指点，士人可以提高水平；（2）士人彼此比较，可以互相促进；（3）通过文社可以熟悉科举规则；（4）在文社之中可以雕琢文字，利于科举取得突破[①]。至清末废除科举后，怀芬文社逐渐演变成地区范围内的学术组织。

一个家族在科举上有所突破，但并不能挽回科举制度本身的衰落。在清末的变革浪潮中，有识之士已经意识到，必须废除科举，兴办新式学堂，华鸿模也积极捐资创办新式学堂。在张之洞支持下，无锡人杨模约集一批乡绅，开办新式的“俟实学堂”。学堂经费来自各方，其中锡金两县冬漕下拨给200元，东林会课费62千文（合70元），公款利息160元，邑中富绅薛南溟、杨艺芳、华鸿模捐款400元。在款项筹集到位后，光绪二十四年（1898）正月，俟实学堂建成[②]。

除了捐资兴办外，华鸿模还亲自创办新式学堂。光绪三十一年（1905）四月十八日，华鸿模创办了华氏私立果育学堂，以华新义庄设在无锡酱油浜的兴成栈部分收入以及义学田租收入作为办学经费，学生免费入学。果育学堂学制分初、高两等，各为4年，由华鸿模担任校长。在创办之初，果育学堂有学生52人，教师8人，分4个教室授课。至1913年1月，学生增加到了79人。学堂师资力量雄厚，聘请日本东京大学毕业的顾建伯教授数理化，日本庆应大学毕业的华倩朔担任唱歌、图画教师，南洋公学毕业的钱伯圭担任体操教师，此外还有顾子重、华山、冯光烈和瞿姓先生教授国文、历史、地理等课程[③]。

无锡钱家，在近代以文化成就闻名于世，与华家是世交，彼此提携。近代无锡名流钱伯圭祖上是吴越王钱镠，系出名门。钱伯圭的祖母，乃是华鸿模的姐姐。华家经商日趋兴盛，钱家则家计困窘，更在太平天国战争中宅院焚毁。华鸿模出资为钱家复建堂室，亲自书“亲仁堂”，题长跋于堂匾后。钱伯圭的儿子钱临照，从华氏所办学校毕业。钱临照在大同大学的学费也是华鸿模孙子华绎之所出，其日后成为中国著名的物理学家。

据钱穆回忆，果育学堂假华氏一祠堂屋，有一大厅，四壁楹柱。朝

① ［清］姚清祺：《华氏怀芬文社记》，《华氏新义庄事略》卷下，光绪辛丑年（1901）存裕堂刻本，第21页。

② 无锡县志编纂委员会编：《无锡县志》，上海社会科学院出版社1994年版，第827页。

③ 黄振源：《果育学堂和鸿模高等小学》，《无锡县文史资料》第6辑，无锡县政协文史资料研究委员会1988年版，第38页。

北长窗落地，窗外杂莳花木，有假山，有小池，俨然一个小院子，幽蒨怡人。轩左向南为大厅之左侧房，为顾（建伯）师卧室。校内老师多住于镇上“乐在斋”，唯独顾建伯来校时，宿于校内。每日下午四时课毕，诸师皆散，顾师一人在后轩，一长方桌，酒一瓶，花生熏鱼等数小碟，手书一卷，随酌随阅。诸同学进后轩，围师座，有所请益，师不拒①。

荡口镇人口众多，仅有一所果育学校，难以满足子弟就学需要。1906年，地方上将学海书院经费移出，改办鹅湖初等小学。鹅湖初等小学开办之后，其开办经费的一部分由地方上热心教育人士筹集，另一部分则由华氏各义庄捐助②。

果育学堂师资雄厚，学风严谨，资金充足，教学质量在当时屈指可数。1909年，第一届毕业生华声之、华绎之等8人，连同连跳三级、提前一年毕业的钱穆等9人，报考常州府中学堂，9人全部被录取。出发前往常州时，华鸿模老先生特派碾米厂总管华叔勤，乘船从县城到荡口，带队前行。进城时，钱穆在船上大为兴奋，畅谈新读书籍中的西方思想。至县城后，住在华氏碾米厂中，晚饭晨餐，皆是13岁的钱穆从来未尝之珍品也。

多年之后，钱穆道：“回忆在七十年前，离县城四十里外小市镇上之一小学校中，能网罗如许良师，皆于旧学有深厚基础，于新学能接受融会。此诚一历史文化行将转变之大时代，惜乎后起者未能趁此机运，善为倡导，虽亦掀翻天地，震动一世，而卒未得大道之所当归。祸乱相寻，人才日趋凋零，今欲在一乡村再求如此一学校，恐渺茫不可复得矣。”③

华鸿模在华新义庄创办果育学校后，吸引了锡东地方子弟前来读书。此时，男女同学风气未开，女子无书可读。华氏族人华子唯、华倩朔开风气之先，倡导开设女校，“该镇地广人众，学校林立，风气开通，为一邑之冠。目下女学独缺，如深望该镇热心教育慷慨解囊之”④。经过努力，在华鸿模的资助下，1905年鹅湖女子学校在华倩朔宅院中创办。华倩朔，名振，毕业于日本庆应大学，担任果育学堂国文兼唱歌、美术

① 钱穆：《果育学校》，《无锡县文史资料》第4辑，无锡县政协文史资料研究委员会1986年版，第27页。

② 《华鸿模禀批据呈已悉》，《申报》1906年8月4日。

③ 钱穆：《果育学校》，《无锡县文史资料》第4辑，无锡县政协文史资料研究委员会1986年版，第33页。

④ 《荡口女学沿革》，《新无锡》1919年10月21日。

教师。华倩朔工于吟诗填词，精于作词谱曲，他所创作的歌唱教科书由上海商务印书馆出版，长销20年不衰。华倩朔创作的《西湖十景》歌，更在全国传唱。女校除教授经史外，还教授女红刺绣。该校女生所绣五尺高自由神像，曾在巴拿马博览会上获得金质奖章。

在华氏义塾带动下，荡口形成了重文教的风气，在近代史上，涌现出了一批人才。1911年，华鸿模去世。1912年8月，华绎之将果育学堂改名为私立果育高等小学校。至1913年8月，受新式教育的影响，同时为了纪念祖父华鸿模，因为“该校以华故校长艰难兴学，生前劳勤未忍听其湮没，拟更名为私立华氏鸿模高等小学校，以作永久纪念”①。

1916年，江苏官方为昆山、吴县等地方上捐置义庄者，申请褒奖。北京政府内务部在回函中借机提出了在义庄内创办新式学堂的意见：各处义庄自订规条恪守，本含有自治性质，诚能借此提倡养成风气，于将来推行自治不无裨益。内务部进而认为，中国传统社会“向不知注重教育，各义庄规则亦大抵有养无教，盖以救恤为主，而于教育一端，无能为根本之计画。即偶置私塾，往往教法不良，收效甚鲜，驯至依赖性成，习为游惰，转失爱人以德之本意”。“现在科举久废，倘能将此项积款改建学校，按照中小学课程分别办理，如此则本支子姓有所裁成”②。内务部以江苏省申请褒奖为契机，在义庄内开展中小学课程教育，并推广至全国，各省对此倒也未见抗拒，纷纷响应③。而在这之前，华鸿模率先将传统义塾改为学堂，华绎之又将学堂改为新式学校，足见这祖孙二人在教育上的先进眼光。

更名后的鸿模小学，学制4年，学生遍及江阴、常熟、吴县及无锡地区。“荡口镇鸿模学校系该镇华氏私立，成立有年，学生日益发达，成绩日益进步”④。学校经费充足，学生免除学杂费，优秀毕业生进入高中就读时，由学校承担学杂费用。提供学杂费的办法此时也得到改进，初等小学每人每学期提供学杂费5元，高等小学8元，初中30元，高中50元，大学120元，学生可凭录取通知书至华新义庄或兴成栈领取学

① 《私立果育高等小学校变更校名请备案由》，《江苏教育行政月报》1914年第9期，第25页。

② 朱启钤：《内务部通咨各省捐建义庄请注重教育按》，《政府公报》1916年第106期，第26页。

③ 《准内务部咨以义庄提倡教育办法通饬各县遵照》，《奉天公报》1916年第1479期，第1页。

④ 《童子军野外实习》，《申报》1920年6月3日。

费。下一学期的学杂费用，凭成绩报告单领取，留级者停发。此外，华氏子弟出国留学的全部费用，外姓优秀学生的出国留学费用，经华氏义庄庄主华绎之同意，也如数发给①。

1917 年，华绎之特意从华新义庄中拨出款项，兴建“鸿模藏书楼”，藏书万余卷，供学校师生阅读。华绎之从日本购买了一批植物、矿物标本及各类教学仪器，改善学校办学条件。学校还配备了齐全的体育器材，华绎之甚至从意大利购买了铜管乐器，这在当时国内是不多见的。据报载：“荡口华氏私立鸿模高小军乐一项，素负时誉，今秋自聘路君教练后，尤大有进步，各种军乐器具亦多完备。近日又新制军乐队制服十套，价在二百元外，衣系蓝色，袖旁有金带，灰色短裤，五色缎帽，本色皮鞋。前日特请省立第五中学教员来校参观，翌日即远足，沿途观者有万人空巷之慨，无不啧啧叹赏云。”② 华绎之更热心于荡口各类文化事业：“荡口老湖桥地方有徐凤甲书兰亭序碑一座，年久被乡人作践，移作阶石之用。该镇华绎之君重赀购归，拟移植公共机关，保存乡贤手泽。”③

鸿模小学培养了一大批人才，如国学大师钱穆，物理学家钱伟长、钱临照，音乐家王莘，气象学家吕迥，农学家冯焕文、诸宝楚，实业家华洪涛等。果育学堂改名为鸿模小学后，在学校礼堂悬挂创办人华鸿模像，作为纪念。国民政府成立后，1927 年 7 月，鸿模小学教师自行撤下华鸿模像，改挂孙中山像，并在校门口挂上国民党荡口区区分部牌子。华绎之对此举很是不满，同时为了提倡女子入学，遂停办鸿模小学。次年 8 月，华绎之改办华氏私立怀芬女学④。民国年间，华绎之虽热心地方事业，却难免招致流言蜚语。1928 年 10 月 28 日，沪上《申报》报道：华绎之“昨夜在石湖乘汽船返家，途中遇绑匪，当由绑匪二十余人，同坐汽船内，将华绑去，并将华身中钞洋三万元劫去，匪索五万元赎价”⑤。此事系谣言，却被各大报纸报道，华绎之不得不出面加以澄清。

---

① 黄振源：《果育学堂和鸿模高等小学》，《无锡文史资料》第 6 辑，无锡县政协文史资料研究委员会 1988 年版，第 40 页。

② 《鸿模高小远足志闻》，《新无锡》10 月 31 日。

③ 《保存乡贤手泽》，《新无锡》1919 年 10 月 22 日。

④ 黄振源：《果育学堂和鸿模高等小学》，《无锡文史资料》第 6 辑，无锡县政协文史资料研究委员会 1988 年版，第 43 页。

⑤ 《苏州富绅华绎之被绑》，《申报》1928 年 10 月 28 日。

对于华绎之在教育、文化上的贡献，1933年，南京国民政府“据行政院转据教部呈，华绎之等捐资兴学，各在三万元以上，除由部先授予一等奖状外，呈请明令嘉奖。二十三日国府令奖云，华绎之等慷慨输金，嘉惠来学，洵堪矜式，应予明令嘉奖，以昭激劝，此令”①。

至1938年，日军侵入苏南，荡口在各地读初中的学子纷纷返乡。应家长请求，华绎之出资，委托华鼎霖在荡口学海书院旧址设置了初中补习班。在辛苦忙碌几年后，至1943年，学校形成一定规模。为了提供更好的办学条件，华绎之将私家花园辟为校园，取名为“鹅湖中学”。1947年，华绎之与族人会商后，将华氏学海书院88亩田产过户给学校，作为办学基金，学校更名为“学海中学”。至1956年，学校由私立改为公办，定名为“荡口中学”。

义庄予族人义米钱粮，是对族人的物质帮助，而兴办庄塾、书院，则是对族人精神之塑造，是对未来的投资，使族人知君臣之义、上下尊卑、父子之序、夫妇之别，能勤俭持家，安身立命。清代华氏所办义塾，对于提高华氏族人文化水准、普及教育起着重要作用。据统计，明清两代华氏出了37名进士，荡口华氏更是出了诸多文化名人。至近代，华氏族人敏锐地意识到了新式教育的意义，率先在无锡创办新式学校、女子学校。华氏所办新式小学校，经费充足，师资在全国范围内屈指可数，为无锡培养了一大批人才。古老的宗族与新式的近代教育，在华氏果育学校身上，得到了堪称完美的融合。

第三节 义冢助葬

死后下葬，入土为安，是中国礼法社会中的一个重要环节。《月令》中有“埋骼掩胔”之文，周文王有“泽及枯骨”之举，被后世视为仁者之政。传统社会中，丧葬礼仪被国家视为大事，其具体礼仪操作有一系列烦琐规定。如宋代就葬礼上冥器的多少、出殡时的仪仗、墓地的面积、坟茔的高度，均有严格规定。到了明清两代，官方对丧葬礼仪也做出了明确规定。君臣上下，等级森严，就是最底层的民众，葬礼也要符合礼制规定。

历代都有专设机构，以帮助无力下葬的家庭。宋代设有漏泽园、慈

① 《国府嘉奖华绎之等捐资兴学》，《申报》1933年1月24日。

济局等专办施棺助葬事务的机构；明初下令民间各立义冢，严禁火葬焚尸；清代鼓励各地设立义冢。对一般平民而言，丧葬费用往往太高，不得不典卖田地，一些人更是被拖累得破家亡产。近代在华的西方人观察："为了给父母办丧事，许多家庭卖掉了所有的土地，甚至卖掉了房子。因为若不能为死者办一场像样的葬礼是很没面子的事。"①

贫民因受财力限制，往往无力依照礼法要求举行葬礼，这对礼法制度产生危害。是故各类慈善机构，多予贫困人家丧葬以补贴。

清代参与尸骸掩埋的慈善团体极多，有施棺会、掩埋局、保墓局等，施棺、掩埋及提供墓地是此类团体的基本工作内容。如乾隆三十七年（1772），彭绍升在苏州创施棺会，于葑门外法云庵施舍棺木。施棺会采取"众筹"形式，募集资金，然后购置田地，以田租收入作为慈善开支。出资者每年返回十分之一的本金，分 10 年偿还完毕。依照中国礼法观念，不论贵贱，人死之后，入土为安。对无钱购买棺木的穷人及路边无主尸骸，由施棺会援助安葬。乾隆四十年（1775），苏州齐门附近沙河塘贫民坟地中，有大量未曾安葬的棺木，天长日久，棺木腐朽，尸体暴露，"暴棺至数千"。彭绍升出面募资，在横山购买了一块土地，将 3000 多具尸骨收拾安葬，又请僧人诵念佛经，超度亡灵。

在丧葬事宜上，各地义庄多将提供棺木、墓地作为基本职能。"沪上善堂林立，凡施医给药，赊棺诸事，以及贫苦无力营葬者，复购建义庄，代为埋殡，万善同归，无微不至，诚非常之盛举也"②。"福州船政局之山麓，距窑厂里许，有粤人创建义庄一区，地约数亩，凡粤人之终于闽，其尸棺分葬各处，而无人祭扫者，于去年皆派人迁至义庄埋葬。即于义地之中，建一地藏王殿，去秋落成"；同时考虑到义庄所处之地，风水不佳，又在中元盂兰大会，请僧人诵经三日③。

在清代，金匮地方上很多穷人缺乏埋骨地，只能依赖于官民所设的义冢而下葬。金匮县下属的南延乡，本有义冢数处，多年之后，墓地均已葬满。而地方上的大量贫困家庭，无力购得合适墓地，就将先人棺木停棺不葬。除了本地居民外，金匮地方还有大量外来人口，在其死亡后，因为路途遥远，也选择了停棺不葬。

停棺不葬造成了很多社会问题，首先，这与正统理念中的入土为安

① ［美］明恩溥：《中国乡村生活》（午晴、唐军译），时事出版社 1998 年版，第 196 页。

② 《拟劝善堂捐修义庄启》，《申报》1881 年 6 月 22 日。

③ 《大会减色》，《申报》1882 年 9 月 20 日。

相违背。江南各地官方，屡屡出具告示，劝告丧户及早下葬。其次，大量棺木不下葬，日久天长产生环境卫生问题，容易发生疫情。其三，停棺不葬日久后，棺柩可能在战火中被焚毁，或是被盗棺，事后，后人往往追悔莫及，背上了不孝的思想包袱。

清代江南，历来地少人多，大量贫民、外来人口死亡后，无财力获得墓穴安葬，只能依赖于官方、民间设置的各类义冢而获取墓地。义冢分为两种，一类是普通义冢，由民众自行安葬，并可安葬死刑犯与乞丐；另一类则是专设义冢，有专门墓地，专人管理，安葬正常死亡的良民。前者缺乏管理，往往棺木暴露，民众多不愿意将棺木葬在其中。后者如果依附于家族义庄，就能获得稳定经费支持，管理有序，因此受到民众欢迎。

无锡华氏从事慈善事业，对于义冢，也在创设义庄时予以关注。乾隆年间，华进思购买得馨字号田 8 亩 2 分 2 厘 2 毫，立石表道，凡暴露地面、无人掩埋的尸骸，均收来下葬。凡来下葬者，并给葬费①。此后华进思又捐出 50 亩田地，附在义庄之下，以田租作为义冢经费，“挟纩之意可永行”②。

咸同年间，太平天国战争带来了江南地方上民众的大量死亡，更加重了停棺不葬的风潮。太平天国战争结束后，收埋尸骸，施棺助葬，成为官方与地方人士关注的重要内容。至同治、光绪年间，江南地方上出现了设置义冢、赞助义葬的浪潮③。

光绪年间，金匮县地方上华鸿模、华鸿渐、华金城、华秉钧、华世芳④、华鹤年等人联合出面，预备选择地势合适、距离适中的田地，购买之后，捐作义冢。但金匮县地方上的田主，对于膏腴熟田既不愿捐，又不肯卖出，是以多年寻觅，却未能购得田亩创办义冢。

在传统社会中，土葬普及与否，被视为地方风俗良恶的标志。“死者获体魄之安，生者尽送终之礼。其在闾阎，除凶秽之气，以召祥和，

① 《华进思履历》，《华氏义田事略》，同治四年（1865）诒谷堂刻本，第 3 页。

② 《华进思履历》，《华氏义田事略》，同治四年（1865）诒谷堂刻本，第 5 页。

③ 同治六年五月二十六日，江苏布政使丁日昌办发《禁止停棺不葬》，通饬全省官民：“限本年十月底止，有力者自行营葬，无力者由亲属报明善堂，代为殡埋。其余无主各棺，责成善堂，通行收埋义冢，分别男女，编号立石，有姓氏者开具姓氏。无姓氏者，开明原在某处收取，立簿登记，以便日后子孙赴堂领归改葬。”《江苏省例·禁止停棺不葬》，同治八年刻本。

④ 华世芳（1854—1905），近代数学家，字若溪，是华翼纶的次子，华蘅芳的弟弟，先后在各地书院执教。

顺闭藏之理，以畅生机。此阴阳常理，为政者转移风俗之大端也”①。光绪十七年（1891），金匮县令巡视地方时，见到很多棺椁无法下葬，颇是忧虑。在与南延地方上士绅交流时，金匮县令希望能由士绅出面，购田设置义冢。华鸿模、华鸿渐、华金城、华秉钧、华世芳、华鹤年等人，则将此前购买田地存在的困难一一诉说。此后经过地方官与士绅联合运作，至光绪十九年（1893）总算筹集到田地。华惠公捐出平田1亩7分7厘2毫，华吉记捐出平田4分6厘；华成绪则将自己的田产3亩7厘2毫，与“恤嫠会”换得平田3亩6毫，又捐出制钱85千文，购置平田2亩4分4厘；加上施棺局原有的荒田1亩1分5厘，共筹得平田10亩3分2厘9毫②。

田地筹集完备后，即经开工修筑，很快修竣。此时发起兴建义冢的众人，开始构思义冢的运作规则。南延地方上历年停棺太多，一方面由于地势滨湖，可以作为墓地的高耸干燥土地较少；另一方面，早先已有的义冢业已葬满，且管理混乱，坟地颠倒错落，常不能寻到先人坟墓所在，故而贫民不愿下葬。

为了让地方上民众放心下葬，又议定雇南延乡各图董地保（清代乡下设里，里下辖偶，偶下管图），大力督促贫民将没有安葬的棺柩，以本年腊月底为限，一律下葬。对于邻县停留在南延乡的棺木，因为无主，无从查起，故而请邻县一体出示告示，督促下葬。邻县所停之棺，也以腊月为限。如仍不归葬，由华氏族人筹集款项，将无主认领的棺木，一律编号掩埋，“以免日久暴露，棺材朽残骸之惨”③。

鉴于以往公墓管理混乱，乡人不愿将棺木下葬的情形，新建公墓的华氏发起诸人约定，“拟定章程，编号掩埋，庶几人可乐就”。

新公墓议定章程有六：

一、此墓划为两界，左为众姓公墓，右为华姓公墓，竖立碑石，刻明字样，以昭区别，周围均立石为界。

一、来葬者先到华氏义庄报明登簿，开注姓名年岁住处及经葬何人，领取号头石一块，到墓挨号顺葬。埋石棺前，以便日后查认，不取分文。

一、或有暂借此墓，尚须另行择地者，亦须照上到庄登簿领石，将

① 《皇朝经世文编》卷六八《礼政一五·正俗上》。

② 《公墓立案禀稿》，《华新义庄事略》卷末，光绪辛丑年（1901）存裕堂刻本，第3页。

③ 《公墓立案禀稿》，《华新义庄事略》卷末，光绪辛丑年（1901）存裕堂刻本，第4页。

来不致混淆。定限一年，限满即代为掩埋，不准阻挠。日后如须领回，另葬听便。

一、实在无力者，量路之远近，酌贴舟资土工之费，葬毕到庄领取。

一、不准乱葬，不准不报明私葬，人孰无天良，谁不思其父母骨肉，倘一时乱葬，将来无从稽考，后悔难追，或误认他冢，尤为悖谬。何如登簿立石，日后可查认，可祭扫，不费一文，永远有凭。

一、附近农民不准放牛羊践踏，不准挑堆田塍，不准界内侵削，如有此等，送官处责[1]。

针对江南地方上停棺不葬的习俗，义冢通过提供经费支持，鼓励民众将棺木运到义冢中安葬，这使华氏所办义冢带有助葬会的性质。义冢所拟章程，集当时善堂、义冢之大成，堪称完备。

至光绪十九年（1893）八月，在将公墓修整、章程议定之后，华鸿模等人又将田地单号、公墓章程等详细禀报给金匮县令。金匮县正堂批示道："所议章程亦甚妥善，即详情请立案，出示晓谕。"同时奏请江苏布政使出具公文，知照邻近常熟、长洲、元和、吴县等4县，出示告示，催促将所停之棺木下葬[2]。是年九月廿九日，江苏布政使作出批示："该绅等捐置田亩建筑义地，洵属乐善可风。"[3] 江苏布政使司特颁发"仁周梓里"的匾额，以示奖励，匾额悬挂后，周知乡里，以劝谕各乡绅董效法。

此次设置公墓、购置土地的过程中，有一块土地是与"恤嫠会"互换的。恤嫠会是清代江南地区流行的一种组织，此会以救济寡妇为目的，乾隆三十九年（1774）由苏州彭绍升创设，后常州、无锡、镇江等地兴起的救济孀妇的善会均仿效此会。

荡口地方上的恤嫠堂拥有一定数量的田地，以田租作为经费。为筹办义冢，光绪十七年（1891）三月，由华承绪出面，双方互换田亩。恤嫠堂的田地属于公益用地，依照清代律法，不得交易。不过，恤嫠堂的主持人周廷桢认为："义冢亦属于善举，于例似可通融，故即允其互

① 《公墓立案禀稿》，《华新义庄事略》卷末，光绪辛丑年（1901）存裕堂刻本，第4—5页。
② 《公墓立案禀稿》，《华新义庄事略》卷末，光绪辛丑年（1901）存裕堂刻本，第5页。
③ 《公详请公墓立案稿》，《华新义庄事略》卷末，光绪辛丑年（1901）存裕堂刻本，第12页。

换。”① 此外，在互换田地时，华承绪给予了恤嫠堂一定优惠，以3亩7厘2毫，换得恤嫠堂3亩6毫田地。双方交易，得到官方认可，顺利达成。

入土为安，是中国传统社会礼俗中的重要一环。宋元明清，围绕葬礼定有诸多礼法规定，但在很多地方，限于财力，贫民常无法购置土地，从而亦不能实现“为安”。而江南地方上盛行停棺不葬，甚至有停棺几十年不葬，这都与入土为安的理念违背。对无钱购买棺木的穷人及散落的无主尸骸，由义庄出资援助安葬，使穷人获得最后的尊严，堪称功德无量之举。义冢依附在义庄之中，既能得到经费支持，又能得到有效管理，使亡者入土为安。

到了近代，义庄甚至在海外他乡得到发展，只是帮助对象从族人发展到同胞。华人在日本神户设有义庄，专门负责同胞丧葬事宜：“他乡客死，情实堪怜，异域抛骸事更可惨。兹本帮同人或商或工，在日本神户营生者，不知凡几。其有病死旅寓，惨无亲属，由同乡经理棺殓寄昔义庄。”②

第四节　救助事业

翻开中国历史，每隔几十年一次的农民起义，每隔二三百年一次的王朝更替，兴亡周期率的不断轮回仿佛是中国古代王朝的宿命。而导致王朝不断更替的农民起义，则源于农业社会中的自然与社会因素。自然因素可能是水灾、干旱、地震；社会因素则必然是土地兼并、税赋过重、人口暴增等。

自然环境对中国民众生存的压力，主要来自洪水与旱灾。周期性的水旱灾害，如黄河水的泛滥、改道和整个华北平原的干旱一直是中国传统社会面临的主要自然威胁之一。面对着洪水与旱灾，农业社会的人们不得不团结起来抵抗灾害，以获得最低限度的生存权。但依赖单纯的人力去对抗强大的自然力，其效果常是微乎其微的。自然灾害导致众多的百姓背井离乡、陷于贫困，而大量汇集的流民，必然会酿成震撼王朝的起义。唐代的黄巢、明代的李自成、清代的洪秀全，这些起义队伍的中

① 《恤嫠堂以田互换公墓禀县稿》，《华新义庄事略》卷末，光绪辛丑年（1901）存裕堂刻本，第13页。

② 《招领灵柩》，《申报》1884年1月10日。

坚力量，多是由自然灾害而引发的大量流民。

天灾之外，对中国古代农民影响最大的“人祸”，一是土地兼并，二是各种赋税徭役。中国古代的粮价一般年份价格往往是偏低的，但是农民购买牛马以及各种生产工具，却需要耗费相当资金，这是普通农民所不能承受的，由此造成农民只能维持简单再生产而无力扩大生产。这种情况非常有利于豪门巨族的土地兼并，大规模的土地兼并造就了大量的无地、少地农民，加深了农民生活的困苦。豪门巨族之所以热衷于兼并土地，是因为农业社会中只有土地才是“不忧水火，不忧盗贼，延传百代”的财富之本。而历代王朝所能做的，仅是在不触动土地所有权的前提下，去争取延缓土地兼并。这种延缓只能缓和形势的恶化，而无法从根本上解决这一问题。

传统社会中的农民，其人数以百万、千万甚至亿计。他们靠天吃饭，碰上好年景可得温饱，碰上灾年则挣扎在死亡线上。因此，不断膨胀的人口数量，形成了中国传统社会内部巨大的生存压力。要想在群体中获得更好的生存状况，就必须建立一个人丁兴旺的大家族，使自己家的男性劳动力更多，拳头更硬，武力更大。这就造成了一种恶性循环：食物短缺，土地稀缺，导致生存竞争激烈；而为了生存，人人都在追求家庭人口数量方面的优势，结果人口越来越多，土地更加稀缺，群体的生存竞争更加残酷。这种循环张力的最终释放，往往是在大规模的战争之后，即史书中常见的“经过天灾人祸、改朝换代的动乱之后，新王朝刚刚确立之际”，这时，群体数量、食物及其他生活资料刚好满足群体生存的最低生活水准。

在中国传统文化中，追求人口数量的本质被系统表述出来的论断是：“不孝有三，无后为大。”从中国传统的价值观念看，一个不忠不孝的人是最坏的，而在最坏的人中，更坏的是没有后代。中国人千百年来相信“多子多福”“人多好办事”，因为在残酷的生存竞争中，人们早已意识到，如果在生存竞争中不能用质量取胜，那么就用数量占先，结果汉民族在人口数量方面的优势的确是领先的，不论什么样的天灾人祸，都不能从根本上影响中国人口数量持续增长的趋势。

中国农业社会所面临的根本问题，是对生存资源的争夺，这生存资源便是土地。每个王朝都重视农民的问题，推出了一系列重农政策，但高高在上的皇权，面对着广袤的疆域、万千的子民，常常力所不逮。而在社会治理领域，社会自身拥有较多的力量，特别是通过宗族来处理社会事务，可弥补政府在社会治理方面的不足。作为江南望族，在无数先贤所累积的名望之下，明清两代，华氏族人以义庄为平台，从事于各类社会救助事业，以缓解社会矛盾。

在明初，义庄受到官方的限制，呈现萎缩态势，华氏后裔华兴叔一度以义仓的形式进行社会公益活动。华兴叔是华悰韡第二子，孝友笃至，其母生病卧榻 7 年之久，兴叔与弟弟华兴定侍奉左右，不论寒暑，亲手调汤药。至老母病危时，华兴叔祈求上天，请替母赴死，此后其母神奇康复。华兴叔与乃弟华兴定，“置祭田，修祠堂，葺先世诸墓”①。

其间，长兄华兴仁在地方上见义勇为，为豪强所不满，“族有戍茶陵者，以力强公代役，数年后事白还家，置之不问”②。华兴仁回乡后，华兴叔对其兄尊敬照常，甘苦与共，华兴叔对人云：“吾弟爱兄，根之天性。”华兴叔将自己的旧居让给弟弟华兴定，自己另外造新宅，名为“乐勤庄”。

华兴叔在地方上也不过是中产之家，每日与家人从事耕作，乐此不疲，又作《乐勤歌》教乡人传唱。乡人受到感染，无懒惰者。华兴叔有余力之后，积极从事地方公益事业，帮助贫困，于永乐年间修永安桥（后改名永祥桥），建筑土堤数里，以方便行人。华兴叔更是无锡地方上最早创设义仓者，“割田数百亩，置义仓备赈”。又减免田租千石，惠顾佃农，“易世乡里犹歌思之”。华兴叔后入华氏四面坊中旌表。华氏四面坊在华孝子祠前，清乾隆中期建，西向题有忠（明华允诚）、孝（南齐华宝）、节（元华铉妻陈明淑）、义（明华兴叔）。

华兴叔曾被地方上陈姓豪强诬告，两人同时入狱。在狱中，狱卒对华兴叔云：“与我金三百，我毙陈出君。”华兴叔拒绝，后忧虑陈姓豪强被狱卒所害，当夜私下告知，请其提防。陈姓豪强正狐疑时，卧榻处墙壁突然崩塌，所幸人不在床上，得留性命。陈姓豪强目睹此情，不再怀疑华兴叔，二人出狱后尽释前嫌，结为儿女亲家。

华兴叔之弟华兴定一生热衷于劳作，故号“乐农”。他“立祠堂，制祭田，岁时享祀必诚必腆”。每逢灾荒之年，“发粟千斛，佐有司赈济，且辞其旌，宗党之艰难者多沐其恩”。华兴定不但帮助族人，对于族外之人，也热心帮助，或减免利息，或免除债务，不胜枚举。华兴定还精通医术，“以起人疾，全活者甚众”③。

① 《乐勤府君宗谱传》，《华氏传芳集》卷五，乾隆七年刻本，第 24 页。
② 《永喜府君宗谱传》，《华氏传芳集》卷五，乾隆七年刻本，第 22 页。
③ 《乐农府君宗谱传》，《华氏传芳集》卷三，乾隆七年刻本，第 33 页。

此后又有华守吉，号听竹，“族党之贫者，皆有给，平时必减斗斛以惠佃，凶年则倾仓廪以平粜”①。弘治年间，华守吉捐出米粮，救济灾民无数。事后依照朝廷规例，要旌表其门。华守吉则称，家业来自祖父，请旌表于墓，得到许可。旌表往往只表门不表墓，此为当时之特例。邵宝在《华氏墓门碑铭》中称，旌于墓，“非制也”②。

成化年间华佑，“别储粟以备婚丧赈助，建水关、石桥，费俱千金不惜”③。嘉靖年间，华辉创设义庄，帮助族人，赈济灾民，地方上民众无不信服。嘉靖年间华汝英，除了基本生活开销之外，其余钱财均用来周济亲族及贤士，“岁种旱禾十亩，以广周急”④。

华氏诸义庄创设后，对需要帮助的族人，设有一系列救济措施。义庄所给补贴，以清代华老义庄为例，凡本支四穷（鳏、寡、孤、独），每月每人白米1升，三口之家一年得米3石6斗。依老斗衡量，每石合371市斤（改成市石合160市斤）。当时每月还发放菜金，一般足够开支，如子女众多，所得补贴也多。义庄所发补贴，即使是失业、守寡、残疾不能工作者，一般日子也能过得下去，甚至还能稍有积余。此外，逢年过节，华老义庄额外还有补贴。

华老义庄规定，只有年过五六旬，没有伴侣、没有子嗣的老人，方准入册。无父之子，年满3岁，方才准许入册，至20岁，能自己独立生活后，则不给月米。寡妇及残疾之人，不限条件，只要是华氏族人即可。华新义庄同样规定，无后、独身的老者要年过五六旬，孤子要年满3岁，方可入册。月米每月初五发放，不得预支，路远或残疾者，允许按照季度领取。过继入族或出继外姓者不得领取，改嫁者也不得领取。有赌博、酗酒、无赖等恶习者，均不得领取月米。凡领取月米者，日后如果生活改善，应将米票缴出，转给候补之人。

对于血缘较近的族人，义庄所给补助稍丰厚。乾隆年间，华老义庄在《续申条规十二则》中规定：本支元楼公一派，凡有“五服”之内亲属，四穷者应待遇稍厚，故而又捐出120亩田，称“敦本义田”，专门补贴元楼公后人。一般四穷每月给米1斗者，元楼公五服内的后裔则加给5升，寡妇加给1斗。因“敦本义田”每年所收租米数量有限，所助族人以50名为限。

---

① 《听竹府君宗谱传》，《华氏传芳集》卷四，乾隆七年刻本，第30页。
② ［明］邵宝：《华氏墓门碑铭》，《容春堂前集》卷一六，文渊阁四库全书本。
③ 《东洋府君宗谱传》，《华氏传芳集》卷四，乾隆七年刻本，第45页。
④ 《东溪府君宗谱传》，《华氏传芳集》卷五，乾隆七年刻本，第3页。

对于族中无财力娶妻者，华老义庄以婚资加以赞助。赞助的条件是“数代单传，无力婚娶”，经过查明，确系华氏族人者，以银 3 两赞助。对于婚后丧妻，无力续娶者，如果查明确系数代单传，且无子嗣，而原先结婚时未得义庄补助者，“即补给钱文，令其速娶”。至于给予银两补贴后，族人是否再娶，则难以把握了。

传统社会中，婚姻以生殖为基础，生殖的意义如此重大，被理解为家庭、家族血缘的延伸，故而不将婚姻看成是当事人个人之事，而是个人所属家庭、宗族之事。在中国，没有爱情不会造成对婚姻的威胁，但若不能生育，这种婚姻就变得无根了，随时都有破碎的危险。如果一个结了婚的女子不能生育，就一定要用其他方法来弥补，或是丈夫纳妾，或是采取其他权宜之法，例如“典妻”，就是借别人的妻子来生孩子。“在中国，没有性爱，婚姻照样是婚姻，但没有生殖，婚姻的本质就不能实现”①。婚姻在传统社会中，因为涉及生殖、涉及家族的繁衍兴盛，自然受到义庄重视，因此特别规定予无力婚娶族人以补助。

华氏诸义庄之中，以华新义庄实力最强，华新义庄赡养族人的标准，多效仿华老义庄，因为财力雄厚，故而待遇稍优。自同治八年（1869）始，华新义庄开始对本支三省公以下族人，给发各类杂项善事等补助。待日后得有盈余，再由本支而推至通族。华新义庄规定，所有四穷及废疾，五服之内每月给米 2 斗；五服之外的近亲，每月给米 1 斗 5 升，定以 200 人。通族四穷及废疾，凡在老义庄领取每月 1 斗米者，可再到华新义庄领取 5 升，以为补助，其额定以 500 名为率。凡领取月米者，去世后缴票者即给钱 3 两，五服之内的族人额外再给 3 两，以补贴丧葬费用；如果隐匿不缴，查出后即行注销，不给葬费。

五服者，遵五世则远之义，“以乾若公后为五服也”。华老义庄、华新义庄此举，体现了差序格局，虽同属华氏，但须依照服亲关系远近，予以不同的补助。

华新义庄内设有义塾，延请品行端方之师主持，凡乾若公以下子孙无力读书者，都可以进入义塾。如果家远，来往不便，在他处就读者，每节给束脩 500 文，读完四书者给 700 文，能作文者给 1000 文。如是族中世代单传，无力娶妻者，以银 3 两，鼓励娶妻。华新义庄所给娶妻补贴，以世代单传、无力娶妻为准，不论是否再娶。

① 刘承华：《文化与人格：对中西文化差异的一次比较》，中国科学技术大学出版社 2002 年版，第 130 页。

华氏各义庄也从事社会慈善事业。老义庄、新义庄都规定，义庄资金的50% ~70%用于族内救济款项，30% ~50%用作社会救济款。遇到荒年时，义庄拨给租户一些种子费用，青黄不接时借给春耕费用，遇蝗虫灾害发给救济款。华新义庄义田佃农，如果每年按时缴纳租米者，至每年五月插秧时给予佃农白米1斗，作为补贴①。

对于族外的贫困人群，生病时施舍药品，年关时发给冬季寒衣和年夜饭米。每年冬月，华老义庄、华新义庄都施发棉衣100件。对因为路远不能领到棉衣者，则发给白布，聊作安慰。至于各类修桥补路、施舍棺木、帮助殡葬等慈善救济工作，更是长年施行。灾荒之年，若有逃荒人群过境，在指定的地方由义庄出资供给三餐住宿，帮助灾民过境。为应对灾年，华新义庄规定，庄中“必备二年之蓄，以防水旱歉”②。如果义庄财力有盈余，一切有益于族中及有济于邻里的救助事业，均可酌力行之。

从华氏果育学堂成长起来的钱穆，对孝悌仁义文化是深有体会。他曾道：“人道应该由家族始，若父子兄弟夫妇间，尚不能忠恕相待，爱敬相与，乃谓对于家族以外更疏远的人，转能忠恕爱敬，这是中国人所绝不相信的。家族是中国文化一个最主要的柱石。”③

明清两代，义庄存在于荡口地方上，起着重要的社会治理功效。捐置华氏义庄的主体，既有官员，又有大量绅商。对于官员而言，捐置义庄，是为子孙积德，期望后世科举能有所得。绅商捐置义庄，则可以提高在地方上的地位，获得声望，即以财富换取声望。通过创办义庄，予宗族成员以福利，可以稳定宗族，维持地方秩序。毋庸讳言，创办义庄，对于华氏族人而言，具有很多回报，如官方的旌表、科举上的突破、物质上的回报等等。在地方上，华氏有着更大的话语权。从《华氏宗谱》《华氏群芳集》中可以看出，具有影响力的华氏族人，常主宰地方事务，控制族人，处理各类纠纷。

虽有着更多的话语权，但祖先的厚德、一代代先贤的垂范，使得绝大多数华氏族人不自骄，能加以自我约束。明清两代，少见鹅湖华氏族人发达之后鱼肉乡里者，他们更多地从事于地方事务和公益慈善，以义庄为平台，为宗族、为乡党服务，这又进一步加强了他们的社会声望与

① 《规条十二则》，《华氏新义庄事略》卷上，光绪辛丑年（1901）存裕堂刻本，第10页。

② 《规条十二则》，《华氏新义庄事略》卷上，光绪辛丑年（1901）存裕堂刻本，第11页。

③ 钱穆：《中国文化史导论》，商务印书馆1994年版，第51页。

话语权。创办义庄，服务宗族与社会，获得声望，严谨持身，继续努力，培养子弟，家族兴盛，这是一项不断向上的良性循环，是一个不断累积的丰厚投资。

在地方秩序的构建中，以义庄为中心，以地方士绅为中坚，华氏成为一个地区、宗族的领导核心，对族人、晚辈起着强大的精神示范作用。此种精神统领的力量，比外界强加的秩序更为可靠，更为牢固，更为持久。义庄得到义田的财力支持，又由具有名望的族人掌控，维系着家族内乃至地方基层的秩序，实现了对基层社会的管控。由于义庄的存在及对社会事务的积极参与，弥补了官方在社会治理上的不足，整个乡村保持着良好的秩序，能应对各类威胁。此种秩序，既有利于官方的统治，又节约了统治成本，为官方所鼓励，并给予了社会一定的自治空间，使之更好地实现社会治理职能。

第五章　华氏义庄的运作

华氏诸义庄的运作，带有浓厚的宗族血缘色彩。在义庄的管理上，以本族贤能者主持义庄事务。义庄义田，坚持准入不准出的原则，以避免土地流失。在义庄收入的分配上，依照血缘关系的远近，对族人提供帮助。在义庄的维持上，利用一系列的族规庄约来约束族人，保持义庄的长期存在。

第一节　义庄管理

义庄族田（义田）的管理制度，有学者研究后认为可分为五种："族人以房或户为单位受田分管""建置族田的地主自管""义庄专管""宗祠专管""族人轮管"①。

（一）族人以房或户为单位受田分管，即捐置义田之后，依照贫困程度、亲疏远近，将田亩分别授予需要帮助的族人。义田虽然分割，但产权不发生转移，依然属于宗族。如元至正年间创办的沈氏义庄即采用此种模式，"择族中之长且贤者，同主其出纳"②。但是由于承包义田的族人需要负担赋税徭役，还要给宗族缴纳米粮，其间会发生较多纠葛，因此采用这种方式的义庄并不多。

（二）建置族田者自管，即捐田创设义庄者，使田亩仍处于自己的控制管理之下，每年将田地收入用于宗族事务，此称"不开庄"。在创办义庄的过程中，田亩不足，待凑足千亩之后开办者，往往也采用此种方式。清咸丰十年（1860）正月，华存恭、华存宽、华存吉等人购置田

① 张研：《清代族田经营初探》，《中国经济史研究》1987 年第 3 期。

② ［元］黄溍：《沈氏义庄记》，参见［明］董斯张《吴兴艺文补》卷二七，明崇祯六年刻本。

亩，每岁可收田租375石，但因田数尚不足500亩，遂先在名义上捐出，实际上仍处于华存恭兄弟的管理之下。

（三）义庄专管，即一切事务交由义庄全权处理。义庄之中设有两套班子：一为领导班子，其中又分总理庄务与监临庄务。总理庄务多称“庄正”，另有“总理”“董事”“宗子”之称谓。庄正之外，设有庄副辅佐之。庄正必须由族人公举而出，其标准是品行端正、家境殷实，系建庄者嫡系后裔。庄正负责事务较多，掌握义庄田产田契、户口，审核族人资格，决定减免佃农田租，负责收租等。领导班子之外，尚有办事班子，有会计、催租两类。会计常设2人，1人管出，1人管入，有“典籍”“司仓”“司庄”“司事”等称呼。催租常设1～4人，华氏义庄中的催租称“扇仆”。办事团队并不以本族族人为限，只要品行端正、殷实有才，都可以当选。有的义庄为了避免本族族人干预太多，特意聘请外人加入。

（四）宗祠专管，即不设专门的管理机构，由宗祠管理义庄。宗祠中设宗子、支长、分长作为领导层，宗相、宗直、宗礼作为操作层。此种管理方式，将义庄纳入宗祠系统之中，使之成为宗祠职能部门中的一个分支。

（五）族人轮管，即由族人轮流管理义庄。在由族人一起捐置的义庄中，常由捐产各方轮流管理。也有一些义庄，推举家产殷实、品行端正，或是素有威望、辈分较高的族人，轮流管理义庄。也有由族人轮流管理的，但管理者必须是人品较好、有一定家产者。

自范氏义庄创办之后，后世义庄大多效法其组织运作。范仲淹初创义庄时还没有完备的管理机构，由“诸房选择子弟一名管勾”[①]，掌义田租米之催收发放。范氏义庄在明清两代日趋成熟，但在管理上仍呈现出“差序格局”，义庄的管理人必须是义庄创办人的嫡系子孙，主要受益者也是本支子孙。后世义庄大多承袭范氏义庄的模式，由嫡系子孙掌管。如道光二十一年（1841）兴办的吴县庄氏济阳义庄，其《规条》明确规定：“总理庄务，以建庄公嫡派子孙，择身家殷实能干者为庄正，管理庄务。”[②] 至于庄副，往往选择嫡支明达者担任，但也可选用精明强干的异姓。如光绪年常熟丁氏义庄的《义田规条》载：“设司事一正一副，

① ［清］冯桂芬：《（同治朝）苏州府志》卷二四《公署》，清光绪九年刊本。

② 《华西邹君记》，参见王国平、唐力行主编《明清以来苏州社会史碑刻集》，苏州大学出版社1998年版，第218页。

正用庄裔嫡长。如实不胜任，方公议于庄裔中酌举办理。副由庄裔延请，不拘同宗异姓。”①

明代华氏义庄的组织管理形式，并未留下直接的档案记载。但从后人的记载之中可以推断，明代华氏所办义庄，多由义田捐赠者后裔直接控制。也正因如此，明代所办义庄，至清代所存无几。盖因捐赠者后裔管理，天长日久，家道中落之后，常以义庄财产作为私人开销。如明代华杲创办义庄，至清代后子孙没落，就以义庄为居所，族人对此也无非议②。

乾隆朝华老义庄创办后，对整个义庄的运作模式留有详细记载。华老义庄初订有《义庄条约十条》，对义庄的运作做了详细规定。

在管理上，华老义庄设董事一人，以两名司事辅佐之。董事的选拔，却并未规定必须是华进思的直系后裔，“必公举族中之品行端方，家业殷实者为之”。董事选拔，有三个条件：一是族人公举，二是品行端方，三是家境殷实。哪怕是家境殷实、品行端方者，也要经过族人的公举方能担任。至于司事二人，要求“老成称职”即可，司事负责义庄的具体出入账目事务，“凡庄内田租以及银钱册籍，悉归掌管”③。

义庄管理层一般都有固定任期，这样可避免长期任职带来的松懈，也可避免管理层中的族人将过多精力耗费在义庄之上。董事、司事，每三年一任，董事、司事任职时必须至公无私，全心办理，不可松懈。若是在任期间，董事导致义庄财力衰竭，或是侵吞挪移，舞弊营私，不拘年数，随时更换。三年任满之后，如果董事、司事称职，获得族人认可，自己也愿意连任者，可以继续执掌义庄。

担任董事的族人，是在为宗族事业服务，有的义庄会给予董事一些补贴，有的则没有补贴。补贴的标准，根据义庄的实力大小而定。华老义庄董事每年薪俸为60两，司事薪俸每人每年30两或40两。清代正、从六品官员每年岁俸银为60两，正、从七品官员为45两，正、从八品官员不过40两④。比较起来，义庄董事、司事的收入已是相当之高。对华老义庄董事而言，本身经济条件就已较好，义庄所给予的较高补贴，纯是对其付出时间和精力的补偿。

---

① 《常熟丁氏家谱》《义田规条》，光绪二十九年（1903）刻本。转引自费成康主编《中国的家法族规》，上海社会科学院出版社1998年版，第280页。

② ［清］姚见龙：《惜阴华公传》，《华氏传芳集》卷九，乾隆七年刻本，第19页。

③ 《义庄条约》，《华氏义田事略》，同治四年（1865）诒谷堂刻本，第2页。

④ 黄惠贤、陈锋：《中国俸禄制度史》，武汉大学出版社2012年版，第518页。

凡董事任满或辞职时，要将义庄中的账簿契券等加以交接，其中涉及“四柱清册、四穷号簿、各房宗谱、田单契券、新旧租籍、钱粮田号细数”等，以及义庄房屋、器械、所存米麦银钱等。四柱清册，是官吏在办理钱粮报销或离任移交时，按四柱编制的报销册或移交清单，因其一目了然，也为民间机构所效法。依据义庄条约，每年年终之时，华氏老义庄的管理层要公布账簿，以示秉公。庄中钱粮出入、各项开销，年终时要加以清查核算，将义庄实存公开，以昭示公允。

为了杜绝弊端，义庄收租与分发月米时，必须由董事亲自加以检点，不可以完全由司事、催租人经手。遇到灾荒年月，董事不可以听催租人的报告，自行减租。董事必须亲自去田间勘察，确定受灾情况，再议定是否加以减租。凡涉及义庄米麦银钱出入，必须立刻登记入簿，以免账目混乱。义庄董事、司事对义庄积累的钱财，不得私下挪移，更不得为了利息而私自出贷。

义庄中的催租人（租扇仆）每人每年发给饭米 3 石 6 斗，另按照收租数量，赏给脚米，每收 1 石赏 1 升。据李慈铭《越缦堂日记》中载，光绪十三年（1887）十一月初五：“旧太仓送来糙米七石八斗，每石得百三十斤。”清代 1 斤约相当于现在 590 克左右，130 斤约相当于今 153 斤左右。杂役一年收入 3 石 6 斗，约相当于现在米 550 斤左右，足够家庭日常开销所需。考虑到杂役还有其他俸禄及糙米提成，其年收入在当时当地也是相当丰厚了。杂役的俸禄及饭米按季度支取，不得预支透支，脚米至冬底时支取，且给付糙米。庄中平日供膳及杂用，酌定好数目之后，按月开支，不准透用支借。

1950 年土地改革时，对华老义庄做了详细调查，从中可以一窥华老义庄的管理状况：

据调查显示，民国年间，华老义庄设有主管人二，月俸米 5 斗；外账房三，年俸米 5 石（自备伙食）；内账房三，月俸 1 石至 1 石 2 斗；厨子一，月俸 5 斗；工人二，月俸 5 斗（外加提红）；看门二，年俸 5 石。民国十年至二十年（1921—1931），主管人为华少惠、华颖之，少惠有流氓气，收过徒弟。民国二十年至三十四年（1931—1945），主管人为华小山、华伯群，小山系彼时族长，无功名，任职即发财。伯群书呆子，不敢闯祸。民国三十四年至解放（1945—1949），主管人为华志道、华祖岐，志道收徒百余人，开过米行、当典、洋货馆、脚踏车行①。

① 《无锡荡口区义庄田调查》，锡山区档案馆藏档，档案号 XB1-01-06-60。

同治年间华新义庄创办之后，在规条上基本照搬华老义庄。华新义庄设置董事一人，司事二人辅佐。华新义庄的董事，从直系后裔中挑选品行端庄者担任，司事须是族中老成称职者。“凡庄内田租以及银钱册籍，悉归掌管，倘才力不及，或有侵挪情弊，即议更换”①。

与华老义庄不同，华新义庄董事不付给报酬。因担任董事者，乃是义庄创办者后裔，视义庄事务为天然使命，故而不接纳酬金。司事一正一副，正者每岁支修金60两，副者每岁40两。催租人（扇仆）每人每年给发饭米3石6斗，另赏脚米。脚米依照收租数，每石给糙米1升。催租人的薪支及饭米按月支取，不得预支透支，脚米至冬底给付。至于庄中供膳，酌定数目，每月开销不准透用支借。至于收租事宜，如同老义庄一般，必须由董事亲自经手，遇到荒年要亲自查验是否存在歉收情况。董事不得私自挪用款项，谋取私利。董事任职期满时，要将所有账簿加以交接，不得遗失。义庄一年的钱谷出入，每年年底清核，账目公开。不同于老义庄的是，华新义庄“庄裔须于每年正月内到庄，将清册查勘一次”②。华新义庄中的仓库房屋，每年需加以修葺整理，器具随时置办，不可过多。此外，华新义庄又约定：“义庄中有事，凡属庄裔，俱宜到庄妥议，并质诸外房公正之人。须众议允洽，不得偏执已见，擅变庄规，亦不得遇有事故，妄行推诿，当念创业之艰难，协力同心，永保勿替。”③

其他华氏各义庄，凡遇到大事，均要集合本支及外房有威望的族人共同商议，义庄中的公堂与仓厅是进行议事的场所。宗族事务的会商中，带有些许民主议事的性质，但最终拍板决策的仍是族长、创庄后裔之类有影响力的人物。宗族之中，名义上同姓同宗平等，且是推行孝义之事，自然要在形式上表现出平等。在这议事过程中，占据主动权的往往是族中最有名望、最具实力者。明清两代，创设义庄的华氏族人，多是鹅湖通四支后裔，因此在义庄中占据决定权的自然是此一支后裔。

以华老义庄为例，在义庄创设后，华进思前往安徽休宁任职，义庄交给儿子华公弼主管。华公弼有2子，成年后分为两宅，长子华汾生，有2子，迁居荡口镇新当里。次子华瑞清，有8子，住在原址黄石弄，与义庄毗邻。此后，华进思后裔形成两宅十房之格局，而义庄的掌控，

① 《议约十八则》，《华氏新义庄事略》卷上，光绪辛丑年（1901）存裕堂刻本，第12页。
② 《议约十八则》，《华氏新义庄事略》卷上，光绪辛丑年（1901）存裕堂刻本，第13页。
③ 《议约十八则》，《华氏新义庄事略》卷上，光绪辛丑年（1901）存裕堂刻本，第15页。

也由此十房负责，每届主管人中，两宅各占1个。如民国时期，义庄的主管人，1921—1931年为华少惠、华颖之；1931—1945年为华小山、华群伯；1945—1950年为华志道、华祖岐。其中住在老宅黄石弄的有华少惠、华小山、华志道，迁至新当里的有华颖之、华群伯、华祖岐①。

总体而言，在中国传统社会之中，各类宗族组织采用了带有血缘、宗法色彩的管理机制。此类管理机制，以服务宗族为主要内容，以族人为领导核心，在具体操作上建立了严密规则，并有一系列监督制约的内容，这也是义庄能维系百余年、取信于族人的根本原因。

义庄的管理体制，是与小农经济模式联系在一起的，其管理模式也较为粗糙，要点不外严守庄产、以庄中积蓄购田地、扩充实力等。在实践中，此类看似保守的模式，却能使义庄延续数百年。而在近代，盛宣怀创办愚斋义庄，采用了新式的信托基金模式加以管理，只是这一套管理模式却水土不服，不十余年愚斋义庄即告解散。

第二节　义庄经营

在民间理解中，设立义庄，须置田1000亩以上，不足1000亩但在500亩以上者称半庄。无锡地方地少人多，田地的价格相对较高，要凑足1000亩田地，需要雄厚财力支持。无锡人钱泳在《履园丛话》中，就无锡及附近州县的田价有记录："前明中叶，田价甚昂，每亩值五十余两至百两，然亦视其田之肥瘠。崇祯末年，盗贼四起，年谷屡荒，咸以无田为幸，每亩低值一二两，或田之稍下，送人亦无有受诺者。至本朝顺治初，良田不过二三两。康熙年间，长至四五两不等。雍正间，仍

① 自乾隆初年创华老义庄，至解放时，华氏本族共有十六房，分新宅老宅各八房，共44户、143人。新中国成立之后，就华老义庄十六房生活情况做了详细调查：（1）不务正业，每年依靠向义庄借钱解决生活来源者，全部计4户。例：华锡凡，全家4口有劳动力2个，过去依靠向义庄借款以维持全家生活，本人吸白粉。（2）鳏寡孤独，每年由义庄供给3石6斗者15户计19人（内有10户计11人是不必依靠供给生活的）。例：华棠，有母（寡），姑母（未嫁），妻子共6人，本人至测量局任职，每年义庄供给4人，共14.4石，直至新中国成立时止。（3）依靠义庄解决生活来源之一部分者计4户。例：华干元，家3人，本人任教员，每年收入10石，义庄每年贴补二三石。（4）从事于各种职业，不依靠义庄而解决生活来源者计12户。（5）受义庄供给学费29人。由调查显示，华氏老义庄新老宅十六房，分化严重，能自立生活者仅12户。此外还有远房、近远房等族人，也依靠义庄获得一定程度的生活补贴。参见：《无锡荡口区义庄田调查》，锡山区档案馆藏档，档案号XB1-01-06-60。

复顺治初价值。至乾隆初年，田价渐长。然余五六岁时，亦不过七八两，上者十余两。今阅五十年，竟亦涨至五十余两矣。”[①] 钱泳生于乾隆二十四年（1759），五六岁时约相当于乾隆二十九、三十年（1764、1765），此时田价为七八两 1 亩，良田 10 余两。50 年后，至嘉庆二十年（1815），田价涨至 50 余两。依照 500 亩田的规模，乾隆年间用银需要 5000 两，至嘉庆朝需银 2.5 万两。

华氏族人所捐献的义田多是良田，所耗费银钱更多。购置义庄田亩时，双方须签订契约，除了卖田契外，双方尚需制成一份称为《推粮字纸》或《推粮字约》的文书，将原田主缴纳税粮原额转给义田田主。义庄购置田亩时，基本上是向外族购买。但本族族人出售土地时，因为族规规定，必须本族族人优先，故而也会从本族族人手中购田。义庄田产购置后，要报官备案，执有田单，盖有戳记，方可获得保护。

1950 年土改调查显示，华老义庄的经营情况为：

（1）1950 年占有土地 3598.67 亩，其中出租土地 3394.92 亩，占该庄全部土地的 94.34%。

（2）所有土地中，属本族十六房产权的为 2205.5 亩，其余 1393.17 亩均为十六房与其他氏族捐助的祭田，共 34 个单位。在这 34 个单位中，计外房 20 个单位，本房 14 个单位，最高单位 120 亩，最低单位仅 1.7 亩。

（3）华老义庄共有房屋 120 间[②]。

义庄的主要收入来自于义田，义田采取租佃模式，获取佃米作为收入。佃农缴纳田租，采用实物地租或是货币地租形式。

实物地租，是以田地里所产粮食缴纳地租。明清两代，实物地租是占据主导地位的地租形式。不过，实物地租的缴纳，南北有所不同。“北方佃户计谷均分，南方计亩征租”，即在北方比较流行的是实物分成制，在南方则流行实物定额制。

实物分成制，是佃户依照实际收获粮食的固定比例缴纳田租，不论产量多少，佃户与土地所有者所得比例是固定不变的。分成所采取的形式，有“主一佃九，主二佃八，主三佃七，主四佃六，五五对分制”。至于主六佃四、主七佃三乃至更高的分成比例也存在，被称为“倒六

① ［清］钱泳：《履园丛话 · 丛话一》，中华书局 1979 年版，第 27 页。

② 《无锡县荡口镇义庄田情况调查》，《江苏省农村调查 · 华东农村经济资料》第 1 分册，1952 年编印，第 261 页。

四”“倒三七”分租。分成制的好处，是既能保证土地占有者有一定的收获，又能随着灾年歉收相应降低应缴田租数量，在一定程度上有利于佃农，故而得以长期存在。“农业生产力水平低下，产量不高不稳，是分成租制长期延续的根本原因”①。实物分成制的不足是产量越高，缴纳的越多，会压制佃农的生产积极性。

实物定额制，是依照耕地的面积、肥沃程度等，向土地所有者缴纳约定数量的实物田租。就江南地方而言，因土地肥沃，故而流行实物定额制。

按照实物定额制，佃户只要缴纳一定比例的田租后，所剩全归自己所有。此种模式能激发佃农的生产积极性。在一些地区流行“铁板租”，“丰年不加，灾年不减”。“铁板租”存在的不足之处，是当收成减少时，佃户仍要缴纳足额田租。一些地区的实物定额田租比较灵活，依照丰歉情况而定。如果是丰年，获得十成收获，则足额缴纳；如果遇到灾年，则依照收成数相应打折缴纳。在灾荒严重时，经过双方约定，可以减去一定幅度的田租。

定额田租的数量，各地区各不相同；同一地区内，根据田亩的情况也各不相同。北方一些地区可能只要几升，南方比较通行的定额田租是每亩1石。清代江南地区，土地肥沃，亩产约在3石之间，贫瘠土地亩产约在1石左右，故而良田常定为1石。不过，南方田租也有较高的，如浙江上虞县“朱氏有田二亩，向系（陈）惠民佃种，岁偿租谷三石八斗”②。平均下来，每亩要缴纳田租1石9斗了。就佃户而言，除了缴纳田租外，还要负担一些额外的劳役。比如，田主家中有大事，还要前去帮忙；如果所租种的是族中祭田，则要帮看坟供祀，出人出力出钱。

江南地方上民众素来温文，且亩产较丰，佃农一般也能满足温饱之需。但至清康熙朝后期，江南地方才稍有抗租的事件。到了乾隆年间，江南地方佃农抗租开始增加，佃农“视田主之产竟同己产”，收获之后尽用花销，再将剩下的“糠粞瘪谷”用水掺和，用来交租。这还是在收成较好的时候，如果遇到水旱之年，佃农则聚众抗租，各地屡屡可见此类冲突。到了太平天国战争时期，无锡地方成为战场，在轮番大战中损失了大量人口。战后田园荒芜，一片萧条，形成了人少地多的局面。这种局面，对于佃农来说是较为有利的。

① 周远廉、谢肇华：《清代租佃制研究》，辽宁人民出版社1986年版，第119页。

② 《刑科题本》，乾隆十九年七月十五日，浙江巡抚周人骥题。

太平天国战争结束后，佃农在租佃关系中占据了主动，相当部分佃农获得了永久耕种权，即“永佃权”。此种永佃权的格局，一直延伸到民国。据民国时期的统计，永佃权在无锡地方上最为普遍。有永佃权的农民可以将土地出卖、出典、出租，租额一般比普通田租低。根据江苏省农民协会筹备会调查，无锡非永佃田的田亩，佃农每亩缴租为米1石、麦3斗或者糙米1石2斗，高于拥有永佃权的佃农①。

义庄佃户缴纳的地租，与一般土地租种者比，相对较少。此外，义庄的田亩大多数是良田，产量相对较高。义庄的创办，往往经历几十年或几代人的努力，是以在购田时不会选择劣等田亩，而是以良田为首选。一些义庄规条中明确规定，不收中下之田。如葑门陆氏义庄条规：“族中有自愿捐田入庄者，无论多寡，日后概行照捐勒石。若以中下之田捐入义庄，实则翼免赔累者，庄中不得滥收。”② 义庄的丰腴田亩、较轻的田租、予佃农的补贴，使义庄与佃农关系一般相对较好。

实物地租之外，很多地区也缴纳货币地租。货币地租是根据田亩面额，由佃户缴纳议定数量的银钱。清代，随着白银的大量流入，货币地租所占比重不断提高。

田租的缴纳，一般都定在秋收时节，种一季农作物的地方如此，种两季的也多如此，以此体现恤农。实物地租的收取，有的是佃农送到土地所有者家中，有的则是催租人前去佃户家中收取。

由于各种原因，在收租季节，佃农时常拖欠田租，双方不时爆发冲突。与全国范围内其他地区相比较，江南地方上的佃农日子过得算是不错的。但面对着各类灾变，佃农们也会“结党鼓众，不许还租”，采取各种方式拖欠田租。地方上豪绅如果收不上田租，缴纳不了国课，自身也很头痛，而为了应对国课，“有力者购米输官，无力者身受敲扑”。

就义庄而言，面对佃农拖欠田租时，常处于两难状态。义庄“义”字当头，自然不能做出过度逼迫佃农之事。可佃农所缴纳的田租，又关系到义庄的经营维持，关系到族人的赡养，却是不能拖延的。华老义庄在义庄条约中解释道：“义田与寻常家产不同，家产只供一家之用，义田缺租其漕粮、赡族则受影响，故每年租例限冬至结账完清，倘有顽佃强抗拖欠即送官严追。”面对佃户抗租，义庄的选择只能是“送官严

① 刘大钧：《我国佃农经济状况》，上海太平洋书店1929年版，第128页。

② 《陆氏葑门支谱》卷一三，转引自李文治、江太新《中国宗法宗族制和族田义庄》，社会科学文献出版社2000年版，第178页。

追”，不主动出面逼缴田租。官方对于收取田租定有保护措施：“至有奸顽佃户拖欠租课，欺慢田主者，杖八十，所欠之租照数追给田主。”① 涉及义庄田租收缴时，官方常予田主以支持，帮助收缴。

义庄本身具有的经济性质，也体现在义庄的建筑上。“从义庄建筑的布局可以看出，族田管理机构同时也就是收租机构……义庄建筑通常由三部分构成——祠堂（含厨房、义宅）、义塾和收租设施。收租设施包括收租院落、账房、仓廒等，往往占整个义庄建筑的三分之一到二分之一以上。”② 义庄建筑，禁止闲杂人等居住，哪怕是本族族人也不能居住。此种规定，一则是为了维持义庄秩序，二则是为了义庄所存米粮的安全。今日无锡荡口犹存华老义庄仓库，房屋 4 进，面积有 2500 平方米。华老义庄的房屋因为宽大，新中国成立后被粮管所征用。原屋的梁柱及斗拱上有彩绘和雕刻，老式的格子门窗也很精致。但对于粮库来说，这些装饰是多余的，遂将木窗尽数毁去，改用砖砌，梁柱及墙壁上的彩绘和雕刻也用石灰水刷了几遍。虽然遭到了一定的破坏，但因为被征用为粮库，这些房屋仍被保存下来。

随着义庄经营管理的成熟，在具体操作事务上，已不限于本族族人办理。义庄一般设置会计 2 人，一掌出一掌入，另设置催租多人，负责具体收租事务。会计、催租不以本族族人为限，以业务精通者优先。义庄等机构收租，有官方作为靠山，佃农自然不敢过分抗拒。对官方而言，拥有大量田地的义庄，在缴纳钱粮上占据了大头，一旦田租收不上来，自然会影响缴纳国课。在收租时节，官方会派出差役，协助收租。义庄做大之后，收租时很少有佃户敢于抗拒。一些中小土地所有者看中此点，将自己拥有的土地寄在义庄之中，委托其收租办赋，称为“寄栈田”。将土地寄在义庄的地主，便不再直接向农民收租，而由义庄统一负责，代为催缴。对于地主们来说，这样既省事又有效果。他们只需把土地的收租权交出，便可每年领到规定数额的租米。

但是，寄栈田也存在着一些问题，义庄帮助地主收租，会造成更多的纠纷，更有地主打着义庄招牌胡作非为。且义庄以此种方式所得利益并不太多，在义庄总收入中属于可有可无部分。荡口华氏新义庄就要求族人“不准寄仓收租”，“亦不得将庄主私产混入”，不允许他人借仓收租，混淆公私。

① 《（光绪）大清会典事例》卷一〇〇《吏部·擅责佃户》。

② 张研：《清代江南收租机构简论》，《杭州师范学院学报》1990 年第 4 期。

义庄出租土地时，与佃农签署租约、佃约，详细注明所租田亩数、租额、额外租、交租期限、地点、欠租处罚办法及租种年限。范仲淹创办范氏义庄时，立下个规矩，即本族人不得佃租义田。一旦族人租田，发生拖欠钱粮事件，追索起来会损伤族谊。签订租约时，双方之间需要有担保人，本族族人不得参与担保。范氏义庄规定族人不能租种田地，为以后的各义庄所效法，但现实中却时常发生违规事件。如《宣德间清理范氏义田记》载："又因族人违规耕种，不纳租米，及佃户庄干，埋没欺隐，故每岁所收租利，止将输纳夏秋二税，供给马站等项支用，尚犹不敷，并无升合赡给宗族。"[①] 华氏诸义庄在创办后，由于规章完善，管理较好，在太平年月时，很少发生族人租种义田的事件。

义田佃户必须在冬至之前，结账清完，若是拖延抗租，则送官严追。如果佃户与催租人串通，一并加以追究。虽然收租时不讲情面，到底义庄与佃农还是紧密联系在一起的，故而华老义庄又另外设置"恤佃田"120亩，如果每年租米都能收好归仓，"俟五月插秧时，给赏各佃每亩黄米一斗，稍资饭食，以劝农工，如有旧欠未清者，不准发给"[②]。

从历史上来说，义庄依靠佃农缴纳田租，维持义庄运作，双方之间是共存关系。由于华老义庄历史悠久，规模较大，影响力广，无锡地方上的一般地主及义庄每年开收租米时，都要先等华老义庄展开收租行动后，方才开始收租。佃农租额，华老义庄名义上定为每亩田米1石，实收时则打折扣。抗战前每亩实收糙米6斗5升至麦2斗，抗战后收稻120斤（华新义庄则少收5升），水旱荒年再略加折扣。

江苏交租历来有三限，限期前交，可打九折；头限实交；二限加一成；三限加二成。一般半月至一个月为一限，有的义庄五天为一限[③]。

按1936年10月18日华老义庄收租布告，可知其三限时间。

头限：开仓日——十一月初二日，平田、圩田每亩收净米5斗5升。

二限：十一月初三日——二十三日，平田、圩田每亩净米6斗。

三限：十一月二十四日——十二月二十日，平田、圩田每亩收净米6斗5升。

逾限期则照原额7斗5升[④]。

---

① 洪焕椿编：《明清苏州农村经济资料》，江苏古籍出版社1988年版，第76页。

② 《续申条规十二则》，《华氏义田事略》，同治四年（1865）诒谷堂刻本，第7页。

③ 张研：《清代族田经营初探》，《中国经济史研究》1987年第3期。

④ 《无锡县荡口镇义庄田情况调查》，《江苏省农村调查·华东农村经济资料》第1分册，1952年编印，第261页。

在历史上，租佃之间屡屡发生冲突，产生诸多血案。就义庄而言，因“义”字当先，收租时相对比较宽容，租佃关系不是太过紧张。是故华氏各义庄在荡口地方上，虽然占有大量的田亩，却能得到佃户的认可，并未造成严重的社会分裂与冲突。

华氏义庄的经营模式，是与农耕社会相适应的，带着浓厚的宗族色彩。义庄本身不从事生产，而是将土地出租，收取租米。义庄的存在，造成了一个吊诡的现象：义庄奉行“义”，以赡养穷困族人为定位，可义庄的运作维持，却依赖于佃农的辛苦劳作；又由于“义”，义庄不能过度收取地租，甚至设有补贴佃农的“恤佃田”，其所收取的租米也低于其他土地占有者的田租。

清代华氏诸义庄采取减轻租赋的措施，以缓和彼此矛盾。“一般的义庄每亩田租，按票面规定租额的七折收租。华氏新义庄则按六折半收租，对年底还清租子的佃户，每户发给喜米五升。华新义庄的租赋较轻，农民对新义庄的评价较好，还租率也高”①。在实际操作中，华新义庄实收的田租更低。义庄与佃农之间，一旦建立起相对较好的合作关系，即使发生拖欠地租的情况，不到万不得已，义庄也不会提交官府处理。在不可避免的土地兼并浪潮中，义庄的存在，起着缓冲作用，调节了地方关系，又赡养了宗族贫困，并在有余力时从事地方事务。于传统社会而言，义庄功莫大焉。

至近代中国，各地屡现“抢米”风潮，虽为鱼米之乡，无锡也不能避免。1934 年，短短 5 天之内，无锡就出现了 7 次“抢米”风潮②。“抢米”风潮之所以屡屡发生，是因为土地兼并的严重，自然灾害的频发，生活的艰难，社会的动荡。“全县八十万左右的农民，被这些层层的宰割和摧残，至今春已有十之五六陷进了饥饿的深渊”③。民国年间，社会动荡，收租益发困难，无锡地方上的一些义庄不得不与政府联系，利用账房率领差人进行逼租。

据调查显示，至新中国成立前数年，逼租更进一步，收租改为集体行动。一些地主连同某些义庄，联合组织收租办事处，聘请区、乡、镇

① 华敦礼：《荡口华氏义庄概述》，《无锡县文史资料》第 4 辑，无锡县政协文史资料研究委员会 1986 年版，第 59 页。

② 夏明方、康沛竹主编：《20 世纪中国灾变图史》（上册），福建教育出版社 2001 年版，第 251 页。

③ 李珩：《无锡的抢米风潮》，《新创造》1932 年第 2 卷第 1、2 期合刊。

长参加，联合当地驻军，进行武装逼捐，逼不到时便下乡捕人[①]。收租办事处经常每天捕三四十人，并扬言将欠租者送去当壮丁，故收租时，农民无不提心吊胆，为了躲避交租，常越墙涉河逃走，躲入麦田。欠租者被关禁在庄房内，缴清租米后才得释放。农民最惧怕此类组织，因为需要交清田租才能释放，释放时还要面临各类敲诈，如“开锁费、酒费”之类[②]。此时的这些义庄，已经背离了当初设立时候的本意，也丧失了其担负的社会缓冲作用。

第三节　义庄分配

在实践中义庄的定位不断得到修正，如范氏义庄初创时定位为以义田收入作为族人的普遍福利，此后又进一步修改为救济族中贫穷，以“周贫”为定位。后世义庄多效法范氏义庄，其定位不外族中福利及周济贫困两类。

明清两代义庄，其中虽有奉行普遍福利者，但大多定位在周济贫困与孤寡老疾之上。为此，其功能已经较多，族田也得到了细分，如义田、祭田、学田、役田等，而苏州吴氏继志义田更为复杂，分为奉公田、报本田、敦睦田、嘉礼田、凶礼田、劝学田、备荒田7类[③]。不同的田亩有不同的款项用途，相当于专款专用了。

义庄的收入主要来源于义田，义田的收入用途较多，首先是完纳国税。明清两代，江南承担沉重税赋，“苏松所属大县额征地丁漕项杂税银米多者至四十余万，是一县粮额与四川贵州一省之额数相等”[④]。地方官员使出浑身解数往往也难以完成征收任务，常被褫革降职，从而怨声载道。如果将江南地方上各县一分为二，所征钱粮减少一半，官员的压力自然也分解掉了一半，亦不至于影响仕途。雍正二年（1724），江苏苏州、松江、常州三府大规模升州析县。升州析县后，苏松常太三府一州钱粮总数未降，但由于分为多个县而导致县内钱粮征收压力大为减轻，地方官被惩罚的概率也大为降低。

① 1950年调查时，据言此类地主收租，与反动驻军“二八均分”。

② 《无锡荡口区义庄田调查》，锡山区档案馆藏档，档案号XB1-01-06-60。

③ 《吴氏支谱》卷一二《义田记》，转引自王卫平、黄鸿山《中国古代社会保障与慈善》，群言出版社2005年版，第151页。

④ 《（乾隆）元和县志》卷一《建置》。

无锡、金匮分立后，征纳国赋仍是各义庄的首要任务。义庄的存在和延续，与官方的认可和保护是分不开的。有义庄云："吾人一日得其生于天下者，皆赖有朝廷王法在此也，亦赖有行法之官在也。"[①] 吴县程氏义庄就规定："田房租息，首上输国课。"[②]

乾隆年间，华老义庄创办时，每年涉及赡族、恤佃、施衣、埋柩等义田田租的收入，计有1000余石。义庄田租的收入之中，一部分被拿出来用于完纳国赋。华老义庄重视官方漕粮，每年收完租米后，立刻缴纳漕粮，其余收入米仓，而发给族中四穷后之余存，用作义庄各项费用开销。

每月月米的发放，以宗族血缘关系为准。凡需要领取月米的华氏族人，需到义庄报名，同时请品行端正之人担保。之后再详细列出三代之内的分支辈分及名字年岁，并由董事查访确认，再登记入册。领取月米者，依照入册名次前后进行，不能因为私情拨前。华氏繁衍极盛，对前来登记的族人，很多难以辨别，只好靠担保人所写的担保书为证。

明清义庄所赡养的族人，以"五服"与"房"体现差序格局，如清代绍兴阮氏"渐置田以赡其五服之亲，又渐大置田以赡其疏之族人"[③]。而"房"是厘清宗族制度的关键，在家族成员的不断分化、衍生过程中，不同的房依照血缘关系，形成既分化又联系的格局。以"房"为中心，形成了差序格局。族中虽有差异，不过相较于外族、外人，本房又是同一血脉。华老义庄的血缘观念特别浓厚。倘若华氏中的男丁过继给外族者，则不准登记入册。如果寡妇再嫁，也不准登记入册。若是华氏族中有人未有后嗣，所过继的是外姓之人，虽是华姓，"尤不准入册，以杜异姓乱宗之弊"。

义庄之中，有两条较为倾斜的政策：一是对节烈妇的照顾，二是对读书人的扶持。节烈妇关系着家族的声望，而孤子的抚养、读书人的培养则关系到家族的传承、长远的发展。义庄规定，凡族中无财力参与科举考试的读书人，可以到义庄中借考费，参加院试者给1两，乡试给3两，会试则不限定数量。院试、乡试相对路途较近，故而借贷银两不

① 《吴氏支谱》卷一二《义田记》，转引自王卫平、黄鸿山《中国古代社会保障与慈善》，群言出版社2005年版，第151页。

② 《吴县程氏支谱》，转引自李文治、江太新《中国宗法宗族制和族田义庄》，社会科学文献出版社2000年版，第212页。

③ 《（民国）越州阮氏宗谱》卷二〇《阮公鲁庵公田创始记》。

多，前往京城参加会试路途遥远，借贷时不限金额。借贷之后，需要陆续归还，方可再借。不过，学问充足而真正赤贫、无处借贷者，则不受此限制，未归还前借时，可以继续借贷。

义庄补助，覆盖范围广泛，但对于享受补助的族人，仍有伦理道德上的要求。如凡族中不孝不悌、赌博健讼、酗酒无赖之徒，均不得入册。还有四种人，最为义庄所不能容忍："一曰僧道非吾族，二曰屠户必失仁心，三曰败类荡废祖业，四曰匪行有辱宗坊。"此四种人，哪怕寥落失所、贫困不堪，均不得给予救助。族人之中，因为懒惰而四处流荡行乞者，也不能入册。盖因此等人自甘堕落，四处行乞，"玷辱宗族，例不应给"。不过如果能痛改前非，义庄尚可通融。

义庄所帮助对象又以本地族人为主。如果有族人迁居外地者，因为路途较远，难以查核，再则给予月米也很麻烦，故而概不入册。若是得到帮助的族人迁居外地，义庄规定"应查缴米票，注册停给，以杜流散之弊"①。月米凭票支取，每月初五前给发，一旦过了初五，则不准领取，待下月一起发给。倘若连续多月不来领取，属于违背规则，哪怕多月累积，也只发一季的月米。如果路远，且年迈残疾，行动不便，特准分四季，于每季之末支领。在月米发放时，虽有通融之处，但月米的领取，不得预支是底线。

华老义庄规定，获得帮助的"鳏寡孤独"，在生活改善之后，即应缴出米票。若是继续蒙混领取，在义庄看来，会影响到其他需要领取补贴的贫困族人。一旦查出，即注销米票，并追缴冒领之米。凡登记入册者死亡之后，其亲族应在去世当日，到义庄报名，缴销米票，当即给殡葬费 3 两。有隐匿不报者，一经查出，即追缴冒领之米，丧葬费用也不发给。对于经济改善的贫困族人，如其生活足以自给，华老义庄鼓励其将义庄米票缴出，并给予银 2 两，作为自力更生的奖励。如果有寡妇改嫁他姓，也必须到义庄注销米票，冒领者同样追缴。缴票后留出的空缺，由五服之内的直系亲属补充。

对于地方上的穷人，每年冬月，华老义庄均施发棉衣 100 件。施发棉衣有 4 条规矩："佛道不与，乞丐不与，不至赤贫不与，有上年新给以及未满三年者亦不与。"② 因为棉衣数量有限，只可施给同里之人，对本地之人，因为路远不能领到棉衣者，则发给白布，聊作安慰。施放棉

① 《续申条规十二则》，《华氏义田事略》，同治四年（1865）诒谷堂刻本，第 6 页。
② 《附带管事二事》，《华氏义田事略》，同治四年（1865）诒谷堂刻本，第 8 页。

衣的开销，也有另外捐出的50亩田地收入作为支撑。

义庄所涉及事务较多，从祭祀到耕作，都需要购置各类器具。对于购置器具，义庄规定，一般情况下足用即可，不可购置过多。若是义田田亩增加，所收租米增加时，可添造仓库房屋。义庄中的仓库房屋，每年要加以修葺，以免出现渗漏，影响仓库储存。

虽然收入稳定，规模较大，华老义庄对于日后的发展也做了长远规划，以免义庄田租收入不能供给族中四穷。华老义庄要求，“庄内一切用度，务从节省”。俟有盈余之后，继续增置丰腴田地，扩大义庄规模，同时储存米粮，以备水旱歉收、入不敷出之岁。此条规定是未雨绸缪，在丰年时节较早地考虑到备荒，这也是义庄功能的扩展。

关于义庄收入分配情况，1950年土改时对其进行了详细调查。华老义庄田租收入，主要使用于下列方面：

（1）大部分用于本族十六房。补助本族内鳏寡孤独者计30人，每人每年3石6斗米，共108石。补助近房计8人，每人每年2石5斗。补助较近房1石8斗12人，远房1石2斗400人。连前总计628.8石米。

（2）对本房子孙的栽培。求学时代男孩供给学费，停学求业则供给铺盖钱，结婚时酌情补贴结婚钱。

（3）地方公益事业。有关本族公用的桥梁、道路，时常加以修理，对地方性的桥路常补给一部分津贴。

（4）慈善事业。在清代时曾施棺施衣，如每年冬季施棉衣100件，并有一定田亩的义冢，给无地者殡葬，但其家属仍须出一部分费用。

该庄1934年支出列表如下：

支出项目	公益事业	慈善事业	地方教育	子孙学杂费	恤佃	赡米	杂支费	合　计
数量（石米）	128.1	9.9	50	122.13	14.02	629.9	122.04	1075.59
百分比	12%	0.9%	4.4%	10.8%	1.3%	59%	11.4%	100%

华老义庄经费收支历史变迁：

第一阶段：自立庄起——民国二十六年（1937）。此阶段收入甚丰，故而收支平衡，年收年支，无余无亏。除购家具房屋外，并不添土地。

第二阶段：民国二十六年（1937）——民国二十七年（1938）。彼时抗战军兴，兵戈离乱，租收不全，对本支、外支之生活费，均停业。

第三阶段：民国二十八年（1939）——民国三十七年（1948）。前为敌伪时期，仅对本支恢复供给，对外支则不负担。据经营人员云："收入仅三四成，无力供给。"而在混乱时代，更造成经营人员舞弊。

第四阶段：1949 年后。收入无着，对本、外支供给即告停顿，并需款粮缴纳秋征累进。据主管人员云："49 年秋征累进，系倒伐祖坟之松柏树售价缴纳。"①

新中国成立之后的调查显示，华老义庄在民国年间受到很大削弱。整个民国时期，无锡地方上遇到了多次战乱，并经历了八年抗战、解放战争。在长年的战争之中，地方上秩序失控，义庄收入锐减，管理混乱，步入下坡阶段。在 1950 年的调查中，调查人员本想追查华老义庄的具体收支账本，加以统计比较，但最终无法稽查。至于为何无法稽查，是账本流失抑或其他原因则不得而知，这也使对华氏老义庄财务状况的研究，缺乏具体资料。

华氏诸义庄的职能，既包括了维护族人的基本生存权，也考虑了族人长远的发展，从教育、生活等领域予以帮助扶持，以此实现宗族的长远兴盛。义庄的分配，虽体现了宗族平等主义，但这种平等是相对的，即使是本族族人之间，依据亲疏关系，所得补助也各不相同。

总体而言，华氏诸义庄在赡养族人、培养子弟上是相当成功的，在维系家族名望的同时，一代代族人在各个领域取得成就，进而又回馈于家族，捐置田亩，壮大义庄力量。虽然历代王朝都强调养育万民，但受到技术、财政、人力等各方面因素的限制，在疆域之内都存在着王朝不能照顾到的底层民众。而中国传统社会，以个体为中心，形成了阶梯式的、有等差的格局。在这个等差格局中，个人、家庭、宗族、地方，一层层延伸，个体在自己的能力范围之内，捐助义田，帮助族人。作为传统社会秩序重要环节的绅权、宗族权、政权，在义庄之中得到了统一。

第四节　义庄维持

传统社会中的宗族，多拥有属于全族共有的族产，如土地、房屋、仓廪、店铺、桥渡及山林之类。族产常冠以"义"字，意为宗族公有公用：

① 《无锡荡口区义庄田调查》，锡山区档案馆藏档，档案号 XB1-01-06-64。

“与众共之，曰义。义仓、义社、义田、义学、义役、义井之类是也。”①而义庄的创办，甚为艰难。明代华守吉未能创办义庄，遗命儿子华辉继承父志。清乾隆年间，华端揆未能创办义庄，遗命儿子华进思努力实现遗愿。道光年间，华清莲未能创办义庄，遗命诸子继续努力。民国时，华应斋捐田500亩准备创办义庄，却在筹建过程中去世，最终未能建成义庄。

义庄创办成功后，后世子孙会尽力将之维系壮大，发挥其功能。义庄的两大功能，即“养”与“教”。就教而言，为了维持秩序，促进民众向善，历代都设置了官方教化机构，如汉代设置三老，专司教化。明代设“老人”，劝民向善，又建申明亭，宣讲律令，扬善崇贤。但至宣德年后，“老人”取消，申明亭也逐渐丧失功效。清代一度设置乡老、申明亭，教化社会，但功效不大。而宗族的教化功能，却强过官方的宣传，宗族常以义庄为载体，通过义庄庄规、义塾教育等形式教化族人。

义庄中一般都设有义塾，以教育族中子弟。族中子弟能通过科举而发达者终究是少数，大多数接受了基本的蒙学教育且于科举上无望的子弟，多转入农商生产。如河南安阳马氏家族的族规就明确规定：“入塾子弟以八岁为限，若至十五岁愚蒙如故，难望有成，限令出学习农。”②

就当时而言，除了能让宗族子弟接受最基本的蒙学教育之外，在义塾的学习也能使其得到道德上的提升，不致在以后的人生中误入歧途。受宗族教育熏陶感染的族人，不论是务农、经商还是致力科举，发达之后必然会回馈宗族，使宗族、义庄得到更大发展。

义庄创办后，族人会继续捐助田亩，而他们捐田的缘由众多，如没有子嗣、得到义庄帮助、对宗族的感情、希望获得声望等等。更重要的原因则是，捐置义田，既能带来现实的回报，更能被视为积累功德之举。清代很多富豪，因为创办义庄获得巨大名望，进而在事业上继续得以发展，反过来又进一步带动了义庄规模的扩大。

义庄与祠堂，常被视为宗族势力兴盛的标记。一些在官场中获取功名者，念念不忘的就是修建本族宗祠，捐田创办义庄。义庄、祠堂兴办之后，他们又继续捐献地产，扩大规模。南宋朱熹在《家礼》中就规定，后世子孙要各出田亩的二十分之一，以供祭祀。二十分之一的比例较高，有些地方就变通为百分之一的田亩。很多大家族立下规定，族人要根据家产的规模，相应捐出田亩，作为族田。一些宗族对违背族规国

① ［南宋］洪迈：《人物以义为名》，《容斋随笔》卷八，清修明崇祯马元调刻本。

② 《（光绪）安阳马氏祠堂规条·祠堂小学塾规》。

法者，处以将部分田产收入族中的惩罚，如违背祖训、不守族规，“酌量家资丰啬，罚令捐田入祠，以昭炯戒”①。

在本族族人义田的捐献操作中，华老义庄与华新义庄存在较大差别。

在1950年的调查中发现，华老义庄中来自华进思后裔所捐的义田为2205亩，而来自其他各房捐献，或委托义庄管理的土地有1393亩，这些其他各房的土地被称为“寄存祭田”（广义祭田）。捐田者为义庄的外房子孙，可以享受义庄的各项待遇，并可分红。同治四年（1865）的《义庄续增义约十九则》中，有“凡寄存之广义祭田，亏则不能代垫，有余则对其本支子孙可以宽额给发。对其余四茕、助考、助婚丧等，听各广义子孙自行支配，各清各账。庄内开支，统一平均，按田数分摊”。据此，外房族人也可将田亩捐入义庄，等同于入股，并可分红，亏损了则不能追索。捐赠人与义庄之间是合同上的经济关系，相当于通过入股的形式，获取收益。建庄者的直系后裔子孙，如果有土地，放在义庄中作为“广义祭田”，所得分红更多。“凡葵圃公子孙有田并入义庄，按照时价。如有正用可照时价每亩加一千文，但以五亩为限”。

到了民国时期，仍然有华氏族人将田地寄在老义庄之中，以获得收入。如“老宅八房寡妇三少□，无子孙，过去依靠义庄供给解决全部生活。虽有八十余亩出租田，但因并入义庄内，租收也合并于义庄。自解放没收义庄，停止供给，仅能依靠连年来积蓄及变卖维持生活，目前已告断炊”②。

华新义庄与华老义庄不同，其特别规定，庄裔不准用庄内银钱，不准借庄屋，不准寄仓收租，不准寄存货物，不准借用器物。如果有继续捐置的田亩房产，虽未及补办报官备案，只要捐赠，就属于义庄公产，不得再行拨出。庄裔如有别项公用，不得滥行摊入庄内，以免日积月累，影响到正项开支。义庄如有盈余，即续置田亩，以广善举③。华新义庄的此项规定，是建立在雄厚财力基础之上。

每逢义庄发展的重大时刻，宗族会召开各支族人会议，议定认捐银粮，添置族田。有的宗族规定，凡是捐官、出仕、生死婚嫁，都要捐资给族中，以购置族田。义田每年的田租收入，除了族中开支外，会有相

① 《山阳安昌徐氏宗谱》卷一《家训》。

② 《无锡荡口区义庄田调查》，锡山区档案馆藏档，档案号XB1-01-06-67。

③ 《议约十八则》，《华氏新义庄事略》卷上，光绪辛丑年（1901）存裕堂刻本，第15页。

当部分积余。这部分钱经年累积之后，被用来购置族田，实现族田的不断增殖。宗族族田添置田亩，也不是一次性大量购置，而是以蚕食方式逐渐发展。

虽然义庄能通过添置田亩获得发展，可在后世，义庄还是面对着诸多威胁，时常难以维系下去。如清代林礼孝，字本初，镇海石高塘人。林礼孝靠航运发家，至晚年修筑义塾，又捐田百余亩，创办义庄。林礼孝73岁时去世，之后林氏中落，后人开始出卖义田以偿还债务，所办义塾也再无经费支持①。

对于义庄，官方也是相当重视，出台了一系列保护政策。乾隆二十一年（1756），江苏巡抚庄有恭上奏，有不肖子孙，将义庄田产私下买卖，告至官方之后，“又以例无治罪专例，随意拟结，以至富黠棍徒无所顾忌，犯者往往不少”。庄有恭进而请设专条，禁止盗卖义田，以厚风俗。此年刑部定例，禁止盗卖宗族公产，“凡子孙盗卖祖遗祀产至五十亩者，照投献、捏卖祖坟山地例，发边远充军”②。第二年，《大清律例》中增添了禁止盗卖义田的条例，“凡盗卖义田，应照盗卖官田律治罪”。

江苏地方上宗族纷纷将义田整理成册，向官府申请立册存案，予以保护。至乾隆二十六年（1761），江苏地方上规定，凡捐“先圣贤儒忠孝各祠祭义田”者，经过查核、造册送会典馆，可以免差，同时减免税粮。此时华进思已经去世，但他捐赠的义田，也被纳入加以考核，并获得通过。乾隆二十八年（1763）十月初六，礼部出文给华进思后裔，“即将原捐义田，赴区另立图后优恤，永遵毋违”③。

乾隆三十九年（1774），江苏布政使司特意下文指出，如果有不肖子孙，将宗祠祭祀田地，以各种名义私下卖给富豪强宗，买卖数量达50亩以上者，“悉数依投献捏卖祖坟山地原例，问发充军田产收回”。如卖地数量达不到50亩者，依照“盗卖官田律”治罪。如果有倒卖宗族祠堂建筑者，按照间数计算，一体办理。“若盗卖义田，仍应照例罪止杖一百，徒三年，谋卖之人各与同罪”④。

华新义庄创办后，为了确保义庄资产不被侵蚀，也寻求官方认可保护。光绪元年（1875）八月初四，参与创办新义庄的华氏众人，将田亩

① 王荣商：《林本初家传》，《容膝轩诗文集》卷五传，民国四明丛书本。
② 《大清律例汇集便览·户籍·盗卖田宅》。
③ 《华氏义田事略》，同治四年（1865）诒谷堂刻本，第28页。
④ 《华氏义田事略》，同治四年（1865）诒谷堂刻本，第38页。

房屋造册，递交金匮县地方官员，申请“颁给印贴立案”。主动向官方注册，获得官方认可和保护，有利于义庄的持续发展。华新义庄将所捐赠的祭田各立花户，将其余各类族田及庄基，都归在华新义庄户名之下。同时，华新义庄规定，族人不得提改户名，也不得将私产混入义庄中。如果有后续添置及续捐田产，照义庄户名报官备案，以资永久[①]。

清代各个望族热衷于创办义庄，除了因为义庄可带来诸多好处之外，还因为义庄所拥有的义田另有其特殊的优惠政策。如当族人犯罪，被查抄家产时，义庄义田不受影响。乾隆年间，曾担任内阁大学士、军机大臣的于敏中死后获罪，其老家常州金坛资产被查抄。于敏中曾捐置义田1100余亩给义庄，用银8000两。查抄时，此项义田“养赡贫族报官有案，此系义举，不易动”[②]，故而未作没收。清律中规定，官员在任职的地方，不得购买田地房屋，以免贪赃枉法，与民争利，违者“止笞五十，解任别叙，田宅入官”[③]。但如果购买的田亩捐出用作义田，则不受限制。

土地被视为传家之本，坐拥大量丰饶土地的义庄，不论是在族内还是在族外，常被人觊觎。在道光时期，苏松常等处太湖水利同知刘鸿翱，在任上办理案件时，就曾处理过吴江县洞庭西山沈氏和东山严氏族绅盗卖祭田案。而在义田受到内外侵吞或战乱破坏时，宗族中都会有族人出来，通过将义田由各房收管、入谱、勒石等手段，加以保护。常州“有族人某者，因攘义田租为众人所疾，遂群击之，丧所而死”[④]。在必要的时候，族人会寻求官方介入，以保护义田。

有学者研究认为，几乎所有宗族组织都用族田收入进行高利贷活动，以息买田成了族田增殖的重要手段，被写入各种义庄规条、宗规族约之中。发放高利贷的办法一是存典生息，二是发放殷实商贾妥存生息，三是交于族中殷实之家营运生息，四是借贷生息。高利贷利息一般定为月息三分，与官方规定相同[⑤]。义庄投资生息，也是扩大规模的捷径。如无锡过氏义庄，在过人秀创立时只有义田100亩，到了他儿子手中时，已发展到了1000亩；无锡安氏义庄初期只有300亩，不到20年

① 《议约十八则》，《华氏新义庄事略》卷上，光绪辛丑年（1901）存裕堂刻本，第14页。

② 《东华续录》卷九二。

③ ［清］朱轼：《大清律集解附例》卷五《户律》，清雍正内府刻本。

④ 《（康熙朝）常州府志》卷二五《人物》。

⑤ 张研：《清代族田经营初探》，《中国经济史研究》1987年第3期。

就发展到了1000余亩①。

到了近代，将义田田租收入积存，投资到工商业中的相当普遍，并很快能获得发展。可见义庄资金的投资方向，在近代也发生了变化。1889年《申报》上刊有广告："敬启者，今遗失同文书局廿四史股票一纸，成字第十一号，并失小单系随书，旧唐书新唐书旧五代新五代宋史辽史金史元史明史共十纸，已向同文书局订明作废，特此声明。杭省晋义庄告白。"② 浙江的晋义庄将义庄资金挪去"炒股"，却是领先于时代了。

值得注意的是，华老义庄具有相当的财力规模，却从未将资金投入到工商业中去。其主要原因在于，华老义庄规模较大，后世又有各房族人不断捐赠田地，并不需要放贷生息。在义庄规条中，华老义庄就禁止参与此类活动。华老义庄的增殖方式仍然采用传统社会的模式，即购置田亩，以为敬宗收族、家族传承之本。

华新义庄的经营，与华老义庄又有所不同。华新义庄以商业收入与义田收入一并支撑义庄运作，在义庄的经营中，自然会以义庄收入放息，且华鸿模本身就经营典当业。华鸿模之后，接掌华新义庄的华绎之，更是名闻全国的商业家，在诸多商业领域有着开创之举。

至民国年间，随着无锡地方上受到近代工业的冲击，社会阶层的流动加快，再加上变动的社会局面，对华氏宗族产生了巨大影响。义庄不论田亩大小，在漫长时日流逝之后，必然出现分化。义田名义上属于宗族，但最初设立义庄时的理想，随着时间的推移、世代的遥隔，逐渐化为了现实的利益。在宗族中，族长、族尊、族董、庄董事等领导人物，实际上掌握着族田的收入与支配。虽不好公开侵吞宗族资产，但从中牟取私利，却是平常之事。陈翰笙对广东省宗族族田的调查表明："族中的一切收入，统归理事管理支配。除去纳税、祭祀、修理族产和津贴教育以外，全族的一切收入均由他保管。许多理事始终没有公开过详细账目，从租田收来的租金，往往被控制租金的人用来支付他们私家的田赋。因此，虽然族田不能自由买卖，但实际上族田的收入都由主管人自由支配。"③

在1950年土地改革中，就华氏义庄情况，工作组对华氏族人进行了调查。根据被调查者反馈，此时华老义庄已经管理混乱，漏洞诸多。

① 《（光绪朝）无锡金匮县志》卷二五《行义》。

② 《声明挂失》，《申报》1889年4月30日。

③ 陈翰笙：《解放前的地主与农民》，中国社会科学出版社1984年版，第42页。

原先华老义庄规定，只赡养鳏寡孤独及无劳动能力者。此时只要是华老义庄本房后裔，既非鳏寡孤独，又非丧失劳动能力者，也可向义庄借兑，且往往是有借无还。特别是一些“二流子、白面鬼”，经常去借钱，故而在经济上，宗族内部存在矛盾。族中少数子弟，曾一度要求分拆义庄而未果。华氏老义庄又有新老宅之分，老宅较有势力，新宅较弱，双方存在一定的分歧。把持义庄的都是有钱有势的人物，账目也不公开，常贪污中饱，分配赡养费时亦极不公平，有面子就有办法，懦弱者则可欺。如本族族人华宗佑的母亲所云：“义庄像一只米窝，旁边小蛀虫将米窝掏空了，或像个饭碗，碗边大家吃，碗中主管人吃。”①

在明清两代长期存在的华氏诸义庄，最终在20世纪50年代的土地改革中彻底消失，只有义庄的建筑仍保留至今。今人徘徊于此间，或能感受到昔日宗族、昔日华氏族人的善心。

① 《无锡县荡口镇义庄田情况调查》，《江苏省农村调查·华东农村经济资料》第1分册，1952年编印，第262页。

第六章　华氏义庄与传统社会

义庄在传统社会中起着重要作用，这种作用从家庭个体扩展到宗族、地方，最后与官方形成良性互动，以维持地方秩序。孝子节妇是义庄的首要帮助对象，而在现实之中，往往以贞节烈妇为主。宗族与义庄之间，通过义田族有的形式，达成了某种形式的平均主义，弥补了贫富差距带来的沟壑。在地方上，义庄所带来的既有宗族的崇高名望，更有地方上的权力。传统社会的官方，由于管理手段缺乏，往往借助于士绅阶层来帮助统治，在此过程之中，士绅阶层为宗族、地方争取到了一定程度的“自治”权。

第一节　义庄与家庭

无锡华氏始祖华宝，以孝闻名于世，影响着后世华氏家风。“孝”堪称华氏家族理念之核心。隋代华秋，事母至孝。当天下大乱之际，即使是盗贼，也相互约定，不可侵犯华氏孝子①。元代华幼武，事母至孝，在元末动乱之中，带着老母于各地避乱。

到了明代，华氏孝子频出。如华思恭主动代替父亲出征云南；华兴义得知父亲被诬告入狱之后，请求以身相代；华察生病之时，儿子华叔阳竟然割肉，以求父亲能得以康复。“余邑有老成笃实之士曰华君守诚者，事亲以孝闻。天顺间母徐忽遘疾，势危甚，君惶无措，刲股作以进母，饮之寻愈。众咸称之，声闻都邑”②。清代华国章，父亲背部生疽时，衣不解带服侍三个月。之后其父又得眼疾，“黎明必就枕舐之”。华绍濂事寡母至孝，母亲生病时，日夜侍奉汤药，积劳成疾，最终病逝。

① 《隋书》卷七二《孝义》，清乾隆武英殿刻本。

② ［明］秦夔：《竹友处士华君墓表》，《五峰遗稿》卷一九《墓表》，明嘉靖元年刻本。

中国传统社会重视道德教化，希望通过道德的力量，来维持社会秩序。为了促进教化，便需要道德榜样的示范与熏陶，这就要靠塑造孝子形象来营造出“民德归厚”的氛围。孝子的形象往往经过了文学加工，但其与实际生活还是紧密联系的。传统社会重视孝、提倡孝，恰恰是因为很多时候不能尽到孝。在古代乡村中，农民首要考虑的问题，乃是如何获取食物，养活一家人。能吃饱饭，常是个艰难的任务，至于能不能吃好，则是另外一回事，以致有“七十者可以食肉矣”之说。在物质匮乏的环境中，鼓励人们关爱老人、孝敬老人，自然需要宣传孝道。

华氏族人的孝行及其精神追求，在当时赢得了普遍认可。人们通常认为，行善之家，必有余荫，其后世子弟可以因行孝而获得回报。历史上，无锡华氏人才辈出，这于当时、于后世就是最好的榜样，鼓励后人尽孝道，传承孝道。

传统社会通过礼法的规范，稳定了社会秩序。在礼法社会之中，家庭除了具有生育功能之外，还具有教化、生产等一系列功能。家是社会的基础，费孝通曾说过：“家必须是绵续的，不因个人的长成而分裂，不因个人的死亡而结束，于是家的性质变成了族。”① 在这个秩序之中，“长幼有序”，个体在其中依照秩序生活，获得发展。个体依附于家庭，以服务家庭为首要目标。家庭扩展开，即为家族。而家族的发展与延续，又离不开家庭的稳定，这既需要内在理念的熏陶，也需要外界经济力量的援助。出于理念维持及现实家庭生活的考虑，各个义庄创设后，都在规约中明确规定，以“孝子节妇”为首要帮助对象。

就孝子而言，能长年坚持对父母尽孝，则需要具备一定的经济能力。清代华呈藻，至吴门顾氏家族时，见到其家中有仆人名华魁者，就询问其来由。得知此人是华氏族人，因父生病，不得已卖身为奴以救父，实为至孝之人，华呈藻立刻出资为他赎身。

义庄对孝子有诸多照顾。如金匮地方上的望族安氏家族，明代出过安希范等进士。安希范在万历二十三年（1595）订《赡族条件》十条，涉及老弱孤寡贫病婚丧葬学等各个方面。至清代，义庄在赡养对象、年龄、米粮等方面，均有详细规定。义庄赡族，以孝子节妇中的穷困者为优先，次及鳏寡孤独无依靠者。如华老义庄《续申条规十二则》规定：“义田为赡族之方，兼寓劝善之意，先于孝子节妇之穷困者，次及鳏寡

① 费孝通：《乡土中国》，生活·读书·新知三联书店1985年版，第39—40页。

孤独之无依者，分等造册。”[①]

虽说孝子节妇并举，但在实际操作之中，节妇常是义庄的首要援助对象，明清两代的义庄多如此。如浙江桐乡县蔡氏义庄规定，一般幼孤无养及废疾者计日给米5合、钱7文，“青年守节者倍之”[②]。庐江章氏义田赡族规定，以“寡不嫁者”作为主要帮助对象[③]。宜兴徐氏义庄“量视族人所乏而周之，嫁娶者有别，疾病者有资，守节者加厚焉”[④]。

在明代，开国皇帝朱元璋旌表节妇烈女，于是有明一代，节妇烈女之多，冠绝古今。“节妇”，指丈夫去世后，坚守贞节绝不改嫁的女子。“烈女”，指为死去的未婚夫殉身，以及为避免受侮辱而自杀的未婚女子。“烈妇”指在丈夫死后的3日或7日内急切殉夫而自杀的已婚女子。明代开国以后，就有意识地宣传节妇烈女，除了精神上的鼓吹外，更有物质上的激励。明代规定：“凡民间寡妇，三十以前夫亡守志者，五十以后不改节者，旌表门闾，除免本家差役。”[⑤] 这个法令一出，许多家庭恨不得早早出几个寡妇，再严防死守，鼓励守节，熬足年限，评上节妇，然后得以免除官府差役。明代之所以规定，寡妇30岁前死了丈夫、50岁前不改嫁，则旌表门闾，是因为当时结婚年龄较早，一般男16岁、女14岁就可以结婚。很多女子守寡时还不到20岁，如泰州朱氏，19岁丧夫，靠着纺织抚养儿子、供养公婆，最后旌表“贞节”。

30岁以前的女子，正值青春年华，改嫁的几率较高，因此官方的考验最为严格。30岁以后的女子，心理相对稳定，对外界诱惑的抵抗力较强，改嫁的几率相对较小，官方对这个年龄段的妇女重视程度就相应降低。如果女子年龄过了30岁守节，是否旌表官方没有明确规定。不过，对于事迹特别感人者，照例也要给予表彰。死需要勇气，活下去更要勇气。在丈夫去世之后，一方面，妇女要保持贞节；另一方面，作为节妇，还需要承担起供养家庭的重担。她要抚养儿子长大，以使家族香火绵延；她要孝敬公婆，端茶倒水，服侍周到；她要考虑家庭传承，如果亡夫无后，则要从血缘较近的族人之中选择继承人，将他抚养长大，直至其娶妻生子，此时方才完成了守节。年轻貌美的寡妇，为了教育子女，为了断绝外界的骚扰，有将自己的容貌毁去，有将手指截断者，然

① 《续申条规十二则》，《华氏义田事略》，同治四年（1865）诒谷堂刻本，第6页。

② ［清］陆以湉：《义田》，《冷庐杂识》卷五。

③ ［清］章学诚：《庐江章氏义庄记》，贺长龄《清经世文编》卷五八《礼政五》，清光绪十二年思补楼重校本。

④ ［清］胡宪言：《义庄记》，《（嘉庆朝）重刊宜兴县志》卷一〇《艺文志》。

⑤ ［明］李善长：《大明令·户令》，明镇江府丹徒县皇明制书本。

后含辛茹苦，培养子嗣。明代各地接连涌现节妇烈女，事迹最为震撼的，由地方官员上报，朝廷赐建祠祭祀；情节比较感人的，就造牌坊，竖黑色旗杆，以光耀乡里；再次一点的则在地方志中加以记载。最后出现的局面是，明代的节妇烈女超过中国历史上其他朝代节妇烈女的总和。

明清两代，节烈妇备受名门望族重视。他们为此付出了诸多努力，以期获得节烈妇的旌表。作为江南望族，华氏在节烈妇的旌表上自然也不让他族。据道光十二年（1832）《华氏文献略》统计，自元末陈氏始，至清道光十年（1830）之间，荡口华氏家族共有节烈妇665人。明清两代华氏家族节烈妇如此之众，除了官方的鼓励外，也与元末陈氏的示范作用有关。

元末华幼武的父亲华铉，远行北方，希望能出将入相，不想却英年早逝。陈氏讳明淑，华铉去世时，陈氏年方“二十有八”，其孤子幼武“年甫六龄”。面对此情此景，娘家人询问陈氏有何打算，陈氏慨然流泪道：“儿生三岁，而夫锐志出仕，不意离世，古人有言，岂以存亡而有贰哉。誓守遗孤，以待其成立。”① 娘家之人听了陈氏之语，知道不能挽回她的心意，又怜悯她孤苦，益加礼敬。

陈氏执掌家庭，事无巨细，必亲览手录。陈氏生性稳重，每日按时起居，以礼待人，与族人相互尊重，内外敬服。凡乡党之中，闻听得有孤贫者，必慷慨予以施舍。华铉去世之后30余年，陈氏主持家务，培养子女，不负其夫。元至正二年（1342），“有司以贞节闻于朝，表其门曰贞节华妇陈氏之门”。陈氏所居住的地方也被赐名为“旌节里”，当世之巨儒，咸作文以述其事。

干文传，苏州人，进士及第，以嘉议大夫、礼部尚书致仕。干文传返回苏州后，华幼武特意前来拜会。此时陈氏被赐“贞节”之号，华幼武建贞节堂以为传芳，特邀请干文传作《贞节堂记》，宣传陈氏贞节。据干文传观察，无锡本为文治之地，但在多年战乱之中，“诬陷斥讦，习已成风，政是以驳，民益以难理”②。通过树立、宣传节烈妇，地方士绅希望能推广教化，纯净风气。为“贞节堂”撰写铭文者，除干文传外，尚有黄溍、曾坚、贡师泰、杨铸、吴寿仁、项伾等当时知名文人。

① ［明］俞贞木：《旌表华节妇陈氏墓志铭》，《华氏传芳集》卷二，乾隆七年刻本，第6页。

② ［元］干文传：《贞节堂记》，《华氏传芳集》卷二，乾隆七年刻本，第10页。

陈氏在世时，恰逢元末明初巨变，“居室赀财毁尽，复遭兵变，辟地东吴，皆自若也”①。出逃于他乡，漂泊于水上，暂住于孤舟时，陈氏突患重疾，临终前命诸孙环于膝下，令诵读书传故事以自怡。老母生病后，华幼武叹息道：“贫富命也，安危时也，老而死数也，又何憾焉。”74 岁时，陈氏在出逃的舟中病丧，因为时值乱世，一切丧事从简，成为华幼武心中难以填补的遗憾。陈氏守节 46 年，对后世华氏宗族具有重要意义。华幼武对女儿教育，一遵祖训，嫁女则手书《女诫》以授之，使执妇道。

陈氏之子华幼武，幼武之子悰韡，始迁荡口，成为荡口始祖。荡口华氏，在后世繁盛绵延，堪为华氏各支最盛者。贞节堂在后世因为战乱等原因，多次被毁，又多次重建。陈氏在惠山华孝子祠东隅有祠。至清雍正年间，荡口华氏后世族孙联合捐资，将其改建于成志楼后方，并以“春草轩”命名。春草之名，取自“谁言寸草心，报得三春晖”，此时距陈氏去世已有 372 年。“华母节行之贞，足见其德泽之厚也，故表着之，以为后人劝复”②。在对陈氏的敬拜之中，后世诸多华氏女眷选择了孤独终老。

节烈妇的宣传，对华氏后世子孙产生了深远影响。明代前期，华叔澄娶妻不过 1 年就病逝，其妻翟氏方 16 岁，誓死守节。翟氏的父亲暗中将女儿改嫁，翟氏知晓后，日夜号哭，以自尽相逼迫，其父无奈，只好拿出白糯 20 余石以悔婚约。翟氏守节终生，虽居于父家，春秋祭祀必往华家，至 70 岁时去世，寡居 54 年③。翟氏之事，一度失传，后被华氏族人重新整理而出。华察第三子华叔阳，17 岁就考中进士，堪为明代最年轻的进士，只是英年早逝。其妻绝食半月之后而亡，又在节烈妇名单中增添了一名。华源长之妻邹氏，16 岁嫁入华门，极为孝顺。华源长生病之后，百药不得效，邹氏准备割下大腿肉以啖夫，被丈夫发现后加以制止。华源长病逝之后，邹氏自缢而死。

节烈妇在明代备受华氏推崇，每有节烈妇出现，都要邀请文人加以记载，可见对于节烈妇的称号，华氏后人是何等重视。更有后世子孙对先人长期守节，却未能得到节烈妇封号深以为憾。明代华仲安去世后，遗留下两个儿子，其妻黄氏含辛茹苦，将儿子抚养长大，被尊为节妇。

① ［明］俞贞木：《旌表华节妇陈氏墓志铭》，《华氏传芳集》卷二，乾隆七年刻本，第 7 页。

② ［明］项伾：《题华氏贞节堂卷后》，《华氏传芳集》卷二，乾隆七年刻本，第 13 页。

③ ［明］乐农：《华叔澄父翟节妇事实》，《华氏传芳集》卷三，乾隆七年刻本，第21 页。

后人请了诸多名流，为黄氏作传，其中有陈继、刘铉、柯乐、王悻等人。明代华守德“恨母节不获上闻蒙旌，与人言辄流涕”①。

到了清代，为了表明教化之兴，雍正元年（1723），朝廷一度诏告各府州县，褒扬节烈妇，树坊建祠。华氏家族在此次评选中入选多人。如华岳高在广东出仕时去世，其妻沈氏一度准备以身相殉，只是考虑到要孝敬姑嫜，抚育孤子，方才放弃了自杀的念头。年方27岁的沈氏，“毁容操作，寒暑星霜，篝灯纺织”，抚育一女二子成人，又为姑嫜送终。“岁乙卯，华节妇沈氏受旌焉。”② 华长吉之妾王氏，嫁入华家时21岁，6年之后，丈夫去世。此后王氏照顾华长吉多病的正房嫡妻，在嫡妻去世后又扛起家庭重担，抚育遗孤，每日奔走操劳，忙于家务，积劳成疾，40岁时即去世。“雍正辛亥，奉诏旌其闾，崇祀惠山贞节祠”③。

华氏诸义庄创办之后，均在规条中规定，赡养族人“先于孝子节妇之穷困者，次及鳏寡孤独之无依者”。孝子与节妇是联系在一起的，当家中男子去世之后，子女的抚养、父母的孝顺、家业的传承等重担，多落在了女子身上。而节妇除了守节之外，更是与“孝”紧密联系在一起的。《华氏传芳集》记载了诸多节妇几十年如一日孝敬家中长辈、抚育幼孤的事迹。

节烈妇既是传统社会中道德观念的产物，也与社会经济关系联系在一起。对节烈妇的鼓励，其中既有统治层面的考虑，也包含了对老人与婴幼儿的考虑。若是女子丧夫之后离开家庭，则会产生养老与育婴等一系列问题，故而国家以各种方式宣扬鼓励节烈妇，并予以物质上的帮助。

但现实生活中，在“节烈妇”的枷锁之下，孤独的妇女们在岁月中苦苦煎熬，若无一定的经济支持，她们又要承受经济压力，在红尘俗世中奔波操劳，其个体的生活是何其苦痛。

就传统社会而言，节烈妇仿佛是名门望族的“标配”。一个家族若是没有牌坊旌表，就不能称得上名门。在先祖的示范下，在后世的鼓励下，一代代失去丈夫的妇女，选择了孤独终老。节烈妇们的选择，是为了家族的名望，而家族于其中获得了诸多回报，自然不能忘却她们。是故在各个时代，各地义庄创设之后，均以孝子节妇为首要赡养对象，正

① 《涵养府君宗谱传》，《华氏传芳集》卷四，乾隆七年刻本，第22页。

② ［清］顾祖镇：《华节妇沈孺人传》，《华氏传芳集》卷九，乾隆七年刻本，第74页。

③ 《华节妇传》，《华氏传芳集》卷九，乾隆七年刻本，第76页。

是基于此等考虑。

社会秩序的维系、家庭关系的和睦，既有一系列外化的内容支持，如葬礼、冠礼、祭礼乃至于族规乡约、义庄等，也有一系列内在的理念支撑，如忠义、孝悌等。义庄的存在，能予孝子节妇以帮助，就物质层面而言，使其日常生活得以维持，承担起赡养老人、照顾孤幼的任务。更重要的是，使家族存在的根基，如孝悌等理念得以维持。传统社会之中，秩序得以维系，家族得以传承，端赖于此。

第二节　义庄与宗族

汉代班固将宗族定义为："宗者，何谓也？宗，尊也，为先祖主也，宗人之所尊也。""族者，何也？族者凑也，聚也，谓恩爱相流凑也。上凑高祖，下至玄孙，一家有吉，百家聚之，合而为亲，生相亲爱，死相哀痛，有会聚之道，故谓之族。"① 在一定的地域空间范围内，宗族以血缘关系为纽带，依托于农村社会而存在。历史上，宗族对于维持社会秩序起着重要作用。国家政权常依赖宗族，完成征收赋税、处理案件、推广教化、进行工程等治理工作。

宗族常以祠堂为中心，聚居在一定的地域范围之内。明清两代，江南地区的宗族呈现了大聚居、小散居的格局。父子别居、兄弟分家的风气带来了家庭小型化。无数个小集团分散开的同时，同姓家庭聚集在某一地域内生活，别居而不离散。江南地区分布着一个个以同姓为基础的村落，其格局延续至近代。

传统社会之中，宗族面临的一个重要难题就是家产处置。秉持着多子多福的理念，每个家庭都在追求多子。与西方所不同的是，中国社会中，虽是侧出，但儿子仍然可以继承家产。即使富贵之家，在一代又一代不断地分割后，其财产也日渐稀薄。每个儿子都可以继承家产，造成了家族财产的分散，更在分割家产之中，造成了无数是非。

华氏家族之中，对于家产划分，却较少产生纠纷。兄弟礼让，互相扶持，这也是家族能持续兴盛的重要原因。如元代华厚珍乃是侧室所出，至兄弟分家时，所得田产只有全部财产的十分之二，虽然嫡侧有别，但如此分家产，明显过于偏颇。华厚珍却泰然处之，至其父亲的正

① ［汉］班固：《宗族》，《白虎通德论》卷八。

室去世后，一切开销如同嫡出。多年之后，其兄弟家道中落，已经发达的华厚珍，对于兄弟照样予以关照。兄弟不时借钱不还，家中有不满意者，华厚珍则斥责“汝辈岂知难得者兄弟”①。

明代华宗胧兄弟5人，在父亲去世之后却不分家。华宗胧“率诸弟服勤无懈，开拓先业，赀日以饶”②。明代华守吉，与同父异母的弟弟和睦无间，将家中生产出纳事务，全数托付，使得家产日益丰饶。华守吉的姐妹出嫁之后，有家道中落者，他均加以周济，外甥婚娶必鼎力相助。华守吉为地方上出力甚巨，官方举办乡饮酒礼，邀请他参加，却被他婉言谢绝。明末清初，华世焕系侧室所出，在分家产时，交由伯兄章甫公处理，“如子承父命，谨俯首遵其言，田庐器皿，美者让兄，敝者归己，肥瘠多寡不计”③。清代华观光有妹年少守寡，将其迎入家中供养，以完其节。华观光的弟弟童年时就患有疽，几不可治。华观光每日朝夕为其洗涤，四处寻觅良药，弟弟得以稍缓病情。其弟成年之后也就去世，华观光将儿子过继给其弟，又均分家产。

虽然如华氏家族这样，能在日常相处、分割家产时，保持谦让之风，维系宗族团结，但在传统社会之中，自然灾害的肆虐、后人的繁衍扩大、子孙发展前途的难测，使得宗族之中难免出现各种冲突。如此，必须构建一个平台，为生活无着的族人提供日常帮助，为宗族子弟提供教育机会，为宗族祠堂、祖墓提供经常性的开支，以维持宗族团结兴盛，于是义庄应运而生。

创办义庄，捐置义田，既可避开分割家产所出现的纠纷，更有利于维持宗族凝聚力④。哪怕是在缺乏财力的情况下，很多宗族族人遗命子孙，定要努力创办义庄。义庄创办之后，义田原则上禁止买卖。于内，在后代子孙之中避免了财产争夺，照顾了贫弱族人，为子弟提供了教育机会，通过各类宗族活动凝聚了族人；于外，由于义庄的存在，使宗族有了归属，族人得到凝聚。面对外族、豪强时，族人有了依靠，更避免了土地兼并、家产流失、族人冲突。

---

① ［元］宇文公谅：《清逸处士华君墓志铭》，《华氏传芳集》卷一，乾隆七年刻本，第64页。

② ［明］姚夔：《山桂华处士传》，《华氏传芳集》卷四，乾隆七年刻本，第6页。

③ 《明甫府君宗谱传》，《华氏传芳集》卷八，乾隆七年刻本，第43页。

④ 不过，在某些特别的情况下，义庄也会参与宗族内的财产纠纷之中。1913年，华企案去世之后，其“妾”新姨与其子华怡渊争夺家产，告至官府。“荡口族中老义庄、永义庄、芬义庄三庄，具呈盖章签字，证明新姨非妾。”华怡渊陷入被动，极其恼怒，登报大骂三义庄“认贼作子，颠倒黑白，暗无天日”。参见《不平则鸣》，《申报》1913年11月5日。

在明清易代的大变革之中，各地的义庄都遭到损坏。经此变乱，切身体会到义庄对凝聚宗族重要性的士绅们，纷纷出资创办义庄。如泰州崔之四，其两个哥哥崔之二、崔之三，都富甲一方，因此被同族穷人所嫉妒，竟同日被杀。事发之后，崔之四告官，“大辟八人，城旦春十二人”。不想恰逢甲申国变，被囚禁诸人得以逃脱。不能为兄长报仇的崔之四，发愤读书，希望能在科举中取得功名，为兄报仇。清顺治四年(1647)，崔之四以例贡入太学，名噪一时。功成名就之后，崔之四却未想着报仇。“痛心于族人之险鸷，欲以亲睦化之”，在返乡探亲时，他出资建宗祠，购义田，以和睦宗族①。

虽然血缘、祖先、亲情等因素能凝聚宗族，但宗族在漫长的历史发展中，难免会离散。宗族成员的分化，地位财富的差异，无疑会冲淡血缘关系。人口众多、亲属关系复杂的宗族，通过修族谱、建宗祠、创义庄等形式凝聚人心。族谱用于记载宗族的传承，厘清家族辈分，以纯正血缘。宗祠以祭祀为主要功效，通过对祖先的祭祀，起着敬宗睦族的功效。祠堂虽然负载了诸多宗族功能，如祭祀、议事等，但对于赡养族人、举办义塾之类，常无力给予过多关注。

在中国古代，个体在面对生活中的各类问题时，其所能依靠的，首先是亲族，其次是乡里，最后才是官方。因此，宋代采取鼓励“近亲”“乡里”帮助弱势群体的办法。在慈善史上，宗族内部所设之义庄，在各个领域发挥着作用。义庄对族人进行物质帮助，巩固宗族的物质基础，是宗族祠堂之外的另一个重要平台。为了凝聚宗族、延续血缘，各个宗族以具有一定规模资产的义庄为基础，推行族内互助。义庄的宗族互助，不同于零星、偶然的善举，它是经常、持久的救助活动。

小农经济的脆弱性，也对宗族的公共活动提出了要求。在很多地方，每逢收割时节，由义庄出面，调集各类生产工具，组织人力、物力，进行生产劳作。此外，在其他公共领域，如面对外部威胁、兴修道路桥梁、调解生活矛盾等方面，义庄都发挥着作用。在宗族中，凡官方触角不能涉及的地方，都是义庄发挥作用的空间。

明代高攀龙提出了一种看法，即以宗族为平台，可以实现某种程度的自治。他说道：“夫族患其弗盛，患其弗治，弗治则盛乃害矣。是故强者骋，弱者靡，崇者亢，卑者越，赢者淫，拙者滥，而莫知所底。治

① 《（咸丰朝）海安县志》卷三《人物》。

之者，自治也，自治者，人人而思其本。”① 通过宗族自治，人人思其本，克服宗族中的“强者骋，弱者靡，崇者亢，卑者越，羸者淫，拙者滥”等问题，实现亲亲贤贤。“盗贼多为饥寒所迫故耳，使族人以时赈济，必不至于此”②。义庄设立之后，予族人补贴，使其能维持基本的生活；予族人以教化熏陶，鼓励其向上，又通过各种途径，为族人创造发展的机会。总体而言，设有义庄的宗族，其族人少有走上犯罪道路者，且能在社会生活中发展得更好。

总之，义庄将义田收入用于祭祀祖先、赈济族人、设置义冢、捐助役田、创办义塾等。这些功能涵盖了社会生活的诸多方面，从物质上赈济了族人，从精神上起到了教化作用，可以凝聚宗族向心力，促进宗族向善，获得良性发展。宗族可通过义庄这一平台，获得稳定经费支持与固定的活动场所，其活动和所制定的一系列规约也能制度化与常态化。就义庄的实际功效而言，其已成为地方政权的延伸与补充。

宗族福利是双向受惠，创办义庄的族人，多是族中功名有成或是经商致富者。通过创设义庄，他们在宗族中拥有了更多的话语权，受到族人的敬仰，居于领袖地位。于其个体而言，巨大的声望与族人的推崇，就是回报。而宗族同样需要有能统率全族的人物，既能教化族人，又能影响族中事务。另一方面，族中的贫弱者依靠义庄，能获得所需要的生存资料。义庄的创设与存在，满足了宗族内部各方的利益需求。毫无疑问，通过义庄，族人相互扶持提携，可以在一个地域内保持安稳的环境，使宗族获得更好的发展。

第三节　义庄与地方

传统社会之中，人与人之间的认可是依照血缘、地缘而递延开的。由血缘关系凝结成的血缘群体，表现为个体对家庭及家族的重视与忠诚。血缘之外，则是地缘关系。“人们重视地缘关系，建立良好的村落和乡村社区生活，不仅对自身的微观社会秩序是至关重要的，而且对整个社会的宏观秩序也具有极其重要的意义。”③

乡村社会之中，秩序的维持，权力的争夺，表现为冲突与合作两个

① ［明］高攀龙：《石幢叶氏族谱序》，《高子遗书》卷九，文渊阁四库全书本。

② 《（桐城）桐陂赵氏宗谱》卷首《家约》。

③ 吴鹏森：《传统社会秩序的建构及其特点》，《安徽师范大学学报》1993 年第 3 期。

方面。冲突常表现为显宦鱼肉乡里，以强力兼并土地，获取各类利益。江南显宦之家，不乏鱼肉乡里者，如昆山大族徐乾学兄弟，一门亲贵，故旧门生遍布天下，其近亲子弟却依靠家族势力，横行乡里。地方官员畏惧徐家势力，对诸多恶行视而不见，受害民众欲告无门，“血词四奏”，一时有“窃杀民莫恶于显宦，显宦之恶莫甚于昆山”之说①。

华氏在无锡地方上拥有很大影响力，累世行善，以乡里事务为己任。是故在社会事务中，如华氏这样的望族，呈现出的是合作关系。族田的收购、义庄的创设、其福利的推行，受惠者主要是有血缘关系的族人。但义庄创设之后，也会参与地方事务，从事各类族外公益活动。

在传统社会中，财富与实力最终都要凝结到土地之上，名门望族的背后，却是大量土地资源的支撑。名门望族通过其所控制的土地，实现了财富的增值，同时交好官方，依靠官方力量，解决各类绅民冲突，获得有利于己的结果。是故一般大家族，都以扩充田亩为目标，而这又不可避免地带来了土地兼并。

与一般土地兼并中的残酷不同，义庄扩张实力、购买义田时，更多地带有人情色彩。清代乡村社会的土地买卖，通常分为“活卖”与“绝卖”两种。其中，“活卖”是指卖主保留回赎权的买卖形式。回赎权保留有一定的期限，过期不赎，即成“绝卖”。如果契约中注明“永不回赎”，便视为“绝卖”。“绝卖”需要一次性支付大量的现金。而在乡村社会，“活卖”的形式较为普遍。

在一些土地交易中，一些恶势力通过滋扰、耍赖等方式，强行买卖土地。为了息事宁人，处于弱势又无处借贷的乡民往往无奈应允，最后血本无归，土地被吞。义庄所控制的义田之中，有大量乡民“活卖”来的田地。义庄需要田地，扩张规模；农民需要资金，渡过眼前难关。义庄提供的流动资金，能帮助农民渡过难关，而将田地“活卖”给口碑信誉好的义庄，日后赎回时也不会有太多麻烦，可谓是农民的较佳选择。

义庄扩充规模，购置田亩，导致土地兼并，在明清两代的江南地区却未造成严重的社会问题，这并不是因为义庄所占有土地份额不高。相关调查数据显示，在荡口地方上，义庄所控制的田亩占据了绝对优势。1950 年的调查数据显示，荡口镇共有土地 13010 亩，而各义庄占有土地

① 《熊夒呈控徐振绂等恃宦残民状》，《清代档案史料丛编》第 5 辑，中华书局 1980 年版，第 12 页。

9691.6 亩，占土地总面积的 74.5%[①]。义庄所控制的大量义田，出租给佃户，形成了租佃关系。由于义庄以“义”为立足点，对佃农相对比较宽厚，有一系列优惠政策，如每年给予佃农一定补贴、灾荒年份予以减免等，田租负担较轻，这些政策缓和了租佃关系，在风调雨顺之年，使广大租户能衣食无忧。

有学者研究表明：“太湖地区的佃户是国内最富裕的佃户，因为80%以上的佃户享有市价颇高的田面权（永佃权）。”[②] 永佃权的存在，使得田地可以自由流动，而不是僵化固着[③]。只要存在流动性，贫苦的农民也就有希望通过努力，走上发家致富的道路，这也是江南地方上未产生激烈的、大规模的租佃冲突的原因。只是到了近代，由于频繁的战争，社会的动荡，江南地方上原有的社会秩序被破坏，这才出现了租佃之间的激烈冲突。

义庄也根据经济实力的不同，参与各类社会事务。华氏各义庄，每年冬季施舍 100 件棉衣给地方上贫困民众。当地方上有各类公共工程之时，在财力许可范围之内，义庄也积极参与。明清两代，诸多华氏族人参与了无锡地方上道路桥梁的修建工作，这在无锡地方志中留有详细记载。华氏族人参加公共工程建设时，多以华氏诸义庄为公共平台，服务于地方。如清代光绪年间，华氏族人联合发起创设义冢。在成功创办义冢之后，即将义冢依附于华新义庄中，其一切开支管理，均由华新义庄负责。

可以说，服务于地方，是义庄的一个重要职能。在面对各类突发自然灾害时，义庄也起着重要的作用。无锡因为地濒太湖，时常面临水患。“三吴之田最低下，众水所归，为民利，亦为民害。大约畏涝者十之七八，畏旱者十之二三，不筑堤岸不可也。”[④] 康熙四十六年（1707），苏松常镇四府大旱，是时米价从每升 7 文，涨至 24 文。次年大水，至四十八年（1709）又复大水，米价虽较前稍落，而每升不过十六七文。雍正、乾隆初，米价每升 10 余文，乾隆二十年（1755）虫荒，四府相同，涨至三十五六文，饿死者无算。“后连岁丰稔，价渐复旧，然每升亦只十四五文为常价也。至五十年大旱，则每升至五十六七文。

① 《无锡荡口区义庄田调查》，锡山区档案馆藏档，档案号 XB1-01-06-58。

② 赵冈：《地权分配之太湖模式再检讨》，《中国农史》2003 年第 1 期。

③ 江南地方上盛行“永佃制”，永佃制是产权的分割，承租人拥有土地的永久使用权，称为“田皮”或“田面”，原业主拥有土地的所有权，称“田骨”或“田底”。承租人可以永久使用耕地，也可将田面权典押、转让、出售、遗赠，不必征求原业主同意。

④ ［清］钱泳：《履园丛话·丛话一》，中华书局 1979 年版，第 102 页。

自此以后，不论荒熟，总在廿七八至三十四五文之间为常价矣。”[①]

水患一旦发生，将导致农业歉收，以及淹没房屋等生活设施，严重影响地方民众的生计。故而堤坝、桥梁的建设，切实关系到民众的日常生活与安全。荡口华氏是一系列水利工程的倡导者、发起者，也是经费的主要筹捐者、工程主事者。在无锡地方上，每当灾情发生之后，华氏义庄成为抗灾和赈济灾民的重要力量。如1934年，江南遭遇特大旱灾。在灾荒来临之际，地方上民众虽开展了自救活动，但因财力有限，无力购置机械设备抗灾。此时华新义庄出面，组织民众筑坝，同时雇用柴油抽水船两艘、电力抽水机一具，抽水灌溉农田及供民众饮用。“日夜戽水，为期十天，藉资补救”[②]。

不但华氏诸义庄如此，而且各地义庄也多从事于各类地方公益活动。在近代，每当灾情暴发之后，媒体常对义庄发出呼吁，请其出钱出力，赈济灾民。如光绪十三年（1887）郑州暴发大水灾，600丈堤岸决口，10余万生灵嗷嗷待哺。当此灾情来临之际，《申报》等媒体发出呼吁：“祈各贵义庄，体天地之好生同仁，一视推慈祥之厚意，惠爱群黎，或十元，或二十三十元不等，多多益善，滴滴归源。”[③] 各地义庄参与此类赈灾事务的事例，不胜枚举。

华氏义庄的创设，带动了无锡地方上行善之风，各类善堂不断涌现。据《无锡金匮县志》载：“邑地气本薄，虽男耕女织，鲜有积聚，故素封之家，遇岁歉则贫。至于故家大族，支派繁衍，菀枯不同。义庄义塾前志已有之，不久而废。近鹅湖华氏创行之，踵者遂十数家，敦睦之风，庶几近古。同善之会，所在多有，比复有同仁、普济、育婴、恤嫠之设。掩骼埋胔，各乡义冢数十处。”[④]

清代无锡地方上慈善事业发达。无锡县设有养老的善济堂两所。金匮县也设有两所善堂，其中，以救济婴儿为对象的育婴堂，设在金匮城隍庙西；以施药舍棺为主的同仁堂则在金匮城隍庙东。无锡、金匮两县，义冢共有9处，分布在县治各处。在无锡城内崇安寺东有恒善堂，于道光四年（1824）创设，本意是帮助穷困，后援助寡妇360人，正副各半，正每月给钱400文，副半之。道光年间，在城内西北创有集仁局，制棺以待贫者，又有善材局在圆通东院。咸丰年间创有救生局，以

① ［清］钱泳：《履园丛话·丛话一》，中华书局1979年版，第27页。

② 《干旱为害荡口镇筑坝戽水灌田》，《锡报》1934年7月19日。

③ 《劝募义庄抽捐助赈启》，《申报》1887年12月29日

④ 《（光绪朝）无锡金匮县志》卷三〇《风俗》，第3页。

太湖渔船救济溺水者，每救活1人给钱4000文。救生局创设后，淹毙者锐减。咸丰、光绪年间，尚创有保婴局、保墓局，为地方贫困家庭提供帮助①。

不但无锡如此，各地义庄亦如此，均积极参与地方上慈善活动。各地的宗族在创办义庄之外，有余力者也投身于其他慈善机构的事业之中。如明崇祯十四年（1641），江南发生灾荒。嘉善同善会主持人陈龙正，制定了《陈氏义庄规则》16条，创设义庄，“养赡同宗，专以周急”。陈龙正捐田500亩给陈氏义庄，凡陈氏族人一概予以救助。义田每年能收米粮500余石，除了经常性开支300石外，余粮存留下来，作为赈济荒年的储备粮。陈氏族人有义庄储粮备荒，在灾荒之年也能得到救助，故而不再接受外界慈善机构的布施。当市面上米价高昂时，义庄拿出所储存米粮，以低于市价十分之一二的价格出卖，以赈济饥贫。再如江阴杨舍（今属张家港）的邵氏义庄，“义庄周围的自然村，如有个别特殊困难户，到年终无年夜饭米，可到义庄去要求乞讨，义庄即周济一斗或几斗米。如贫苦人家死了人无钱买棺材，托人到义庄上去恳求，即给一石米买口薄棺材解决”②。明清两代，各地义庄虽以本族为主要关注点，但也积极参与社会事务，在广大乡村地区发挥着一定的积极作用。

在很多时候，义庄也成为地方上的联络中心，成为地方上沟通外界的枢纽所在。如太平天国战争结束后，荡口镇很多家庭失散，有寻觅失散亲人者，常依托义庄，以此作为联系地址。如光绪六年（1880），有陆氏老翁，在战乱中与儿子失去联系。战乱之后，陆老翁在《申报》上刊载寻子广告：“如有音信可托局，寄至江苏金匮县荡口镇华氏新义庄转交。”③

地方上秩序的维系，伦理道德的宣扬，主要依赖于宗族。在宗族内部，通过族规对族人加以约束；在宗族之间，通过彼此谈判协商来解决各类冲突。如此，能约束族人的义庄管理者、能通过谈判处理地方事务的各大义庄，自然成为地方事务的主导者。在江南地域内，各类问题都可在义庄内、在台面上通过谈判来解决，而不是诉诸武力。是故义庄发达的江南地区，罕见如其他一些地域内的宗族械斗。

① 《（光绪朝）无锡金匮县志》卷三〇《善举》，第8—9页。
② 《邵义庄始末略述》，《张家港市集镇史专辑》第8辑，1988年编印，第121页。
③ 《寻子》，《申报》1880年3月15日。

在地方上，义庄具有文教资源上的巨大优势。义庄创设之后，一般都会设置义塾，为本族及地方子弟提供教育机会。又由于创办义庄的是名门望族，在师资力量上能“延好先生教诲”[1]，因此在科举考试的准备上，他们具有更多的经验与财力，使地方子弟能获得更大的突破。诸多义庄共同承载着子弟教育的使命，促进家族的繁荣，带动地区文化的发达。在明清两代，无锡文教昌盛、人才辈出，也与义庄承载教育使命是分不开的。

据学者研究，早在宋代，浙江四明地区的望族就设置义庄，以此增加参与者的社会声望，在经济上减轻他们的重担。在义庄创设之前，他们曾通过个人名下的私产，参与随意性、临时性的救济，这种善举负担较大，时常无以为继。在共同设立义庄后，宗族中的贫困族人获得了制度性、长期性的救济。而义庄的存在，也成为当地士人社会的精神象征，以精神的力量支持着义田的延续，而地方官府在必要的时候则愿意为义庄伸出援手[2]。

宋代四明地区望族所设的义庄，其重要职能就是参与地方事务，如普及教育、补贴官吏、开展公共工程等。至明清两代，义庄的主要功能在于宗族内部，以赡养族人为首要任务。此一点虽然限制了义庄在地方上的作用，但其通过各种方式仍能使地方上民众享受利益。义庄的存在，也使地方上各个望族有了经济上的支持与固定的场所，使其能够持续、稳定地进行各类宗族活动。在宗族活动的基础之上，各个望族进而在更大的地域范围内展开合作，从事社会活动。

在地方上，义庄成为一种象征。义庄的创办人、管理者，具有一定的号召力。在某些特定的年代，地方政府依赖于他们出面，或是主持赈灾，救济灾民；或是组织团练，维持地方秩序；或是出面筹资，兴办公共工程。由于义庄的存在，地方民众间接地均享一定的利益。章学诚曾盛赞义庄，说宗族设置义产，是“自教养”，而义庄设立后“则鳏寡孤独废疾者皆有所养，水旱凶荒有恃，谣俗有所稽查”，如此“人心维系，磐固而不动，盗贼之患不作矣”[3]。可见义庄的存在，稳定了宗族内部，而各个宗族的稳定，必然带来地方上的长期稳定，这是社会整体的良性循环，可促进地区内形成向善风气，推动整个地区的文明进步。

---

① ［明］杨士奇：《示长新妇九事》，《东里集·续集》卷五三，清文津阁四库全书本。

② 转引自柳立言：《士人家族与地方主义：以明州为例》，《历史研究》2009 年第 6 期。

③ ［清］章学诚：《庐江章氏义庄记》，贺长龄《清经世文编》卷五八《礼政五》，清光绪十二年思补楼重校本。

第四节 义庄与官方

明清两代，对地方官员施政成绩的评定，如同前代一般，以“五事”为准，即户口增、田野辟、词讼简、盗贼息、赋役均。《明史·职官志》中载，县官职责有“赋役、养老、祀神、贡士、读法、表善良、恤穷孤、稽保甲、严缉捕、听狱讼、致贡”等10余项①。

明代的县衙，一般设知县1人，正七品；县丞1人，正八品；主簿1人，正九品；其属典史1人②。明清两代，地方行政系统往往只延伸到州县一级，州县以下的乡村虽有里甲、保甲之类的组织，却非正式行政机构。同时规定，以外乡人任官，本籍人不得出任，外乡官员在地方上3年一任，任满之后加以考核。以外籍人士任官，是为了避免本地人与亲友串通，营私舞弊。不过，外乡人至异乡为官，对地方上的风土人情不熟，会影响到其施政效果。为了弥补此缺陷，官员至地方后，常与地方上具有影响力的人士、家族交往，以期获得施政建议。

官方与地方人士互动的形式多样，如乡饮酒礼就是其中之一。历史上，乡饮酒礼被视为关系地方治理成就的重要举措，“乡饮酒之礼废，则争斗之狱繁矣”③。乡饮酒礼定期举办，每年通过一至两次饮酒聚会，习礼读律，培养敬老、敬贤的风俗，维持社会秩序。明初规定，由地方官和学官，带领地方士人中的年长者，在学校或民间里社举行乡饮酒礼。洪武十六年（1383）又规定，每年正月十五日、十月初一日，在全国举行乡饮酒礼。每逢此二日，由府州县长吏主持乡饮礼。乡饮酒礼上，“以乡之致仕官有德行者一人为宾，择年高有德者为僎宾”④。其余人按照年龄大小，排定次序。乡饮酒礼上，由“司正”行祝酒词，之后由执事者依次向正席的“宾”、并坐的“僎宾”敬酒。

就如何在地方上任官，有经验的官员留下教诲：“为政不得罪于巨室，交以道，接以礼，固不可权势相加。即士为齐民之首，朝廷法纪尽喻于民，唯士与民亲，易于取信。如有读书敦品之士，正赖其转相劝戒，俾官之教化得行，自当爱之重之。偶值公事晋见，察其诚笃自重

① 《明史》卷七五《职官四》。

② 《明史》卷七五《职官四》。

③ ［宋］谢升俊：《台州乡饮酒记》，参见林表民《赤城集》卷五，明弘治十年谢铎刻本。

④ ［清］嵇璜：《续文献通考》卷四九《学校考》，清文渊阁四库全书本。

者，不妨以其乡之有无盗贼，民居如何生业，风俗是否淌漓，博采周谘，以广闻见。”①

官员对地方精英、名门望族的重视，为地方人士参与地方政务提供了契机，进而实现了地方与官方的良性互动。就地方精英、名门望族而言，他们世代居于此地，熟悉地方民情，可以向官方提出符合乡土实际的建议。而地方官员据地方精英的建议，得以很快掌握地方情况，并据此施政，裨益良多。

无锡华氏族人熟读诗书，熟谙地方人情，历来受到地方官员重视，官员们常就地方政务征询其意见。荡口有围田，乃是筑堤坝所得之田。明永乐乙酉年（1405），无锡大雨倾盆，堤坝崩决，被水淹没的400亩田均是官田。官田粮赋，较其他田亩为重，耕种者多有破产。官方见无人愿意种官田，就强行摊派给地方上的民众。华守方目睹此景，恻然曰：“此法其可久乎？”华守方具疏言于地方官，力陈民生之凋敝，希望减轻赋税，开垦荒地。官方最终采纳了华守方的意见，鼓励民众开垦荒地，而不是将民众束缚在此片官田上，“而其地成良田，赋自此足，害自此除去”。

明清两代，征收赋税是地方官员的主要职责之一，也是其接受朝廷考核的重点。无锡地方官员在施政过程中，常将赋税徭役派给地方士绅。华氏族人承担了协助征收赋税的任务，在此过程中，常体恤民情，予民众以宽减。如明代华楚芳辅佐官方，督导赋税，同时赈济贫乏，出力“助修孔庙，建石梁，挥金弗恤，更输粟以充边”②。华宗胧掌地方赋税50年，如期缴纳，遇民众贫穷无力缴纳者，则出面帮助缴纳，也不求其偿还③。当徭役不合理时，华氏族人更为民众发出呼声。明天顺年间，无锡地方上遭遇饥荒。就在民众无以为生之时，地方官为了迎合南直隶巡抚，催促地方上缴纳赋税。华守器愤然而起，“曰苛政猛于虎，力陈其不便，巡抚为之罢征”④。

当官方做出一定程度的让步，予地方望族以一定自治空间时，地方望族相应地在各个领域配合官方，维持地方秩序。

在钱粮上，很多宗族的规章之中就有明确规定，族人应当按时按量

① ［清］王凤生：《绅士》，《牧令书》卷一六。转引自张仲礼《中国绅士：关于其在19世纪中国社会中作用的研究》，上海社会科学院出版社1992年版，第33页。

② 《存诚府君宗谱传》，《华氏传芳集》卷四，乾隆七年刻本，第22页。

③ ［明］姚夔：《山桂华处士传》，《华氏传芳集》卷四，乾隆七年刻本，第6页。

④ 《用斋府君宗谱传》，《华氏传芳集》卷四，乾隆七年刻本，第32页。

缴纳钱粮。“国家赋税力役之征，亦先下之族长”[1]。依照法律，里正、保长是地方上“催办钱粮”“查举盗贼”的负责人，在宗族势力强大的地区，保甲与宗族常合二为一，由宗族负责具体操作。国家政权对此也予以默许，在同姓聚居之地，“保甲不能编查”，另设“族正”，负责地方治安、征收钱粮，这无异于将此类权力交给了宗族。

作为宗族社会的重要支柱之一，义庄与官方之间存在着默契。这种默契通过文本的形式表现出来，在官方，就是制定法律保护义庄财产；在义庄，则是于义庄规条中保证完纳国税。如清道光年间的《济阳义庄规条》第一条规定：“惟正之供，首宜慎重。自建设义庄之后，地丁银两务于四月完半，十月完，依限输纳。冬季漕粮，拣选干洁好米，上完国课。司庄人等，毋得懈忽。”[2]《延陵义庄规条》首条规定：“惟正之供，首宜慎重，须恪遵令典，先拣干圆洁净好米，依限完纳”，“义庄田房租息，理宜先完国课，再计支销。”[3] 华氏诸义庄，在义庄规条中也明确规定，要完纳国税皇粮。“每年租息，除办赋外，续田亩祠堂公务”[4]。

在司法权力上，官方做出一定的让渡，由宗族享有部分司法权。明代中叶之后，江南民风被形容为一个“刁”字。“刁”的表征之一，就是喜欢诉讼，但这违背了官府的愿望。千百年来，官方所崇尚的是“狱空”“无讼”，并将此作为吏治清明的象征。官方不鼓励诉讼，认为诉讼频繁，既是礼法教化沦丧的表征，更容易破坏正常的生产秩序。在民间，依照先贤“和为贵”的教诲，老百姓认为出了矛盾不可怕，可以调解，而一旦闹去官府才是可怕的事，既要面对让人斯文扫地的刑罚，还要掏出大把银子打点。明初，除了人命官司等重案不得不进衙门外，民间素来有“老死不进官府”的习俗。明中叶之后，随着社会观念的改变，诉讼之风才逐渐兴起。

明代江南地方上经济发达，在诉讼上自然不落人后。面对于此，期待能在考核中获得好成绩的官员们，不希望出现如此之多的官司。在地方民众发生各类纠纷之后，官方常默许由第三方来主持，调节矛盾，化解官司。而主持此类调解者，必然是在地方上具有崇高威望的人士。到了清代，经过多年的承平之后，人口数量暴增，但州县数及官吏数字却

---

① ［清］张海珊：《聚民论》，《皇朝经世文编》卷五八。

② 王国平、唐力行主编：《明清以来苏州社会史碑刻集》，苏州大学出版社 1998 年版，第 258 页。

③ 王国平、唐力行主编：《明清以来苏州社会史碑刻集》，苏州大学出版社 1998 年版，第 276 页。

④ 《创建义庄家议》，《华新义庄事略》卷上，光绪辛丑年（1901）存裕堂刻本，第 1 页。

未增加，官民比例悬殊。清代地方官员负有征派、刑名、治安、教化、救灾等诸多职责，依靠有限的吏役，根本无法应对众多事务，故而在雍正二年（1724），于江南地方上大规模析县。析县之后，地方官员仍力有不逮，这时宗族在地方上的作用日益凸显，宗族开始具有了族内司法权。大部分民事纠纷和轻微刑事案件都在宗族内部解决，许多大宗族历年“无字纸入官府”。

在华氏宗族史上，有诸多华氏族人被官方委以司法权力，处理各类案件。如明代华格，字叔端，号宝阳，华氏族人有到官府打诉讼官司者，官方则曰：“汝族有某古君子也，盍往质焉。乡党事有不平者，咸就以决其焉，人所敬仰如此。”① 官方主动推卸审案，将官司交给华恪处理，足见其影响力。地方上举行乡饮礼，请华恪列席，时人云：“非以宝筵重者，乃能重宝筵者。”再如华守正，为人刚直，好善疾恶，“乡人服其忠信，有争辩者，往往就质而定”②。

对于死刑，清顺治、康熙时期，官方不承认宗族拥有对族人的处死权。至雍正朝，“族长”入律，其权力得到官方认可和保护，更在雍正五年（1727）承认宗族的处死权，“从来凶悍之人偷窃奸宄，怙恶不悛，以致叔伯兄弟等重受其累。其本人所犯之罪在国法虽未至于死，而其尊长族人翦除凶恶，训诫子弟，治以家法，亦是惩恶防患之道”③。乾隆朝则对雍正五年的宗族处死权持否定态度，道光朝以后宗族处死族人的权力，又得到官方承认。

就宗族而言，宗族之内是其“自治”空间所在。宗族不希望官府过度插手宗族事务。官司频繁的宗族，自然名声不佳，也带来了巨大的经济开销。因此各个宗族在族规中告诫族人，不得将族中纠纷闹去官方，应先行在族内处理。早在元代，华友闻就告诫后人，“讼终凶，圣人所戒。犯圣人所戒，快一己之欲，大则毁家，小则辱身”④。

虽然在不同的时期，官方对宗族执法权有不同的态度，可宗族拥有此权力却是不争的事实。传统社会中，各大家族都通过制定家法，约束族人。家族家法中有各类惩戒方式，比较轻微的是训斥，通过批评教育，使犯下轻微过失的族人改过。罚跪也是比较轻的惩罚，以使触犯家规之人面壁思过。族人犯下较重过失时，往往被处以革胙之罚，剥夺享

① 《宝阳府君宗谱传》，《华氏传芳集》卷三，乾隆七年刻本，第 27 页。

② 《爱菊府君宗谱传》，《华氏传芳集》卷四，乾隆七年刻本，第 28 页。

③ ［清］王先谦：《东华录·雍正十》，清光绪十年长沙王氏刻本。

④ 《元故监税华君墓碣铭》，《（嘉靖）华氏传芳集》卷二，嘉靖十一年刻本，第 17 页。

受宗族福利的资格。对于族内酗酒、赌博、好讼、不听礼教的族人，则以杖责、禁闭等形式加以惩戒。

华氏义庄对不安分的族人，有各类惩罚措施。如华新义庄明确规定，凡子孙有不孝不悌及不安分者，由本支房长告知义庄。由义庄邀各房到庄内共同商讨，若查实“有玷祖宗之事”，加以训斥，给予自新机会三次。若是仍然不改则处以禁闭的惩罚，“不改即行禁闭在庄室，俟能悔过”①。关入禁闭室之后，视具体情况，关押一段时间后再予以释放。

倘释放后故态复萌，或是驱逐出族，或是再行禁闭，永不释放。驱逐出族是相当重的处罚，族人多依赖家族而生活，被革除族籍，从族谱除名后，将失去生活来源。再行禁闭之后，等于判了终身监禁。拘禁期间，如果生病去世，仍由本房领回尸体。如有犯下大罪，家法不能治者，应行报官惩处。清律禁止民间私下拷打、监禁，但官方对于各类义庄的家法处罚，往往视而不见，只要不闹出人命，就不加以过问。

以义庄为平台，宗族对族人加以控制，通过家法族规，处理各类民事诉讼。就宗族而言，由对诉讼官司的处理，宗族获得了司法权力，宗族规约对族人的约束作用，不但具有精神效力，更具实际效力。对于宗族手中的司法权，地方官员予以默许，据此宗族实际掌控着基层社会。诉讼官司由宗族自身加以处理，大幅减轻了官方的压力，降低了统治成本。就官方而言，在接受诉状后，传唤被告、原告，开堂审判等程序，耗费较多时间精力。而由民间来自行解决，可缓解官方压力，降低行政成本，自然是官方所乐见的。

在太平时节，义庄在官方与社会之间起着沟通作用。至兵荒马乱之时，一些大宗族以义庄为平台，填补官方统治的空缺，维持着地方秩序。弗里德曼曾将中国的家族与房支等，视作一种组织形态和社会控制方式。他从社会人类学的角度，详细考察了中国东南乡村社会的宗族组织，认为强宗大族不仅依靠宗族成员的共同力量，而且也依赖于拥有官衔的宗族成员，因为他们保持着与县衙和更高级官府之间的联系，经常将小的村落和聚落置于他们的保护之下。东南地区大部分的可耕地亦是由宗族和宗族的裂变群体共同耕种，由此他们可以向社会索取更多的地位和权力。不仅如此，家族自治和保障对江南地区的社会调控曾起过积极的作用，它所倡行的赈灾、社会救济与保障等活动，是地方政府在社

① 《议约十八则》，《华氏新义庄事略》卷上，光绪辛丑年（1901）存裕堂刻本，第14页。

会变乱时期的主要依靠之一①。

当明清鼎革之际，无锡地方上情势复杂，既有清军驻扎，也有南明军队出没，还有各类湖匪骚扰地方。顺治二年（1645）六月，黄蜚领兵入城，焚东林书院而去，城中居民于黑夜出城避乱，死者甚众。黄蜚本水师总兵，驻兵太湖，地方无赖子弟多与应援，气势汹汹，沿湖诸村镇被害尤甚。此时，华呈藻出面，左右逢源，与各方交好，以维持地方秩序。当太湖湖匪扑来抢劫时，华呈藻将义庄仓库中所储存米粟全数与之，"且告曰，勿侵我邻佑"。清初驻扎在各地的八旗官兵，分别建城居住，称为"满城"。旗人不准离城 20 里，远出要请假注册，回城要销假。而旗兵一旦逃跑，要连坐 10 家。遇到旗兵逃跑事件，华呈藻出面调和，加以化解，旗人感激，在有必要时予以援助②。

鸦片战争之后，整个江南区域内遭遇了极大变乱，政府对地方的控制力削弱，更要依靠地方乡绅发挥调适作用。时人感叹："自寇乱以来，地方公事，官不能离绅士而有为。"③ 太平军东进之后，无锡"各乡仍集团自保，用白布裹头，以别贼之红黄巾，号白头局。贼来犯拒战，辄有擒斩，贼颇畏之"④。清军与太平军在江南展开了激烈争夺，在此战乱之中，华翼纶在荡口组织民团，对抗太平军，一定程度上维持了地方上的安宁。同治二年（1863），华翼纶曾为清军收复荡口，立下大功。是年七月二十七日，"苏州纳王部永宽等，力图逃窜常熟，太仓等处。是晚据荡口镇团绅华翼纶飞禀，伪纳王已带大股两万，由苏城扑荡口，有乘虚窥视常熟之意"⑤。得到华翼纶的情报之后，清军迅速出动，围堵太平军，将荡口收复。在此社会变动时期，荡口华氏宗族一方面组织民团，配合清军；另一方面，则由华氏义庄出面，为需要赈济的族人、地方民众提供帮助，诚为地方秩序维持的主要力量。

虽然明初朱元璋一度压制义庄，以打压宗族，不过义庄在传统社会中的诸多良效，却使它成为不可或缺的存在。义庄的存在，是教化的象征，也是所谓皇帝"圣治"的标志。明清两代，华氏创办了多所义庄。由于缺乏文献记载，现已无从考证明代义庄是否得到官方嘉奖。至清

---

① ［英］莫里斯·弗里德曼：《中国东南的宗族组织》（刘晓春译），上海人民出版社 2000 年版，第 94—98 页。

② ［清］严绳孙：《隐士华公实行叙略》，《华氏传芳集》卷九，乾隆七年刻本，第35 页。

③ ［清］胡林翼：《麻城县禀陈各局绅筹办捐输情形批》，《胡文忠公遗集》卷八六《批札三》，清同治六年刻本。

④ 《（光绪朝）无锡金匮县志》卷七《兵事》，第 17 页。

⑤ 《亲督各军攻克荡口片》，《李文忠公奏稿》卷四，同治二年八月初二。

代，华进思创设义庄，备受当时地方官重视，地方士绅经过多次努力为其申得嘉奖。其后华存宽兄弟创办义庄，由于其父遗命不得接受官方嘉奖，让当时积极整理其事迹的地方官员遗憾不已。之后，又有华鸿模出力扩建义庄，再由其孙华绎之继续经营。民间一度风传，华绎之得到官方嘉奖，甚至被光绪皇帝接见。

中国传统社会中，政权与社会之间保持着平行关系。官方主要管理政治领域，对于经济领域则较少加以干涉。在文化领域，通过科举、祭祀等系列活动，官方与民间共同参与。官方与民间，通过各种途径实现互动，双方并不是竞争或者冲突关系，而是合作关系，例如在慈善公益等领域，政府、社会、宗族多种力量共同参与，彼此互补。

就社会层面而言，社会力量与政权、皇权之间并非矛盾关系，而是互动关系。通过科举等途径，社会力量也能进入政治领域，并表达诉求。在地方社会之中，民间力量更能通过各种渠道来表达诉求。在中国社会之中，能对官方起到影响的，只能是宗族。到了近代，随着西方工业社会的影响，在一些开埠城市涌现出了民族工商业。民族工商业所带来的变化是巨大的，它带来了某些行业、地域之间的联合，其表现形式为各类同业公会、会馆、同乡会等。但这些团体的力量也是有限的，并非如欧洲社会那样，与政权形成激烈冲突。故而有学者认为，传统中国的社会组织与社会自治，所着力之处是社会层面，而不是政治层面。

在钱粮刑名上，宗族义庄所发挥的力量，填补了地方政权的空白。义庄的规则、义庄对族人的控制，使得很多纠纷在族内得到解决。义庄占有大量田亩，按时缴纳国库赋税，并帮助粮长、里长，使钱粮如期征纳。如此，地方官员与地方社会之间，保持着稳定和谐的关系，社会秩序也呈现出较为平稳的状态。作为传统社会的基本组织，义庄所起的作用有时连国家行政组织都远远不能比拟，从这个角度来看，义庄等机构是中国传统社会秩序得以维持的基石。

诚如费孝通所云，在传统社会中，对知识分子而言“秩序和安全是他们唯一的兴趣”①。义庄通过义田获得收入，进而补助族中四穷，稳定了地方社会。这减少了官方的开支，实现了社会治理的任务，又使宗族和睦，穷困弱势群体获得生存发展的机会，于各方都是有利的。义庄的存在，在主观上，建立了以宗族为范围的族权统治；在客观上，对官方而言，起到了集中政治权力的效果。“于天然的血统关系中，利用尊祖

① 费孝通：《中国绅士》，中国社会科学出版社 2006 年版，第 119 页。

的情绪，培植敬宗的习惯。倘续祖之宗，被诸庶支所敬，则是无形之中，收了统治的效用；这于建立社会秩序，何等重要！”①

第五节　义庄与役田

明清两代，州县一级官府的主要任务是刑名与钱谷。乾隆年间担任过县令的汪辉祖认为，州县官的七成时间用于审理案件，三成的时间用于催办钱粮。而在刑名、钱谷上，宗族起着辅助作用。宗族配合官方进行钱粮征集、办理刑名等活动，一定程度上弥补了官方在社会治理上的不足。

征收钱谷，是衡量地方官政绩的重要内容。明代田赋征收，在地域上存在着极端的不平衡。以单位面积的田赋贡献额来衡量，全国五分之一以上的税粮，来自于仅占全国十六分之一田土面积的江南八府（苏、松、常、镇、应、杭、嘉、湖）。明初田赋以实物为主体，夏税以麦为正项，秋粮以米为正项，此外尚有丝、麻、绢、绵、课钞等杂项。粮长以万石为率，设置1人，各县皆同，粮长不仅负责税粮的征收，也负责粮草的收纳运输。

明代，江南苏、松、常、嘉、湖五府所产粮食要运到北京，供应宫廷及百官消费。为确保米质，对运输的要求较高。南粮北运，由粮长带领运夫解送，途中运夫需要自备盘缠、自雇车船。粮长是解运的召集人及运输负责人，若发生损失，由粮长督促运夫赔偿，运夫无力赔偿再由粮长负责。成化二十二年（1486），将原来运夫的责任取消，整个运输过程由粮长1人负责。此番改革，虽然解除了运夫的负担，但加重了粮长的负担。

充当粮长者，往往是地方上的中产之家，而豪强则少有承担者。担任粮长成为极其沉重的负担，一般的中产之家，根本无力承担运粮费用，也无力推卸运粮责任。据苏州知府况钟上奏：“（苏州府）官田粮重，递年远运，该用船只脚钱等项费用浩大。”北运白粮1石，耗支达4石，运费超过粮额本身价值的3倍，而运粮人北上，常年不得种田，又

① 周谷城：《中国通史》上卷，上海人民出版社1981年版，第72页

导致土地荒芜，“民贫外窜”①。“嘉靖十年以前，民运尚有保全之家。至嘉靖十年以后，凡充是役，未有不破家者”②。

无锡地方上徭役每年一轮，承担徭役者，不出几年，虽中等财富之家，也大多破产。“一岁而更役，役不再三，而中家以上大抵皆破”③。

华氏是无锡地方望族，素有名望，在官方与民间起着较好的调和作用，故而官方常选择华氏族人来负责粮赋工作。如成化年间的华宗胧，号山桂，以勤劳致富，“掌乡赋五十年，赋税如期，细民之不及期者代输之，而不责其必偿，上下信服”④。由于华宗胧在地方上享有崇高威望，地方上各类争执常请他加以调解，而不诉于官府。又如正统年间的华宗岳，号止轩，生平轻财好义，热衷公益，郡守况钟置簿，记录民间的善举，将华宗岳列为首善。工部侍郎周忱巡抚江南时，凡税粮 10 万石以上者，选操守较好者 1 人执掌。华宗岳被选中，执掌税粮，极其称职，“欲加荐举，以母老辞”⑤。再如华彦谋，被选为万石长，负责地方上钱粮赋税，“凡遇征需，率先办集，由是官嘉其勤，民怀其惠”⑥。成化年间，华兰，字楚芳，号存诚，“赈济周乏，特其余事，进而佐有司督赋”⑦。

与官方进行合作，维持地方秩序，影响最大者是华察。明代末年，华察被编入《三笑》故事之中，成了华太师。《三笑》终究是戏说，真实的华察却是一名为地方着力、被地方上崇敬的乡贤。弘治十年（1497），华察出生在无锡荡口。嘉靖元年（1522），华察中举，在次年的会试中不第，返回无锡继续学业。此时朝廷之中爆发“大礼议”之争，牵连士人无数，华察在乡埋头读书，不问外事。“大礼议”之争中，华察的同乡好友顾可久多次死谏被廷杖，传誉朝野。

至嘉靖五年（1526），华察科举突破，举进士，选为翰林院庶吉士。王阳明弟子王龙溪、钱德洪也一起入选翰林院，此间华察受阳明学影响，形成了“古澹清逸”的文风。在翰林院学习 3 年后，华察以户部主

---

① ［明］况钟：《兴革利弊奏疏卷上·请减秋粮奏》，《况太守集》卷七，江苏人民出版社 1983 年版，第 72 页。

② ［明］陆树德：《疏上大司农王公国光覆行之至今为吴民利》，《明经世文编》卷二九一，中华书局 1989 年版，第 3072 页。

③ ［明］申时行：《吴氏义田记》，《赐闲堂集》卷一七，明万历刻本。

④ ［明］姚夔：《山桂华处士传》，《华氏传芳集》卷四，乾隆七年刻本，第 6 页。

⑤ 《止轩府君宗谱传》，《华氏传芳集》卷四，乾隆七年刻本，第 8 页。

⑥ ［明］邓亮：《华彦谋传》，《华氏传芳集》卷四，乾隆七年刻本，第 9 页。

⑦ 《存诚府君宗谱传》，《华氏传芳集》卷四，乾隆七年刻本，第 22 页。

事身份，到江淮一带征税，此间尽心经理财赋。事毕之后，华察得罪了某权贵，以病请归，暂时韬光养晦。次年病愈后出任兵部主事，此后仕途较顺，接连升迁。

嘉靖十六年（1537），华察担任翰林院修撰。翰林院修撰有“太史公”之称，民间讹传为“太师”，这便是日后华察“华太师”形象的由来。不过，唐伯虎年长华察27岁，其于嘉靖二年（1523）去世时，华察尚未登科，何来唐伯虎卖身入华府追求秋香之事？这不过是后人编撰出来的故事罢了。

嘉靖十八年（1539），华察奉命出使朝鲜。出使期间，华察与朝鲜士人结下深厚友情，所唱和诗歌被朝鲜国王收入《皇华集》中。华察的才华让朝鲜名士敬重，17年后，华察的侄儿华重庆被倭寇挟持，路过朝鲜时出逃。当朝鲜人得知他是华察侄儿后，热情款待，护送其回国。

此番出使朝鲜，华察虽名扬海外，却生出隐退之心。回国后辞官返回故里，修建“嘉遁园”，准备隐居。3年之后，经过父亲劝导，华察方再次出仕。嘉靖二十二年（1543），华察主持应天乡试时，录取者多为当时名士，如王世贞、徐学谟、王叔杲等人。嘉靖二十三年（1544），华察与门生茅瓒同主持会试，所录取李攀龙、皇甫濂、吴情、冯有年等人，均为当世大名士。华察因广收名士招来他人嫉恨，在嘉靖帝面前中伤于他。据云，此科状元本是无锡胡埭人吴情，嘉靖帝看了后道：“堂堂状元，岂能无情？”此时恰好天空响雷，就将浙江临海人秦鸣雷取为第一名，吴情则被降为第三名。

嘉靖二十四年（1545），华察在朝堂之中，屡被暗算，下定决心辞职返乡，此后再未出仕。回到故乡后，华察隐居30多年，侍奉父母，编修族谱，主持地方上的各类公益事业。华察为官清廉，不过他家底丰厚，祖上给他留有1万多亩良田，自然生活无忧。华察返乡之后，看到地方上民众清贫，在征得父亲华谨同意后，分出一半良田给贫困佃户，并烧毁租约。嘉靖二十五年（1546），华察家中遭遇盗贼。据王世贞《华公寿藏记》载，当夜有贼盗百人破门闯入，四处搜掠钱财。华察逃出后，遥遥对盗贼道：“你们要的是钱财而已，不要惊了吾父。”返身将家中存放钱财的房间钥匙投了过去，群盗大喜，尽取钱财，欢呼而去。事后，华察反而安慰父亲，钱财乃是身外之物，“且儿在，何虞财乎？”

“华氏为南齐孝子之后，累传而益大，历今千余年，族望首推鸿山学士。学士罢官里居，极田园文酒之乐，性善吟咏”[1]。华察隐居在家，请了名师教育三个儿子。三子均聪慧过人，并非《三笑》中的纨绔形象，三个儿子又以幼子华叔阳最为聪明。华叔阳是华察辞职返乡后，在53岁时所生。华察对这个儿子爱若性命。华叔阳有一年患上了水痘，怎么医治也没有效果。华察到庙中烧香祈求保佑后，华叔阳奇迹般地康复。此后华察深信佛学，不时打坐修行，同时热衷于慈善。

嘉靖三十二年（1553）冬，倭寇在江南作乱。新任无锡县令王其勤，与正在地方上催收粮税的官员翁大立、监察御史孙慎一起拜会华察，向他请教如何应对。华察给出的对策是，立刻修筑无锡县城。多年承平之后，无锡县城早已残破，无法起到防御作用。为了修城，华察率先捐出500两银子，侄儿华承业也捐出300两响应。有华家带头，地方人士纷纷解囊。次年工程启动之后，无锡民众纷纷参与，历时两个月修筑完工。

利用修筑城墙、抗击倭寇的机会，华察争取到了王其勤、翁大立、孙慎的支持，在地方上倡议丈量田亩。无锡地方上的富户隐瞒田亩，穷人被额外加征的现象严重。经华察倡议，地方上组织了丈量队伍，用了3个月的时间，查出“伏田十六万亩”[2]，使其承担钱谷徭役。无锡地方上虚粮8000石，而延祥乡独占其中2000石，清查隐匿田亩后“长赋者业益宽”，粮长负担得到减轻。华察丈田的行动，损害了地方上豪族的利益，豪族一直伺机报复。

嘉靖三十五年（1556），倭寇蹂躏江南。四月间，倭寇抵达无锡，掠夺四乡。知县王其勤募集乡勇数百人，号“义兵”。五月初八凌晨，城内义兵搭乘小舟，出城与倭寇交战。倭寇中有头领冲杀过来，被守军用手铳击中头部身亡。一番混战后，无锡守兵退入城内，依靠城墙进行防御。倭寇头目被击毙，又无法攻下城池，遂解围而去。是役无锡有36人战死，被封为义士祭祀。战后，华察查看城墙，写诗称赞守城官民，同时指责一些吝惜钱财、不肯捐资修城墙者，“嗤彼守财奴，如何惜所捐”。此年，华察提出，要在华氏家族中创办“役田（义田）”，用来辅助承担官府差徭的粮长。

（助）役田在宋代就已经出现，“宋嘉熙初王爚为常熟县知县，悯民之苦，求立义役庄，令富家出助役田共五万五百余亩，岁收租二万五千

① ［清］孙尔准：《跋华鸿山学士六十言怀诗卷》，《泰云堂集》文集卷一，清道光刻本。
② 《翰林学士鸿山华公志略》，《华氏传芳集》卷五，乾隆七年刻本，第45页。

石，分拨保正长以供役费，咸以为善政”[①]。南宋淳熙七年（1180），浙东发生大灾荒，饥民无数。宰相王淮在奏对时，说起自己曾在绍兴府山阴县，看到地方上推行“行义役”。所谓“行义役”，即由官方出面，劝谕地方民众，捐出义田，由地方保正户长掌握。至于本县的劳役，则由义田之中出资负担，“而其当役之户，既有义田可收，自然乐于充应”。王淮建议官方加以推广，“详酌行下处州，止令合当应役人户及官户寺观，均出义田，罢去役首，免排役次，止用山阴县法，官差、保正、副长，轮收义田”[②]。

“在宋有义役田，乡民出助保正差役。在元有助役田，人户津取赋役每亩租不等，除纳正粮外余悉役”[③]。元代乡村农户为应付差役的靡费，共同捐置助役田。一般以乡里为单位，视家资丰薄，按比例出田。田租收入用来资助承担差役的农户，以免承差农户因负担过重而破产。

至明代，“今天下财赋，独江南最大；江南常州郡邑，独无锡最大；无锡诸区，又独南延最大”。无锡地方上赋徭负担过重，而南延乡地方上大量田地属于华氏族人，担任粮长者多为华氏族人。无论逋欠数目多少，官吏是否调遣，钱粮是否在运途，逋欠缘由是否情有可原，凡在限定时间内未完成限定钱粮任务者，皆被加以处罚，甚至有被加倍处罚者。

嘉靖年间，王世贞与华氏族人交游时谈起，自己曾为地方上申请减免徭役，其费用不止千金。而民众负担沉重的根本原因则是“虚粮”的存在，豪强将应负担的田赋转嫁给了田主，田主常因不能承受负担之重而破产。王世贞曾与华察讨论过此事，华察对于地方上的弊端早就知晓，遂决定捐出田亩，设立“役田”，帮助粮长减轻负担。

华察号召族人捐出田亩，自己首先捐出了800亩田，全族总计捐出2400亩田，年收入米麦3000石。役田收入，“以岁助虚粮及收运之费，长赋者（粮长）稍稍宽矣”[④]。“学士公创设役田，粮长无身家之累”[⑤]。除了帮助粮长之外，役田的收入还用于帮助本族贫困子弟读书。至华察幼子华叔阳考中进士后，华察再捐腴田百亩，以帮助贫困户。王世贞特意写了《延祥上区华氏役田记》，勒石铭记，碑存“三公祠”中，至今

① ［明］张洪：《义役仓记》，参见钱谷《吴都文粹续集》卷一〇《公廨》，文渊阁四库全书本。

② ［清］张能鳞：《浙东奏状乞募饥民修水利》，《儒宗理要》卷五《治平类》，清顺治刻本。

③ ［明］张衮：《（嘉靖朝）江阴县志》卷五《食货记第四上徭役》。

④ ［明］王世贞：《延祥上区华氏役田记》，《弇州四部稿》卷七五《文部》，明万历刻本。

⑤ 《心古府君宗谱传》，《华氏传芳集》卷七，乾隆七年刻本，第15页。

仍存于荡口。

华察世代居住在荡口，由于此地偏僻，至晚年他决定迁居隆亭，此处水陆方便，出行便利。在隆亭，华察修建了新宅，有诗云：“行看门前山，卧对溪边竹。”嘉靖三十六年（1557），华察兴高采烈地准备乔迁新居，此时突生变故，有人告发他“心谋不轨，私造龙庭”。因为隆亭与龙庭谐音，所以招惹出了这场是非。华察为了避讳，将隆亭改名为东亭，即今日无锡东亭。据载，华察给了地方上农人每人1匹布，嘱咐乡人，如果遇到有陌生人问起“隆亭”，则回答“有东亭无隆亭”。华察平日行善，惠及乡里，此番有难，地方上民众自然相助，使华察得以平安过关。迁居东亭后，华察捐资整修了华氏祖祠及祖墓，重修了惠山华孝子祠，又修建了20多座桥梁。

就在此年，华察于荡口建“三公生祠”，原因是那些在丈量田亩中利益受损的豪族，诬告翁大立、孙慎、王其勤三人与华察勾结，借丈量田亩，中饱私囊。受到陷害之后，三人均被调离无锡。华察得知后大怒，出资为三人造了生祠，又撰写《首建三公生祠记》，表彰三人勤政为民。直至4年之后，此案才水落石出，三人先后复官。三人的际遇让华察不禁感叹：难怪勇于任事者，世间已不多见。

至华察七十大寿时，儿子华叔阳17岁即考中举人。华叔阳所娶妻子，是华察门生、当时文坛领袖王世贞的女儿。华叔阳考中进士，王世贞特意赶到东亭道贺，劝华察“减产树德”。三日后，华察卖田3000亩赈济孤贫。华察此举，主要是忧虑儿子成名过早，容易被人嫉妒中伤，散财为儿子积功德。

据王世贞记载，华察晚年生活，独处起居，菜不过三肴，力求俭朴。万历二年（1574）五月，华察病重，儿子华叔阳为使老父康复，割股疗疾。五月二十七日，华察去世，享年78岁，葬于无锡荡口东北甘露镇萧塘。

无锡华氏，素以善行闻名于史，“仕以政称，居以义立”，为官时为生民谋政，退隐于乡时广施善行。华察五世祖华兴叔捐田百亩，设置义仓。曾祖华祯出粮赈济灾民，叔祖父华理常年施行善举，族兄华云捐田创办义庄。在生命的最后关头，华察修撰了《华氏先贤像记》，请王世贞作序，缅怀先贤，寄望子孙继承施行善举、造福地方的传统。

至万历三十四年（1606），官方同意在三公祠左侧修建了华察祠堂，俗称“东祠堂”。后来华氏后裔将其改名为忠佑庙，又在东亭故宅东建祠堂，专门祭祀华察。“华学士祠在北延乡东亭金粟岭东，祀明翰林院侍读学士察”[①]。至清代，华察被无锡地方官列为乡贤，春秋祭祀。

华察死后，役田继续存在下去，但引发了诸多纠纷。明初以里甲为中心，以百十户为单位，组成里甲组织，向各级政府提供必要的物资与人力。洪武十四年（1381）正月，“命天下郡县编赋役黄册，其法以一百一十户为里，一里之中，推丁粮多者十人为长，百余户为十甲，甲凡十人，岁役里长一人，甲首十人，管摄一里之事”[②]。里甲在地方上承担了较多责任，当无力承担时，常选择逃亡。

华察次子华仲亨，字起光，“初华学士（察）创役田，以惠长赋者，身后不无动摇。疏闻于朝，奉旨得世守。乡氓逋税，病在长赋者，有司责逋，按里甲追呼。复病在里甲，首创捐金，更创里役田。于是两役田相表里”[③]。华察捐置助役田，使粮长减轻了负担；华仲亨又创里役田，使里长稍微缓解了催征之艰。

“大宗降为编氓者多矣，无庙也，无田也”[④]。族田对于家族的长久兴盛，凝聚宗族，进行宗族活动起着重要作用。田亩捐给宗族，如果隶属于义庄，则为义（庄）田；如果没有创设义庄，直属宗族，则是族田。在明代，华氏家族极为重视族田的捐置。在所捐置的族田中，很大一部分是义（庄）田，用作宗族族人福利。至于助役田，它也属于族田，但助役田所帮助的对象比较特殊，它以承担赋税任务的粮长为帮助对象（其中相当部分是华氏族人），而不是普遍给族人以福利补贴。在一些族人看来，助役田是在帮助富人，与华氏族中的大部分人没有关系，故而对此不满于心，想将助役田分割。“贫族者谓不能稍沾其惠，因群其思败之”，就想将助役田改为族中专享，是故华仲亨不得不请求朝廷予以保护。至孙子华师召时，其更以毕生精力捍卫助役田。华师召是华仲亨第二子，字公保，号心谷，“一生精力尤见于保守役田一事”。为了缓解族人的压力，华师召“而更创议设法，置义田以赡贫族”[⑤]。

明代赋税里役的制度设计，使得重负被转嫁到稍有财力的家庭，往往中产被逼迫破家。华察忧虑于此，设置役田，予以补助。就家族的发展和社会的稳定而言，有莫大功效，奈何部分族人不能领会其用心。为

① 《（光绪朝）无锡金匮县志》卷一二《祠祀》，第21页。

② 《明太祖实录》卷一三五，洪武十四年正月丙辰。

③ 《中翰芝台华公志略》，《华氏传芳集》卷六，乾隆七年刻本，第14页。

④ ［清］贺长龄：《汪氏族谱序》，《清经世文编》卷五八《礼政五》，清光绪十二年思补楼重校本。

⑤ 《心古府君宗谱传》，《华氏传芳集》卷七，乾隆七年刻本，第15页。

了维持助役田，华察后人华师召不得不再捐置义田，为族人提供福利，却是无奈之举了。

正因为助役田导致了宗族内部的纠纷，到了清代，在华氏所创设的诸多慈善事业中，罕见与助役田相关的记载。助役田引发的纠纷，使得后世华氏义庄之中，不再单独设立助役田。不过，在明清两代，一些地方上的义庄中多见“役田”的设置。如嘉兴府陆杲捐置义田，其中“族田八百亩，祭田五十亩，学田三百亩，役田三百亩”①；清代吴氏义田约为 600 亩，“内以二百亩为奉公田，以资劳役”②。

① ［明］张瑄：《西园闻见录》卷五《敦睦》，转引自李文治、江太新《中国宗法宗族制与族田义庄》，社会科学文献出版社 2000 年版，第 72 页。

② 《光绪吴氏支谱》卷一二《创立继志义田记》。

第七章　义庄与传统及近代慈善机构

义庄与传统社会中的慈善机构，存在着并存、互补的关系，共同为维持社会秩序贡献着力量。在近代中国，受中国红十字会等近代慈善机构的影响，义庄本身也有所改变，并在力所能及的范围内，配合中国红十字会的善举。

第一节　传统慈善机构述略

慈善理念在中国源远流长，早在殷商时期，就有“饥者食之，寒者衣之，不资者振之”的赈抚贫寒政策。西周设有专司救济平民的官职“司救”，据《周礼》载：司救“凡岁时有天患民病，则以节巡国中及郊野，而以王命施惠”①。《周礼》载有保息安民六政，“一曰慈幼，二曰养老，三曰振穷，四曰恤贫，五曰宽疾，六曰安富”②，堪为后世慈善事业的指导方针。

两汉时期，政府颁布了一系列救济残疾老弱等特殊群体的诏书。西汉元狩六年（前117）的诏令中提出，要照顾弱势群体，“博士大夫等六人分巡天下，存问鳏寡废疾，无以自振业者贷与之”③。在养老、贫困、慈幼等领域，两汉时期出台了一系列政策。不过，两汉时尚未形成有体系、持续性的慈善活动，各类慈善活动多具有偶发性和短暂性。

南齐时期，文惠太子“立六疾馆，以养穷民”④，收容贫困病人，此为专门慈善机构。北魏宣武帝永平三年（510）下诏，“于闲敞之处别立一馆”，专门收集京畿内外疾病之徒，由医生治疗。普通二年（521），

① 《周礼·地官·司救》。

② 《周礼·地官·大司徒》。

③ 《汉书》卷六《武帝纪》。

④ 《南齐书》卷二一《列传第二》，清乾隆武英殿刻本。

梁武帝在建康设置孤独园，抚养孤幼与贫老。

这些最早出现的慈善机构，多是笃信佛教的皇室成员或皇帝本人创建，官方色彩浓厚。隋唐两代，寺庙实力雄厚，设立有悲田、养病坊等慈善机构。隋代高僧德美，创建悲田、义田两种义田，“常年一施，或给衣服，或济糇粮”①。悲田源出佛教，《象法决疑经》中谓：“悲田者贫穷孤老乃至蚁子。”悲田以贫穷孤老，乃至动物为布施对象。从南北朝时期官方创办，至隋唐时期宗教力量自行创办，实现了慈善组织的下移。

在中国传统社会之中，历代统治者对孤老残疾等弱势群体予以关注，由官方创办一系列慈善机构，以求治国安民。官方的力量与触角常不能覆盖整个社会，是故对各类民间慈善机构，官方也予以鼓励。但这些慈善机构存在的前提，是它们不能坐大，不能与官方争夺民心，如唐代佛教寺院所办悲田、养病坊，就引起了官方猜忌。开元五年（717），宰相宋璟上奏，认为悲田、养病坊“今骤聚无名之人，著收利之便”②，抢夺了官方风头，故而提请罢之。只是当时官方不得不借助民间力量创办的慈善机构，以稳定社会秩序，方使悲田、养病坊得以存在。

开元二十二年（734），唐玄宗下令将京师乞儿，全部收归养病坊收养，额外经费由政府以利钱支付，此为官方控制民间慈善机构之始。会昌五年（845），唐武宗下令废天下佛寺，令僧尼还俗。与佛教联系的“悲田”二字被抹去，养病坊改由官方办理。官方承担养病坊经费，委托地方上“名行谨信，为乡闾所称者”经营管理。

至于义仓之类的官办慈善组织，在隋唐也开始出现。隋文帝开皇五年（585），工部尚书长孙平奏请，在诸州“劝课当社，共立义仓”，以备灾荒。唐贞观年间，唐太宗接受戴胄建议，在各地设立义仓，每有饥馑，则开仓赈给。义仓所存之粟，唯荒年给粮，平时不得杂用。至武则天末年，由于连年用兵，粮食消耗严重，不得不挪用义仓储粮，“天下义仓费用向尽”。此后经过整顿，义仓逐渐恢复了其救灾功能。唐代义仓所储粟米，来自于民间，“王公以下，垦田亩纳二升，其粟麦粳稻之属，各依土地，贮之州县，以备凶年”，储存的粮草由“官为举掌”③。

宋代以文治国，由官方办理慈善事业。宋初设立东、西福田院，收

① ［唐］释道宣：《续高僧传》卷二九，大正新修大藏经本。
② ［宋］王溥：《病坊》，《唐会要》卷四九，清武英殿聚珍版丛书本。
③ ［唐］杜佑：《赋税下》，《通典》卷六《食货六》，清武英殿刻本。

留老弱病残及乞丐，后来增加了南、北福田院，收容各类人员逾千人。北宋末年，福田院经过蔡京改革，分为居养院与安济坊，前者收容贫老之人及被遗弃的幼儿，安济坊则收治贫病之人。两个机构的经费来自于常平仓，此二机构逐渐推广于地方之上。蔡京主政时期，对于慈善事业给予了较多关注，创设了带有公墓性质的“漏泽园”，以官地收埋枯骨，并由僧人专门管理。

南宋时期，在各大县城设立居养安济院，安置贫病，同时各级地方官根据实际情况，相应设立慈善机构。南宋时，在幼儿抚育上也予以较多着力，此与当时的社会背景相关。南宋时期经济发展水平较高，生育死亡率下降，南方人口大幅增长。但是大量增长的人口，却导致出现了一些家庭及贫户，以弃杀婴儿来减少人口的现象。

乾道八年（1172），史浩至福州任官时，曾兴修山路780余里，又安葬弃在野外的棺椁数万计。福建建宁府、南建州、汀州、邵武4地，因为穷困，一家只生一子。“一子之外，余尽杀之”。富裕人家想要购买奴婢，在地方上买不到，不得不从外地贩卖人口。针对此种陋习，史浩在4州县各设置官办义庄一所，收购土地出租，以此作为义庄经费；同时令各县告知地方上穷困民户家中孕妇，到官府登记注册，待产下婴儿后，由义庄每月拨给米若干，待小孩长到3岁时停止发放。史浩所设义庄，予平民以补贴，挽救了诸多幼小生灵，可谓功德无量。

南宋名臣真德秀，在地方官任上也建有慈幼庄，收养幼孤。嘉定七年（1214），真德秀担任江东转运府副使。刚一到任，他便访问民疾，施行惠政。此时江南一带，干旱多日，蝗虫又伴随旱灾而来，民众无以为生。真德秀亲自主持赈济受灾严重的广德、太平两郡，救活民众无数。灾荒之后，民间求生不易，一些家庭生了孩子后无力抚养，将婴儿遗弃在道路上，或抛弃在沟壑中。真德秀看了后于心不忍，决意将这些婴儿收养。嘉定九年（1216），真德秀于建康府创办慈幼庄，以官方没收的田地作为慈幼庄的运行经费。田地召人租种，计其岁入，委官掌管，月支钱米，雇人乳养。

收养来的弃婴，首先鉴别身份，确认是弃儿后，对其加以“注籍”，也就是登记入册，再寻求可靠人家收养。对收养弃儿的家庭，慈幼庄的供养标准为：“每月支钱一贯文，米六斗，至五岁止。”无人收养的弃儿，由官方招募有奶水的妇人，在慈幼庄抚养，所给供养标准与被收养弃儿相同，只是维持到7岁止。当时的医疗卫生条件落后，很多弃儿得病之后夭折。对于弃儿的病、葬，慈幼庄也做了详细规定：“其抱养之初，襁褓未备，则以钱两贯文给之。”① 患病者根据实际医药开支给予医药费，死亡者给钱1贯作为安葬费用。丰收之年，弃儿较少，慈幼庄收支有余时，则储蓄起来以备荒岁赈给。建康慈幼庄由蒋山、保宁、清凉、天禧4座寺院轮流负责。4座寺院每年轮流派出僧人1名、行者2名，负责慈幼庄事务。真德秀创办的慈幼庄，利用没官产田的租佃收入作为保障，使慈幼庄维持了40余年，影响深远。

义仓在两宋也得到发展。北宋开国之初，因海内多事，义仓荒废。建隆四年（963）三月，朝廷下令各州于所属县设置义仓，从官府所收税粮之中拨出部分加以储存，以备凶歉之年。北宋时节，义仓几经兴废，其中虽涉及政争，但更与义仓自身所存在的弊端紧密相关。在政权安定之后，南宋开始重整义仓，禁止擅支、挪用义米，将义仓义米的出粜加以制度化。

元代官方仿效宋代，设立了专门的慈善机构，如济众院、惠民药局之类，由官方出资管理。元代对济众院较为重视，建立了遍布全国的收养体系，收养“鳏寡孤独残疾不能自存之人”②。元代官方曾下令民间设立义仓，各县每50家立为一社，每社立义仓，由社长主之。义仓在丰年时，根据人口数，至各家收取一定米粮存储，以备荒年。元初创设义仓，对元代的备荒救灾事业起着积极作用。但由于管理不善及官方频繁挪用，至后期，义仓已是名存实亡。

明初，官方设有惠民药局及养济院，前者给军旅中的贫户施药，后者主要收养老人。设置此二机构，主要目的是安抚军队，重申敬老之意。由于官方的鼓励，惠民药局、养济院在地方上普遍设立，但二者存在诸多弊端，社会效果不显。

与政府所办的善会相比，明代各类社会慈善组织发达，在东南地区的无锡、昆山、武进、嘉善、太仓等地都活跃着同善会，尤以嘉善地方的同善会规则最为健全，会员最多，出力最巨。同善会以有声望的士人作为领袖，遇到灾荒时，发动地方乡绅出钱出粮，帮助灾民贫民。同善会还不时发表“讲语”，希望将慈善与教化并行，维持地方秩序。江南地区的同善会，还形成了稳定组织，如嘉善同善会设有“同善会馆”。昆山、无锡等地的同善会一直延续到清代，仍在赈济灾荒中发挥作用。

收养弃婴的机构在明代也普遍出现，地方上的绅士多出力创设育婴

① ［宋］周应合：《（景定）建康志》卷二三《城阙志四》，文渊阁四库全书本。

② ［元］佚名：《惠鳏寡》，《元典章》圣政卷二典章三，元刻本。

堂。明末，扬州商人蔡连创设育婴会，以4人共养1个弃婴，每人每月出钱1钱5分，雇乳妇养育弃婴。婴儿以3年为期，之后再找人家领养。

明中叶以后，自然灾害频繁，吏治日益腐败，仅靠官方所办预备仓、存留仓等已难以赈济灾民。官方遂希望利用民间力量，通过义仓进行赈济工作。民间设置义仓之举于正统年间开始推广，至嘉靖年间，民众以二三十家为一社，根据家庭经济情况，分别出米1～4斗储存，以备灾荒之年。

清代堪为慈善机构最为发达时期。从清前期开始，各地建起数以千计的各类慈善机构。众多慈善机构之中，有官方所办，有民间所办，也有官民合办的。官方所办慈善机构，有养济院、栖流所、漏泽园等。养济院主要收养孤老，顺治五年（1648），“诏各处养济院收养鳏寡孤独及残疾无告之人，有司留心举行，月粮依时发给，无致失所”①。根据指示，各地完善、修建了一批养济院。清初创办的栖流所，专门收养流离失所者及街头病人。京师内外，设立了多处收留流民场所，使穷困无生计的贫民来京后有所依靠。漏泽园自宋代就开始出现，明代各州县多有设立，至清代，官方所办漏泽园的数量、规模不断扩大。

除官方所办慈善机构之外，清代民间所办慈善机构更多，分布在各大城市之中。清末，上海就有同仁堂、辅仁堂、果育堂、济善堂、普育堂等，从事于赡养孤老、施舍药品、收容流民、养育幼孤等慈善活动。清代慈善组织的特点是慈善机构密集，承载功能较多。据统计，仅四川巴县一地，民间所办善堂就有10所，其功能有收养孤老节妇及节妇子女，设义学，施衣，施药，施棺掩埋，拯溺救生，济米，佣工救助等②。各类民办慈善机构，除了民间捐资办理外，各级官员都予以一定的捐助。康熙年间大学士金之俊、学士胡兆龙等捐资，在京师创设育婴堂。雍正二年（1724），雍正帝赐白银1000两，6年后又再赐白银1500两，以充实育婴堂力量。一些地方官员，则将没收的官田划入慈善机构，充实慈善力量。

至近代国门被打开之后，一批传教士所办的慈善机构出现，主要是育婴堂与孤儿院。传教士通过收养婴儿及孤儿，既可博取社会好感，也可将这些儿童培养成教徒。不想这些慈善机构，却在晚清遭受巨大冲击，特别是育婴堂招来无数非议，更引发了“天津教案”这样的重大

① 《清实录》顺治五年十一月。

② 岑大利：《清代慈善机构述论》，《历史档案》1998年第1期。

事件。

至清末，一大批士绅因从事工商业而成为巨富，这也为传统慈善机构注入了新的活力，带来了慈善机构的繁荣。如南通张謇，毕生热心慈善，从事教育、养老、育婴、收留流浪等慈善活动。张謇在南通地区创办的小学校有 370 所、中等学校有 6 所、高等学校 3 所、特殊教育学校 2 所、职业教育学校多所，他更是中国最早关注于残疾人教育者。1913 年，张謇筹集资金，准备在南通狼山北麓观音崖下设置盲哑学校，进行盲哑人教育。但由于师资问题，延至 1916 年才正式开学，张謇担任第一任校长。在南通，乾隆年间建有育婴堂，此后多年未经修缮，育婴堂内臭气冲天，逢雨屋漏。光绪二十九年（1903），张謇查看育婴堂后，选址重建，名为“新育婴堂”。新育婴堂占地 24 亩，房屋宽敞通透，婴儿在其中能健康成长。1912 年，张謇 60 岁时，念及一些孤寡老人无人供养，就在南通白衣庵修建养老院，于次年开张。之后，张謇又在海门创办第二养老院，70 岁时又在白衣庵养老院对面创办第三养老院。

栖流所是各地官方所办收容流民乞丐的救济机构，每岁由地方上供给少量经费。原先南通栖流所的工作根本不受重视，乞丐也未得到救护。1916 年，张謇出资重建栖流所，设有收容室、厨房、麻风病专室、浴室、厕所。凡本地乞丐教以手艺，外来乞丐收容后给以食宿，加以遣返。栖流所也收容精神病人，使之不再流浪街头。张謇还曾创设“济良所”，专门收容地方上妓女。南通狼山香火鼎盛，春夏之际，四方前来烧香者络绎不绝。其间常有乞丐数千人聚集于此，一些身体残疾者哀号乞讨，惨不忍睹。张謇遂在狼山之麓设残废院，1916 年落成，专收容残疾人士。

总体而言，在传统社会之中，官方、民间、宗族等多重力量，形成了一系列慈善机构。这些慈善机构各行其职，如常平仓平抑物价、育婴堂收留弃儿、义冢安葬遗骸、同仁堂施舍医药、栖流所安置流民、恤嫠堂以保节妇、养济院赡养孤老等，有效地缓解了社会矛盾、稳定了社会秩序，同时也承担了一定的社会教化功能，是有效的社会治理手段。

第二节　义庄与传统慈善机构

一些学者认为，中国传统社会是“城乡二元社会”。如韦伯就认为，中国城市和乡村之间，在管辖术上存在着区别。城市是官员所在的非自治区，村落则是无官员的自治地区①。明清之际，时人并无城乡区别的观念。大多数士绅来自乡村，他们虽然在城市安顿，却又与乡村、宗族保持着密切联系。乡村是传统社会的中心，农业是国家的根基所在，农民占据了人口的绝大多数，这就使得设在城市的各类官办、民办慈善机构，将触角更多地伸入乡村之中。

传统社会之中，处于宗法秩序之下的族人，享有族内救济的权利，由宗族保障其基本的生存权与发展权。在宗族之外，处于某个行业领域之内者，由同业公会等给予某种支持。一旦脱离宗族，又无行业归属者，则由各类官办、民办慈善机构提供族外救济。因血缘关系组织的义庄与非血缘关系组织的传统慈善机构，共同着力于社会慈善事业。而与传统慈善机构相比，义庄又具有一定的特殊性。

就地理位置而言，早期的各类慈善机构大多设在城市。至清代中期以后，慈善机构有向市镇转移的倾向。义庄则多位于乡村，就近服务各个所属宗族。就经费而言，慈善机构的经费来源多样，有官捐者；有劝士绅捐输者；有官方将没收充公的财物拨出，交给绅商运营收取子息者；有寺庙自营者。义庄的经费来源相对比较单一，主要来源于义田出租所获取的收入，有些义庄可能以义田收入生息。因为义庄以出租义田、收取实物为主要营利模式，所以各个义庄兼具仓储特性，此点也表现在义庄建筑上。

就帮助对象而言，慈善机构面向社会中的弱势群体，根据不同帮扶对象分别予以帮助。如育婴堂抚养幼儿、栖留所收容流民、同仁堂施舍医药、养济院抚养孤老等，彼此之间不存在人身依附关系。义庄的帮助对象，相对比较单一，其所赡养者为本族族人。此外，义庄与所帮助的对象之间，存在着人身依附关系。从义庄领取补贴的族人，需要遵守义庄规约，如有违背，则要受到义庄的惩戒。

就管理而言，慈善机构既有官营，也有将官办机构交予乡耆、乡绅加以管理者。义庄则由宗族管理，公推族中具有影响力者负责。此外，义庄创办者的后裔，在义庄事务上具有更大的发言权。官方所办慈善机构，往往受到官员的影响。有的官员比较重视，慈善机构就会得到较多经费，运作比较顺畅；如果官员不重视，则官办慈善机构受影响较大。如東鹿县养济院，乾隆六年（1741）由知县王天庆修建，至乾隆二十年（1755）李文耀任知县时已是“风雨飘摇，渐就倾圮。每秋霖积，潦江

① ［德］韦伯：《儒教与道教》（洪天富译），江苏人民出版社1997年版，第110页。

为污池，芜秽熏蒸，过者掩鼻”①。而民间所办各类慈善机构，也受到经费、人事、管理等一系列因素的影响，维持时间相对较短。与此相比，义庄乃是宗族的事业，较少受到外界因素干扰，不会出现朝令夕改的现象。在历史的发展中，又因为本族后裔的不断捐助，义庄更加壮大，维系数百年者屡见不鲜。

就历朝历代的慈善组织而言，其立足点多在于“行善”，在各类慈善行动之中，更多地具备了道德考虑，可以说，教化功能是其主要功能。不管是官办还是民办，各类慈善组织多数未将经济属性纳入考虑范围。这些慈善机构，主要关注弱势群体的基本生存权问题，并未考虑到被帮助对象的后续发展。与此相比，义庄所重视的，不单单是族人的基本生存权，更考虑到宗族的长远发展，通过义庄教育提供更多的机会。如江苏海安的王氏族人，经过努力，筹集了2700多亩田地，于光绪三十三年（1907）创办“王氏进业义庄”。王氏义庄的主要功能为学务、周恤、工艺，即通过义学培养子弟，通过义田赡养贫困族人，通过创办实业帮助族人富裕②。对于自力更生、摆脱贫困的族人，各义庄往往予以奖励。

当代有学者认为，作为社会救济制度，义庄受到两种主要限制因素的影响：其一，它们的主要目的并非纯粹的济贫，而是维持家族、获得声望。如义学是为了训练科举人才，以便提高家族成员当官的概率，加强家族的社会政治地位及声望；救济寡妇是为了避免她们改嫁而“辱没”宗族，也是为了争取更多的朝廷旌表以光宗耀祖，加强在地方上的领导地位。其二，义庄所涉及的人数有限，能获得收益的，主要是有相当社会资源的大家族成员③。

除了上述两种限制之外，义庄还有其他的一些限制。其一，各地所创办的义庄，因其拥有大量土地，并出租经营，其本身即为一种经济体。对于田地，各个义庄都秉承了“只许买进不许卖出”这一准则，以求不断扩大义庄规模。于社会而言，义庄规模的不断扩大，意味着土地兼并的日益严重。此种矛盾，在太平年月，由于义庄宽待佃农，尚不是问题。若是遇上兵荒马乱的年月，或是义庄对待佃农过于苛刻，往往会在地方上造成冲突。其二，义庄主要在某一地域之内，以本族族人为主

① 《（乾隆朝）束鹿县志》卷一二《人物志》。

② 王之平、王正哉：《忆王氏进业义庄》，《海安文史资料》第2辑，海安县政协文史资料委员会1986年版，第31页。

③ 梁其姿：《施善与教化：明清的慈善组织》，河北教育出版社2001年版，第28页。

要帮助对象。当地方上出现各类危机时，义庄虽也会出力帮助，但常限定在特定时期，且效果不如专门慈善机构。如在分发粮食、赈济灾民上，义庄就不如义仓；在提供棺椁、帮助安葬上，就不如漏泽园。说到底，义庄的定位是服务本族族人。

义庄的不足之处，却是其他慈善机构发挥功效之处。义庄与其他慈善机构，虽有诸多差异，但彼此之间共同配合，都是维持地方秩序的重要手段，是传统社会推进社会教化的重要环节。在清末，冯桂芬曾建议，各地应普遍设立善堂，学习义庄的管理运作模式，与义庄相辅相成，共同承担社会功能。“另议推广义庄，更宜饬郡县普建善堂，与义庄相辅而行，官为定制，择绅领其事。立养老室，恤嫠室，育婴室，读书室，严教室，一如义庄法，以补无力义庄之不逮”①。

概而论之，在传统社会中，官方的社会保障、民间社团的保障、宗族的保障，形成了官方、地方、宗族三方力量的社会保障体系。三者之间，存在着分工与合作关系，共同从事于人道事业。而红十字会在近代中国的出现与发展，为社会保障注入新鲜血液，激发了新的活力。

第三节　红十字与近代社会

红十字会的形成，与亨利·杜南的努力紧密联系在一起。亨利·杜南（Henry Dunant）被称作“红十字会之父”，1828 年 5 月 8 日生于瑞士日内瓦。基督教加尔文派的日内瓦宗教环境氛围影响着他的成长和发展，使他很早就有了坚定的宗教信念和崇高的道德准则。在亨利·杜南成年的第一年里，他把精力用于参加各种体育运动和从事慈善与宗教活动。他参加了日内瓦的慈善救济联盟，这个联盟旨在给穷人、病人和遭受痛苦的人带去精神安慰和物质帮助。

1859 年 6 月，杜南在意大利旅行，途经意大利北部的索尔弗里诺（Solferino）时，奥地利军队与法国—撒丁联军正在此地交战。6 月 24 日的战斗中，有 30 多万士兵排成 15 英里长的战线相对而立。战斗持续了 15 个小时，有 3.8 万余人伤亡，战场上触目所及的均是未能得到良好救护的伤员。杜南组织当地的平民百姓参与伤员的救助工作，并亲自采购医用材料和日用品，帮助开设临时医院。“我力图尽我最大所能在最需

① ［清］冯桂芬：《校邠庐抗议》卷下《收贫民议》，清光绪十年豫章刻本。

要的地方组织救护，我特别选定了卡斯蒂廖内的一个叫做基耶萨-马焦雷的教堂，它位于从布雷西亚到这儿来的路左边的一块高地上。有将近500名士兵堆在教堂里，还有100名躺在外面的稻草上……”①

在救助过程中，杜南目睹了未能及时得到救护的伤员在绝望与痛苦中死去，由此而产生思索：“如果在伦巴第的镇子里有一百个有经验的、合格的志愿护理员和护士，那里的状况会得到多么大的改善！”② 此时战场上的交战各方，很少能为对方的伤者提供医疗护理。战场上的惨况让杜南深感震惊，他深信受伤的人员不论是冲突的哪一方，都应按照“全部是兄弟姐妹”的原则予以救助。

杜南进而提出：“既然在欧洲，人们的心理和许多其他的征兆都表明了未来战争的前景，要想避免战争似乎是不可能的；那么，我们为什么不利用相对安定平静的时期，在人道和基督教的立场上去调查研究或想办法解决这样一个在世界范围内如此重要的问题呢？”③

杜南此后竭尽全力想找到一种办法：在某种程度上防止在未来战争中造成不必要的痛苦，或至少改善这种状况。1862年，杜南自费出版了《索尔弗里诺回忆录》（*Souvenir de Solferino*）一书，在书中他描绘了这场战争的惨状，以唤起世人对伤兵救护的关注。同时，他也积极呼吁各国创立救护团体，在所有国家成立“为战时伤员提供服务的志愿救护协会”，制定一个“由一项不可违反的国际公约所认可的国际准则”，作为这些救护组织的依据，并支持它们的工作④。

杜南的书与呼吁在欧洲引起了人们的关注，得到了欧洲各界名流的响应，法国作家维克多·雨果对他表示声援，法国皇帝拿破仑三世也表示赞同他的设想。后来，日内瓦公共福利协会主席古斯塔夫·莫瓦尼埃注意到杜南这本书，遂于1863年2月9日主持召开专题会议，对杜南的建议进行审查和评估。随后他们在公共福利协会下创建了一个“伤兵救护国际委员会”，由杜福尔将军、莫瓦尼埃律师、阿皮亚医生、莫努瓦医生以及杜南等5人组成，杜福尔将军任主席，杜南任秘书。5人委员

① ［瑞士］亨利·杜南：《索尔弗里诺回忆录》（杨小宏译），山东友谊出版社1998年版，第47页。

② ［瑞士］亨利·杜南：《索尔弗里诺回忆录》（杨小宏译），山东友谊出版社1998年版，第71页。

③ ［瑞士］亨利·杜南：《索尔弗里诺回忆录》（杨小宏译），山东友谊出版社1998年版，第81页。

④ ［瑞士］亨利·杜南：《索尔弗里诺回忆录》（杨小宏译），山东友谊出版社1998年版，第86—87页。

会决定在维持其瑞士特性的同时，将其变成“国际伤兵救护常务委员会”，并规定了它的任务就是鼓励建立各国红十字会，为它们的工作提供便利，作为中立的调解者保证战争受难者得到保护，并随时随地在他们需要时提供援助。

1863 年 10 月，创设红十字会组织的日内瓦国际会议召开，有 16 个国家派代表参加。会议提议成立国家救护协会并请求政府给予支持和保护。另外，会议还表达了这样的愿望：战时交战各方应宣布医务所和战地医院保持中立，也就是不可侵犯；同样也要保护军队医务人员、志愿服务者和伤员，最后各国政府还应选择一个共同的特殊标志来标记所要保护的人与物。

一年后的 1864 年，瑞士联邦委员会在日内瓦召开了一次外交会议，有 16 个国家的全权代表参加。会议起草了《1864 年 8 月 22 日改善战地武装部队伤者境遇之日内瓦公约》，此公约使 1863 年大会建议的“中立化”得到落实，并阐明了一个至关重要的原则：即“必须不分国籍接收伤病员，并对其予以照顾。”为了表示对瑞士的敬意，会议选择了与瑞士国旗颜色相反的“白底红十字”，作为鲜明的救护符号。

“直到 19 世纪，当各国使用大规模部队以及更具破坏力的武器进行作战，造成战场上到处都是无助的受伤士兵的可怕后果时，建立在多边条约之上的‘战争法’才得以发展起来。这一发展并非偶然，因在这一时期各国越来越重视有关尊重人类的共同原则”①。概而论之，《日内瓦公约》的核心就是人道地对待战争中的伤兵，给他们以最大限度的援救。

以 1864 年《改善战地武装部队伤者境遇之日内瓦公约》为基础，一个被称作“国际红十字会”的人道组织逐渐发展起来，而作为保护战争受难者的《改善战地武装部队伤者境遇之日内瓦公约》也得到了世界各国的普遍认可。

自索尔弗里诺之后，杜南便全身心地投入人道主义事业之中，忽视了商业经营，这导致了他的经济状况恶化。1867 年，由于长期疏于管理，杜南已濒临破产边缘，不得不变卖了资产还债。而在蒸蒸日上的红十字事业中，充满理想主义的杜南也不得不让位于更注重实际的人。此后不久，他便离开了日内瓦再也没有回来。在以后的岁月里，靠朋友的

① ［荷兰］西斯·德·罗威尔：《适用于警察和安全部队的人权和人道主义法》（毕小青译），中国社会科学出版社 2000 年版，第 69 页。

接济，杜南默默无闻地过着拮据生活。直到1895年，一个在瑞士海顿采访的年轻记者听说杜南隐居在此地，便采访了他。此后全世界方才知道红十字会之父亨利·杜南原来还活着，并过着清贫的生活，不久各种援助从全世界蜂拥而至。但杜南谢绝了各种经济援助，他满足于在海顿的简单生活。

亨利·杜南对人道主义事业的贡献，为他赢得了巨大荣誉，1901年诺贝尔奖委员会决定将第一个诺贝尔和平奖授予他和一个法国人福雷德里克·帕西。红十字国际委员会从他的老家日内瓦写来了赠言："没有人比您更配得到这一荣誉，因为是您在40年前发起了在战场上救护伤兵的国际组织。没有您很可能就永远也无法取得红十字这个19世纪最至高无上的人道成就。"① 1910年10月30日，亨利·杜南在海顿平静地逝世。

近代以降，在内忧外患之中，日内瓦法体系传入中国。通过一系列报刊宣传，国际人道法在华渐为人们所知晓，并引起了在中国创办红十字会的呼吁。1904年的日俄战争中，经沪上绅商努力，万国红十字会在上海成立。

光绪二十九年十二月二十三日（1904年2月8日），日俄战争爆发。东三省同胞惨遭兵燹。沪上各界绅商，借鉴1900年组织救济善会赴京进行难民救济工作的先例，决定"特先筹垫十万金，拟设东三省红十字普济善会，延请中西大善董，就近开办，在沪设立总局，专为集款之所，而另设分局于京津，招留救援出难之人，以期一气贯注之法。凡在北方之南人，既必一一救回，而本地居民，亦必扶同出险，赈抚兼施，医药互治，用符西国红十字会之本旨"。

在拟定的《东三省红十字普济善会章程》中，已经融入了1864年《日内瓦公约》的诸多内容，如向日俄两国领事声明，本会援泰西红十字会例，名东三省红十字会普济善会，专以救济该省被难人民为事，请予以保护；事先制好红十字会旗，缮写俄日两文；"该处火车如不及搭客，由本会另雇大车，车上题有红十字旗号者，两国行军不得调遣他用"；"本会司事衣服，左袂缀有红十字旗式，以便行军一望而知，其制均归一律"②。

① ［瑞士］亨利·杜南：《索尔弗里诺回忆录》（杨小宏译），山东友谊出版社1998年版，第14页。

② 《东三省红十字普济善会章程并启》，《申报》1904年3月3日。

在各界人士忙于救助战地难民的同时，1864 年《日内瓦公约》也在媒体上得到介绍。1904 年 3 月 29 日，《申报》登载《红十字条约》一文，对 1864 年《日内瓦公约》全文进行介绍，并附带介绍了 1868 年增订《红十字会条约》5 条。沈敦和翻阅了 3 月 29 日的《申报》后，发现翻译有误，"昨阅贵报，登有红十字会条约，与本会所译微有不同"，又特意翻译了《日内瓦公约》，全文刊登在《申报》上。沈敦和所译《日内瓦公约》，文字更为通达，较好地表达了《日内瓦公约》的内容。

沈敦和还顺带介绍了 1889 年《日内瓦公约推行于海战公约》条文，并对红十字会为何采用十字标识做了解释："其红十字会旗帜用白地红十字者，以当时瑞士会员议用红地白十字旗，各国会员因与瑞士国旗无所区别，公议改用白地红十字旗，与耶稣教会十字架并无关涉，合并声明。"①

除了沪上绅商积极行动外，清政府也暗中支持红十字会的成立。早在日俄战争爆发之前，清政府就开始考虑如何在战争中救济难民；战争爆发后，"百姓流连颠簸，呼号无门，救死扶伤，将何所赖?"但清政府在此次战事中声明中立，不便直接出面救助难民，"盖恐违犯局外之义也"②。此时清政府想到了红十字会，"东西各国所立红十字会，虽为医治病伤军士而设，藉前往战地救济难民，实为推广善举之办法"③。

清政府希望创办红十字会，借助其中立地位在日俄战争中从事救济工作，但中国却又一直未曾批准《日内瓦公约》，就是立刻创办了红十字会，一时也难获交战国认可。无奈之下，只能先以国际合办的方式，以急东北战地救济工作之需。故而清政府授意在上海的商约大臣吕海寰、工部左侍郎盛宣怀、会办电政大臣吴重熹等，"转商寓沪英、法、德、美各官商，合办红十字会"④。

经沈敦和与英国传教士李提摩太发起，由吕海寰、盛宣怀、吴重熹等约集上海官绅与英、法、德、美等国驻沪机构代表商议，经他们同意之后，由 5 国合办红十字会。对于红十字会的名称，其简明章程中指出：此会系中、英、法、德、美 5 中立国联合倡办，由中国政府知照两战国政府，转告战国军队将帅士兵，其名曰"上海万国红十字会"⑤。

---

① 《沈仲礼观察译万国公法内杰乃法盟约》，《申报》1904 年 3 月 30 日。

② 《施君肇基笔译上海创设万国红十字会议大旨》，《申报》1904 年 3 月 14 日。

③ 《清代孤本外交档案》第 38 册，全国图书馆文献缩微复制中心 2003 年版，第 15509 页。

④ 《万国红十字会公企》，《申报》1904 年 4 月 10 日。

⑤ 《上海万国红十字会暂行简明章程》，中国红十字会总会编：《中国红十字会历史资料选编，1904—1949》，南京大学出版社 1993 年版，第 27 页。

经工部局董安特生与李提摩太商议，拟定了45名董事会组成人员，其中西董35人、华董10人，并以举手表决的方式，从45名董事中选举出9人组成办事董事，其中西董7人、华董2人。上海万国红十字会由5国合办，其中董事、办事董事中方均超过五分之一，故而虽为5国合办，但实际以中国为主。这样，光绪三十年正月二十日（1904年3月10日），上海万国红十字会成立。

中国红十字事业之所以发轫于上海，其主要原因有几点：首先，上海是中国首批对外开放的商埠城市，也是“西学东渐”的桥头堡，红十字最先在上海登陆，并以上海几大报纸如《申报》《中外日报》《新闻报》等为媒介，走进上海民众，进而向全国扩展；其次，上海工商业发达，经济实力雄厚，为兴办慈善事业创造了条件；再次，上海富商热衷于慈善事业，每当天灾人祸降临时，上海绅商总是慷慨解囊，以致上海城中“善堂林立”①。

上海万国红十字会成立后，清政府便从幕后走到前台，公开支持其活动。在外交上，由出使英国大臣张德彝赴瑞士补办加入《日内瓦公约》的手续，以取得国际认可。在财力上，3月29日由吕海寰领衔，盛宣怀、吴重熹、沈敦和、施则敬、任锡汾等联名通电各省将军、督抚、海关，请给予红十字会以支持。5月24日，清政府也拨出帑银10万两，作为经费。“此会医治战地受伤人士，并拯救被难人民，实称善举。现由中国官绅凑款，前往开办，深惬朝廷轸恤之怀，着颁发内帑银十万两，以资经费”②。

除了清政府及各地要员所拨的款项外，上海万国红十字会还利用《申报》等媒体，面向社会积极筹集善款，以救济难民。社会贤达、各地名流，纷纷解囊，“现在华人捐款踊跃，除恩帑十万两及各处官绅所捐巨款外，即如上海戏园四家亦各分班合演，以所得戏资之半移助本会经费，可见同心好善，深为可喜”③。

在筹集经费的同时，上海万国红十字会积极投入东北战地救援工作，并在辽宁牛庄（营口）设立分会，“遇有无力华民，先行设法拯救出险”。之所以选择牛庄作为分会所在地，主要是因为考虑到日俄战争爆发后，各国在东三省的传教士纷纷涌入牛庄避难，而这些传教士中有

① 池子华：《红十字与近代中国》，安徽人民出版社2004年版，第26—30页。

② ［清］沈桐生辑：《光绪政要》第4册，（台北）文海出版社1969年版，第1937页。

③ 《详记万国红十字会问答之词》，《申报》1904年7月1日。

不少人精通医术。当由李提摩太出面，发电询问牛庄的传教士是否愿意救助难民时，“旋得复电，允向前施救，且愿效力者甚众”①。

牛庄分会设立后，假其地爱尔兰教会医院为分会总医院。牛庄分会总医院“药物器械，尽行备妥，一旦开战，可容伤重者五十人，伤轻者一百人。又有医士数人，以备缓急”②；“既而又设分会于辽阳，寻又推设于新民屯、奉天、海城、铁岭等处”。辽阳医院“自八月下旬，日俄在该处开战后，遂得大用。华人受伤来诊者，不独男子，亦有妇孺”③。

上海万国红十字会是近代中国红十字人道事业的开端。自建立后，上海万国红十字会即在日俄战争中承担了救助伤兵、帮助难民的工作。“1904 至 1905 年，该会设立分会于东北各地，从事救护灾民，资遣回籍，并于战后施放急赈。据 1907 年 1 月之统计，总共救济（包括收容，遣送，治疗，赈济）四十六万七千余人”④。

光绪三十年（1904），中国补办了国际红十字会入会手续，瑞士政府也将中国入会一事布告在约各国，但中国被接纳为会员国，只是取得了开办红会的资格。上海万国红十字会毕竟是 5 国合办，而非中国独立拥有，故而待时机成熟之后，中国势必要自办红十字会⑤。

光绪三十三年六月十二日（1907 年 7 月 21 日），吕海寰、盛宣怀代表上海万国红十字会中方组织者，联衔（吴重熹因在京供职，未经列衔）上奏朝廷《沥陈创办红十字会情形并请立案奖叙折》，汇报上海万国红十字会办理情形及善后持久事宜，缕述上海万国红十字会缘起、救济日俄战灾实况、经费收支情形等。这份奏折中最重要的还是“善后持久事宜”的种种构想和举措。“善后”，一言以蔽之，就是终结 5 国合办的上海万国红十字会；而“持久”，则关系到红十字事业在中国的未来发展，这是至关重要的⑥。

从这份奏折中也可以看出，万国红十字会解散后中国红十字会自立的情况。“各国红十字会各有佩章，重以国家之命，由会制备。今中国红十字会成立，西董亦愿得中国红十字会佩章以永纪念等语。臣等因饬总董仿

---

① 《施君肇基笔译上海创设万国红十字支会会议大旨》，中国红十字会总会编：《中国红十字会历史资料选编，1904—1949》，南京大学出版社 1993 年版，第 22 页。

② 《牛庄西董密勒、魏伯诗德致直督袁宫保信朱礼琦译稿》，《申报》1904 年 10 月 2 日。

③ 《大清时期中国红十字活动成绩》，中国红十字会总会编：《中国红十字会历史资料选编，1904—1949》，南京大学出版社 1993 年版，第 36 页。

④ 《中国红十字会》，行政院新闻局印 1947 年版，第 1 页。

⑤ 池子华：《红十字与近代中国》，安徽人民出版社 2004 年版，第 60 页。

⑥ 池子华：《红十字与近代中国》，安徽人民出版社 2004 年版，第 65 页。

照各国红十字会佩章式样，酌拟中国红十字会佩章。派员测绘各地设会办事情形，拟具图说，俟石印成册，咨送外务部核议呈进，并分送京外中西捐助之官绅士商，表明此次办法，即为中国红十字会商订专章之据”①。

1907年万国红十字会解散之后，由沈敦和负责后续事务。在继续从事人道工作的同时，1909年，沈敦和利用万国红十字会的余款兴办中国红十字会总医院；1910年，又创办中国红十字会医学堂，以培养医护人才。1910年2月底，清政府任命盛宣怀为红十字会首任会长，上任后盛宣怀即奏请将红十字会定名为“大清红十字会”。但盛宣怀一直陷于“铁路风潮”之中，对红十字会事务干涉较少，实际上仍由沈敦和负责红十字会事务。

辛亥革命爆发后，革命军与清军在武汉激烈交战。1911年10月23日，沈敦和收到汉阳发来的求助电报，称战场上革命军与清军伤者甚多，请派红十字会队员前往战地进行救助。收到求援电后，沈敦和决定废除“大清红十字会”的名称，并于10月24日在上海成立“中国红十字会万国董事会”。沈敦和做此番决策的主要考虑是，“大清红十字会”的名称倾向于清廷，不利于红十字会在战地进行救助。此外，中国国内医疗力量不足，要顺利开展战地救护，势必要借助教会医院的力量，而要联合教会医院，则又需得到西方各国支持，故更名为“中国红十字会万国董事会”，更有利于医疗救护工作的开展。清廷于11月13日同意放弃“大清红十字会”的名称，采用“中国红十字会”这一名称，这实际上是对沈敦和此前决策的承认。

由1864年《日内瓦公约》而开启的红十字人道主义事业，自清末传入中国后，发展壮大于其后中国的历史之中，在战争救护、灾荒救济、难民赈济、社会援助、医疗事业等方面，均起着积极而重要的作用。

第四节　义庄与红十字会比较

红十字会在近代中国出现之后，其组织模式、运作机制、社会效果，对传统的各类慈善机构产生了巨大影响，并由此出现了一系列具备中国自身特色的慈善机构。如1911年就有中国妇孺救济会、上海盲童

① ［清］盛宣怀：《愚斋存稿》，《奏疏十三》，（台北）文海出版社1975年版，第347页。

学校等数家慈善机构成立，1912 年有普济善堂、新普育堂、上海贫民习艺所等数家慈善机构成立。此后，每年都有相当数量的慈善组织成立。

在创办新式慈善机构的浪潮之中，义庄却保持着原先的血缘特征，在各地也不断涌现。有意思的是，中国红十字会第一任会长盛宣怀，在临终前也选择了创办义庄。

1916 年盛宣怀去世时，活着的儿子尚有 5 个，盛宣怀将他的遗产按四六分析，以十分之四设立愚斋义庄，专办慈善救济事业；其余十分之六，分为 6 股，5 个儿子各得 1 股，另 1 股留作其妻庄氏养老之用。

盛宣怀指定李鸿章长子李经方为遗嘱执行监督人。为管理愚斋义庄的财产，李经方会同盛氏五房及亲族商议，决定成立董事会，订立章程，要求董事会照章运作，只准动用资财生利，不得变卖义庄财产。虽然愚斋义庄实力强大，又有新式的运作机制，但不到 20 年，就在家族的内讧中分崩离析。

在近代，同为慈善机构，义庄也与红十字会有着诸多联系。1917 年天津大水，红十字会派出人员，雇舟进行救援，并将救出的灾民送到各处救济收养。众多灾民之中，一部分被安置在天津三义庄之内。“现据报告，日来又由严蕉铭君在老西开、三义庄续救妇孺一百廿五人，一□留养并打捞尸骸，以免暴露，而清疫源”①。

1924 年，为救济受军阀战争冲击的难民，中国红十字会在江南各地设立 87 处妇孺收容所，其中 3 处即设在义庄之中。“吴县红十字分会，恐事急时妇孺无法躲避，特商借学校教室及公共场所，分组临时收容所，以便趋避。兹将各收容分所地址，照录如下：……五七、乔司空巷徐石麟义庄，……六一、范庄前义庄，……七六、混堂弄义庄”②。1927 年，江南地方上爆发战争，大量民众流离失所。中国红十字会青阳分会，在无锡筹备临时妇孺收容所两处，“第一处在北塘关帝殿内，第二处在接官亭弄蔡义庄，业已成立，按日办公”③。

总体而言，从清末至民国，由于中央政府相对虚弱，权威缺失，国家对社会的控制也比较弱，民间力量由此焕发活力。而社会事务的纷繁复杂，国家力量的薄弱，又导致国家将一些社会事务转交给社会组织，希望社会组织来承担，以帮助国家应对各种危机。在清末的最后 10 年

① 《中国红十字会急募京直水灾赈款棉衣并报告灾情办法》，《申报》1917 年 10 月 10 日。

② 《红会分组八十七妇孺收容所》，《申报》1924 年 9 月 14 日。

③ 《青阳分会筹备妇孺收容所》，《新闻报》1927 年 3 月 8 日。

里，新式商人团体如雨后春笋般出现，其中为数最多、影响最大的是商会、商团，他们在城市的建设、管理、治安、教育等社会公益事业上发挥着重要作用。清末的很多商会，将慈善事业视为当然之举，以其财力资助慈善，并参与一系列的人道行动。商业力量的参与，导致了民间慈善事业的兴盛，清末各地涌现出了一批善会、善堂、义庄。这些慈善组织承担了众多的慈善公益事务，如养老扶贫、兴办义学、救助灾民、施药种痘等。

到了北京政府时代，对民间社会，国家既无心也无力加以干预控制，这是因为“国家在民国初期一直处在割据的涣散状态，经济力量一度脱离政治力量的束缚，萌芽的市民社会的自治力量和经济组织力量一度得到发挥”①。在北京政府时期出现了民间组织的兴盛，各地的义庄、红十字会在此期间得到了蓬勃发展。虽然这一时期留出了红会自由活动的空间，但中国红会却不能得到强大国家力量的支持。如中国红十字会曾出面垫资分担了本该由国家承担的援救华侨任务，但事后中国红会却尴尬地发现，北京政府穷得连这笔钱也难以归还。1919 年，在垫资帮助在德奥两国的华侨归国之后，中国红会不得不连连电催北京政府，请归还垫支，“若不速与填补，无以维持之计”②。

南京国民政府成立之后，面临着国内外的军事挑战、中央权威的缺失、财政空虚等一系列问题。而加强国家对社会的控制，塑造权威，成为国民党维系统治的不二选择。对于社会领域，国家也开始将触角伸及。

自掌握政权之后，国民党颁布了一系列民间社团法规，大量民间团体被整顿改组。但在对活跃于城市的各类民间组织加以控制的同时，对主要存在于乡村的义庄，国民政府却予以了鼓励与扶持。1934 年，国民政府内政部出台了《监督慈善团体法》及施行规则，鼓励各地设立义庄，只是要求各地所创设的义庄需要加以备案而已。在南京政府看来，义庄“对于整个社会福利之增进裨益甚巨”③，故而予以扶持。由于执行了相对宽松的义庄政策，在南京国民政府时期，各地涌现出了一大批义庄。

---

① 罗荣渠：《现代化新论》，北京大学出版社 1997 年版，第 297 页。

② 《红十字会请将垫支救济德奥华侨回国一款由没收敌费资产项下拨付》，（台北）“中央研究院”近代史研究所藏外交部档，馆藏号 03-31-002-06-050。

③ 《为各地义庄应饬依法呈请立案转部备案仰遵办具报》，《内政公报》1934 年第 7 卷第 6 期，第 23 页。

中国红十字会因其地位特殊，南京国民政府专门为红十字会“量身订制”了《中华民国红十字会管理条例》。面对着咄咄逼人的南京国民政府，中国红会再无北洋时代抵抗过度干预的勇气，从组织设置、人事制度、财政预算、救援行动上，无不受政府监控。此时的中国红十字会面临着一个历史的吊诡：在国民政府威压之下，在日渐强大的国家机器面前，中国红会有望得到国家的有力支持，但却丧失了自身活力。而国民政府对于发展壮大红会，也是雄心勃勃。1934 年，在红会大会上，国民政府内政部次长甘乃光表示，要对中国红会加以扶持：“中华民国红十字会现仅有会员十万余人，为数过少。应于最近期间，努力征求会员，至少一百万人以上。”[①] 国家的扶持与干预，可能会带来红会会员数字上的增长，但同时却产生了很多问题，使中国红会日益成为国家的附庸，丧失其自身的活力。

传统的义庄与现代的红会之间，有着诸多差异，却又共同从事于慈善事业。这里从组织关系、经费来源等角度，加以比较。

其一，组织关系。中国红十字会组织严密，其组织结构分为总会、分会。辛亥革命之后，中国红会分裂，形成了上海总会与北京总会。1912 年，在中国红十字会第一次会员代表大会上，京沪两地红会合并，总会设在北京，总办事处设在上海。据此，总会负责与政府机关及外交使团的交涉事务，总办事处则负责红会各类具体事务。1927 年，南京国民政府成立后，北京总会改为北平分会，总会事务由上海总办事处执行。据统计，至 1936 年，中国红会各地分会的数字，已达到 468 个。总会领导各地分会，从事于各类人道主义事业。加入红十字会的会员，需要承担一定的义务，也享有一定权利。自红会创设之后，各个时期所吸纳的红会会员，根据其经济条件，相应缴纳一定的会费。红会会员可以持有或佩戴会员执照、袖章、会旗等物。在近代频繁的内战之中，红会因其中立地位，使得持有红会标志者能得到一定的保护。

就散布于各地的义庄而言，其以地域、血缘为纽带，并无统一的组织。在某一个区域内，实力最强的义庄对其他义庄存在着一定影响力。但各个义庄之间，并不存在领导、隶属关系。民国年间，荡口地方上有义庄 6 所，各义庄之间各自运作。义庄内部也不存在固定的会员，以血缘为纽带的族人是其帮助对象，被帮助的族人享有领取补贴的权利，除了遵循必要的庄规之外，并不需要尽特定的义务。

① 《中国红十字会全国代表会昨开幕》，《申报》1934 年 9 月 25 日。

其二，经费来源。中国红十字会的经费来源较广。万国红十字会在沪创立之时，其经费既有沪上绅商的捐赠，也有清政府所拨 10 万两库帑的支持。民国时期，中国红十字会的经费，主要来自于会员会费、社会捐赠、政府拨款三大部分。

会员会费：如 1911 年中国红十字会征集名誉会员、特别会员、正会员三项，拟先行征集特别会员、正会员，凡纳会费 200 元以上者为特别会员，25 元以上者为正会员。至 1913 年，又规定捐款 25 元以上者推赠正会员，200 元以上者为特别会员，1000 元以上者为名誉会员。

社会捐赠：红十字会的捐赠来源多样，既有官员、绅商、一般民众，也有各类商号、公司、社团乃至外国红十字会。以 1922 年为例，上海商业银行捐助潮汕水灾 100 元①；江海关赞助吴淞防疫医院经费洋 3000 元②；美国红十字会对潮汕水灾也伸出援手，"该会已向各分会捐款集汕头赈捐一万一千八百五十八元七角三分"③。

政府的补助：日俄战争中，上海万国红十字会从中外募捐 64 万两中开支 50 万两，其中 10 万两是清廷拨款，其余来自民间赞助。再如 1935 年、1936 年，每年政府的补助金有 3.6 万元。

此外，中国红十字会还通过彩票的形式加以募捐，称"宝塔捐"。凡捐款达 2.5 元者，或者劝募捐款超过 25 元者，均可获赠功德券。功德券上印有抽奖号码，中奖者可获赤金宝塔、真金表、观音像等奖品。此种募捐方式能为普通民众所承受，且奖品丰厚，颇受民众欢迎，风靡一时。以文娱义演等方式征募款项，在当时也被中国红会广泛运用，慈善机构通过组织足球比赛、游园会、马戏团表演等普通民众喜闻乐见的方式来募集款项。

与红会相比，义庄的经费来源相对单一，主要依赖于出租义田获取收入。义田所得收入，存在诸多不稳定性。如遇到天灾，需要减免佃农田租；或是遇到佃农抱团，共同抗拒缴纳田租，则需要请官方帮助催缴。面对各类拖欠租米的情况，义庄虽可依赖于庄中积蓄支撑，但其各项事业的开展，都会受到冲击。故而一些从事于商业的家族，也会以义庄所得收入，购置店面、借贷生息，或是以某种商业形式如经营堆栈之类，来拓宽义庄经费来源。

---

① 《中国红十字会敬谢本会庄理事长捐助潮汕风灾并经募洋三百元》，《申报》1922 年 8 月 13 日。

② 《中国红十字会敬谢》，《申报》1922 年 11 月 6 日。

③ 《美红会捐助汕赈消息》，《申报》1922 年 9 月 17 日。

其三，救助事业。义庄的救助事业相对比较简单，主要集中在赡养族人、设立义塾、提供义冢、施舍棉衣等方面。义庄所帮助的对象，主要是具有血缘关系的本族族人，具有浓厚的血缘宗族色彩。红十字会的救助事业则比较广泛，包括赈济灾荒、救助伤兵、开办医院等。比较起来，红十字会的救助事业范围更广，救助内容更多，可以分为战时与平时两大部分。红十字会平时从事于赈济灾荒、遣送灾民、开办医院、施舍医药、防治疫情等慈善事业，战时则包括了看护战俘，战地救护等。在帮助对象上，红十字会具有普遍性，如战时既帮助本国官兵，同时也救助敌国俘虏。

在近代中国的历史上，义庄、红十字会虽有区别，但它们共同从事慈善事业，为中国社会的稳定与发展做出了贡献。只是随着社会的发展，宗法血缘关系逐渐消散，义庄最终退出了历史舞台，而红十字会却一直存在，并一如既往地从事着各项人道主义事业。

第五节　现代视野下的义庄

沧海桑田，古今巨变，作为宗族社会象征的义庄，于现代已全然消失。只有少数义庄的建筑得以保留，被后人重新挖掘，作为旅游资源开发。徘徊在这些建筑之中，游人心中浮现的是好奇，是追忆，只是又有几人能理解义庄在传统社会中所发挥的作用呢?

义庄的诸多意义，前文已有较多论述，此处不再铺陈。从现代社会的视角去看义庄，是否能挖掘出义庄与现代社会交融之处?义庄的慈善文化，是否对当下社会慈善事业的建设有所裨益?

现代社会面对突发事件时，社会的动员能力与反应能力，已不是传统社会可以比拟的。当天灾人祸发生时，各类资源能够在短期之内调动而出，并加以传送，往昔灾民无助的景象不再存在。在应对突发性重大灾害方面，毋庸多言，当今中国取得了巨大成就。但一些经常性的慈善事业，如养老、育幼、帮助重病患者等，政府的触角却未能全部涉及，更遑论覆盖了。比如，困扰当下国人的大病救助问题，许多患者选择面向社会，通过各种途径发出呼吁之声，以求得到帮助。

费孝通认为，中国乡土社会的阶层结构是一种“差序格局”。而中国传统社会的基本结构是以“己”为中心，似水纹一样推出去，一圈圈与别人联系成社会关系，愈推愈远，愈推愈薄①。人们依照血缘、地缘、同业等渐次区分，其所愿意付出的资源多少，往往以关系的亲疏而定。中国传统社会乃是熟人社会，同窗情谊、乡党情节，哪怕是一面之缘，多会伸出援手，予以帮助。

《论语·颜渊》中，樊迟问："何为仁?"子曰："爱人。"由仁至爱，实现仁爱。仁爱在传统社会是与血缘氏族紧密相关的，它以"孝悌"为核心，孝是针对长辈，悌是针对同辈，遵从人伦关系为善，背离人伦关系则为恶。立足于此，仁爱之心，一层层传递。此点往昔如此，今日也如此。在当下的诸多慈善行为之中，以各类地缘、血缘、学业、同业联系而成的熟人社会，在从事善举时常具有不可思议的动员之力。

传统社会中，以血缘、地缘为纽带，以同样劳作方式形成的团体，于近代社会中被逐渐瓦解。在近代，交往范围的扩大，人之个性的自由发展，所从事职业的多样性，公共交往的频繁，使血缘纽带被抛弃。随着人们与外界交往的频繁，宗族所维持的小共同体已无法满足人们的社会需要，各种新的组织形态不断涌现。作为一种组织形态，义庄所帮助的对象、汇集经费的方式、运作的模式已经过时，但它所体现的精神，在现代社会仍然有着生命力。

历史上的各个义庄，形成合力，关注于宗族、地方慈善事务，着力于赡养孤老、抚育婴幼、支持教育，以及地方上的卫生事业，成为维持社会稳定、普及教化、促进向善的重要力量。创设义庄是几代人的努力成果，创办之后，更能维系百余年。在传统社会中，义庄能从统治者手中，剥离出一片天地留给社会，并以血缘为纽带凝聚社会力量，共襄善举，可谓有益于宗族、有益于社会。

就功能而言，义庄与当代社会的慈善团体并无大的区别，主要集中在帮助弱势群体、稳定社会秩序、推行道德教化等领域。义庄的组织与运作，与农耕社会紧密联系。在以家庭为生产单位的社会之中，宗族的社会保障功能，更贴近于底层，也更为有效。义庄的功能，不但满足了贫困族人最基本的生产生活需要，更考虑到了家族的长远发展、族中子弟的教育。对于死者的最后尊严，义庄也有所顾及，通过设置义冢，使逝者入土为安。

建立在农耕基础上的熟人社会，至现代被陌生人社会所取代。与陌

① ［英］莫里斯·弗里德曼：《中国东南的宗族组织》（刘晓春译），上海人民出版社2000年版，第85页。

生人社会相适应的慈善理念也随之发展起来，其所强调的是自愿、平等、自由等价值观，功利色彩、道德色彩相对较淡。现代慈善组织，在功能上更为广泛，覆盖了社会生活的各个方面，用以应对社会发展中出现的各类问题；其主体力量包括中产阶级和部分商贾名流，通过社会上层与中层的合作，以实现帮助底层社会、弥补贫富差距、消除社会矛盾的良好愿望。

现代社会之中，各类慈善组织功能细化、专业性更强、更具开放性，不论是捐助者还是被帮助者都可以自由加入。与此相比，义庄则是封闭的，以血缘为界，族外之人只能在特定情况下得到某种帮助。按月补贴只有本族族人才能获得，且同是族人，依照支系的远近，所得到的帮助也有区别。义庄所体现的是宗族内部的相对平均主义，保证了族中穷人最基本的生存需要。义庄的基本理念，也是基于人道，但此种人道，是由血缘凝结的。而在现代社会，弱势群体能获得基本的生活保障，此种保障是基于普遍人道的关爱，在多数情况下并不包含血缘的考虑。

义庄已在历史的发展中消失，可义庄所承载的社会使命、体现的价值观、运作的方式，对于当下的中国而言，仍有着较多的借鉴意义。在当代中国，促进现代慈善发展，构建现代慈善理念，必然离不开从中国传统社会的慈善机构、慈善理念中去借鉴、去学习。义庄所体现的道德文化，历经了千百年的沉淀，融汇于人们的日常生活之中，影响着人们的行为方式与价值理念。对义庄文化加以扬弃，挖掘、吸收其优良内容，必然会对当代中国的慈善事业具有极大的促进作用。

结　语

对义庄及华氏义庄的理解，应置于传统社会的语境之中。中国传统社会能维系数千年，自有其合理的一面，更有其自身运作的机制。在这套机制之中，社会与国家之间的边界明晰。在社会的边界之内，义庄以血缘宗族为中心，承载起了社会治理的任务。

自宋以降，义庄在历史上存在了千余年，经久不衰。明清两代，华氏族人经过不断的努力，创办了一系列义庄，服务于宗族，带来了华氏一族的繁荣。义庄是宗法社会的产物，又服务于宗法社会。传统社会之中，同一个宗族内部，难免会有贫富差异，而弥补这些差距，帮助那些弱势群体，就成为义庄的天然使命。

传统社会中的诸多义庄分布各地，承载着社会治理的使命。于官方而言，这大大节省了统治成本；于地方而言，使地方有了可以凝聚力量的中心；于家族而言，可使族人获得普遍福利和更多生存发展的机会；于个体而言，使族人在困难时有了可以依靠的对象。

创办义庄的历代华氏族人，其背后有着理念的支持，有着信仰的遵从。自南齐孝子华宝开始，虽经历了各种变故，但华氏都以孝悌相传，凝聚族人，并为社会效力。自明代开始，鹅湖华氏在科举、经商、从政、文化等各个领域，获得了大发展，涌现出了一批杰出人物。而这些人物的涌现，被视为是祖先厚德、余庆子孙的表现，这又激励着一代代的华氏族人去从事慈善事业。

创办义庄，使慈善成为经常性的行为，而不是偶发行为，于经济上也是相当可取的。从经济角度来看，偶尔为之的、突发性的慈善，往往开销更大，效果也差；而捐义田、设义庄，使慈善成为经常性的行为，则降低了成本，提升了效果。

从发展的角度来看，通过经常性的慈善活动，宗族中的弱势群体获得了持续性的补助，族中贫寒子弟获得了受教育机会，宗族在地方上也获得了巨大的名望。在传统社会中，名望所对应的则是更大的话语权，这将转换为实际生活中的权力，如科举上的突破、在地方上的动员力、在地方争执中的决断权等等。

由此可见，诸多义庄积极投身于宗族与地方事务，稳定了社会，帮助了弱势群体，于传统社会治理而言，功莫大焉。

到了19世纪末20世纪初，国人一度尝试以“破家、审父”的方式，建立一个强大国家。各种思想流派、政治力量都程度不等地破坏了传统价值与社会结构。五四时期激烈的反传统现象，由内外二重因素引发。就外在因素而言，加入协约国阵营的中国，在战后和会上未能收回青岛等权益，反而是日本取代德国获得了在山东的特权。各地的青年学生走上街头游行，从而在全国掀起了罢工、罢市和抵制日货的运动，并迫使北京政府拒绝在《凡尔赛和约》上签字。巴黎和会上的屈辱，引出了一个奇特的现象，即对西方列强的抗议，与对传统文化的批判是同步的。

就内在因素而言，中国的知识分子在清朝覆灭后不久便意识到，民国的建立并没有使中国成为一个现代化的民族国家，而只是使传统社会的政治、文化、道德秩序的解体过程达到了高峰。国内官僚统治的腐败和道德沦丧，导致中国传统社会的政治和文化道德秩序逐步瓦解，但苟延残喘的君权意识，却又使之免于彻底崩溃。袁世凯称帝与张勋复辟，使知识分子意识到，要想取得变革突破又是何等不易。政客们对君权的痴恋、现实中愚昧的大众、社会前行的缓慢，让知识分子们去反思传统伦理道德与思想文化的弊端，他们中间的许多人将建立近代民族国家中所出现的诸多问题，归罪于传统文化，从而对传统社会、传统文化展开激烈批判。

我们应当承认，这种以“破家、审父”方式建立起的国家确实解决了一些问题，但同时也制造了很多问题，如乡村社会的治理等。于是，当下又开始了重建社会秩序的尝试。学界与地方政府又重新回到传统的社会治理模式中去寻找答案，而在这一“重建”过程中，社会与国家之间的关系成为关键。

传统社会中，所重视的是社会的本体性，所强调的是“国之本在家”。“家”属于社会范畴，“国”是从社会中孕育而出的。国家与社会不是简单的对立关系，而是复杂的和谐共生关系。由天地、夫妇、父子、君臣关系建立的礼义制度，才是完整的国家与社会的生活形态。《礼记》讲“门内之治，门外之治”，门内相当于家，门外则相当于公共领域，门内门外都以“孝”为前提，以“孝”为基础，此外还必须有

"义"。"义"表现在对公共事务承担责任，提供乡间公共服务，如教化、赈灾、养老送终、扶弱和架桥等，因此，义者就是贤者。贤者存在于乡间，其重要性在于，他们不仅传承了中国传统的价值观，更能维持地方秩序与善良风俗。

义庄对传统社会的贡献，最根本的在于使国家政权认识到了社会的基础性作用，而且透过民众自治实践建立起了一系列的组织、制度，实现了乡村自治。义庄是沟通官与民、国家与社会互动的重要桥梁，是缓解官民冲突、整合乡村人力与物质资源、为乡村提供公共品所不可或缺的角色，因此必须把义庄放在国家与社会的互动框架之中，才能真正理解义庄的意义。社会是自生长起来的东西，有其生命，并非人为建构的产物，而国家则是人为建构的组织，在这个组织中，义庄是作为社会的文化内核之一而存在的。

无锡华氏义庄，虽是中国慈善史上的个案，但我们从中可以管窥中国传统社会的复杂生态，可以看到社会秩序如何依靠绅士阶层维持，宗族力量如何凝聚族人，教化如何在经济补助中推行等等。再现华氏义庄的历史，目的是探讨、挖掘传统文化中的精华，用历史上诸多先贤的嘉言懿行垂范乡里，涵养文明乡风，让优秀的价值观在乡村深深扎根。同时，以乡情、乡愁为纽带，吸引和凝聚各方面的成功人士，用其学识专长、创业经验反哺桑梓，以共同建设美好社会。

附　　录

《范氏义田记》

［宋］钱公辅

范文正公，苏人也，平生好施与，择其亲而贫、疏而贤者，咸施之。方贵显时，于其里中，买负郭常稔之田千亩，号曰“义田”，以养济群族。族之人，日有食，岁有衣，嫁娶凶葬则有赡。择族之长而贤者一人主其计，而时其出纳焉。

日食，人米一升，岁衣，人一缣，嫁女者钱五十千，妇者二十千，再嫁者三十千，再娶者十五千，葬者如再嫁之数，葬幼者十千。族之聚者九十口，岁入粳稻八百斛，以其所入给其所聚，沛然有余而无穷。仕而家居俟代者预焉，仕而居官者罢其给，此其大较也。

初，公之未贵显也，常有志于是矣，而力未之逮者二十年。既而为西帅，以至于参大政，于是始有禄赐之入而终志。公既没，后世子孙至今修其业，承其志，如公存也。公虽位充禄重而贫终其身，没之日，身无以为殓，子无以为丧，惟以施贫活族之仁，遗其子而已。

昔晏平仲敝车羸马以朝，陈桓子觞之曰：“君位至上卿，禄至百万，而敝车羸马，是隐君之赐也。”晏子曰：“自臣之贵，父之族无不乘车者，母之族无不足于衣食者，妻之族无冻馁者，齐国之士待臣而举火者三百余家，如此，为隐君之赐乎？彰君之赐乎？”于是齐侯以晏子之觞而觞桓子。

予尝爱晏子好仁，齐侯知贤，而桓子服义也。又爱晏子之仁有等级，而言有次序也。先父族，次母族，次妻族，而后及其疏远之贤。孟子曰：“亲亲而仁民，仁民而爱物。”晏子为近之。今观文正公之义，其与晏子比肩矣，然晏子之仁止于生前，而公之义垂于身后，其规模远举又疑其过之。

嗟乎，世之人居三公位，享万锺禄，其邸第之雄，舆马之盛，声色之侈，妻孥之富，止乎一已，而族之人不得其门而入者，岂少哉？况于族之贤乎？其下为卿大夫，为士，而廪稍之充，奉养之厚，足乎一已，而族之人操瓢为沟中瘠者，又岂少哉？况于赒人乎？是皆文正公之罪人也。公之忠义满朝廷，事业满边陲，功名满天下，后必有良史书之者。予可无书也，独高其义，因以警于世云。

《赠华玉谿序》

[元] 陆文圭

昔马文渊少有大志，就边郡畜牧，积穀数万，既而叹曰："凡殖货产，贵能施赈也，否则守钱虏耳。"乃尽散施之。转游陇蜀，仕洛阳，为建武名臣。封侯取印绶，人皆荣之。其弟少游独不谓然，曰："士生一世，但取衣食裁足、剩下泽车、御款段马，死守坟墓，乡里称善人可矣。"后伏波征交趾往浪，泊西里间，仰看飞鸢跕跕堕水卧，念少游平生时语何可得。马氏昆弟所见不同，出处亦异，未见有文渊、少游，合为一人，如玉溪华君者也。

华氏，锡山巨族，群从数十人以财雄一州，君尤奇伟不凡。喜宾客，重然诺，轻势利，义着闾里，名闻江浙。朝廷尝命以品官，不屑就。家居养志，优游自得，傲睨物表。己巳庚午间，旱潦相仍，岁大祲，蒙袂缉屦者相枕于道，君恻然悯之，开发仓廪，左餐右粥，一境赖以安。宪府闻而剡荐，民怀其惠，士诵其美，争为歌诗。余谓救荒之政，权在上则顺而易，在下则逆而难。然出于官吏之手，则又有敛散不时，抑配不均之患。出于乡士大夫而有司不预焉，则无侵欺之弊，而实惠及民矣。

然大夫之贤、士之仁者，未易遇也。华君可不谓贤且仁乎？或曰，在礼，家施不及国，陈氏以家量贷，以公量收，《春秋》讥之。殊不思子贡之在圣门，以一布衣而问博施济众，圣人告以立已立人、达已达人之事。盖讲明者学，施行者政，使子贡为百里之宰，治千剩之国，安知其不能施济，特患其不能博且众耳。分有穷达，仁有小大，势使然也。余年八十，终窭且贫，无复当世之志。异时有纶巾少年如周郎者来求赀粮，君家何止两囷？能指一囷以予之否？

《南齐华孝子祠堂记》

［元］唐肃

至正二十三年，肃旅居吴门。晋陵之士华以遇①，过而请曰："晞颜之远祖讳宝者，在南齐时，与同郡薛天生、刘怀胤皆以孝行著称。故吾里惠山，旧有三贤祠，废于宋季，复于今改元初，有进士永嘉高明所为碑文。吾先人则又于龙亭所居别树屋，以承先祀。而江制行省左丞周公书其门曰：'南齐华孝子祠堂'。丁酉之变，龙亭、惠山两祠，俱为瓦砾。晞颜奉先人，颠连窜伏，五年于外，暨获归桑梓，则先人已弃诸孤而即世矣。晞颜痛惟故业之未复，其所当先者莫此若。爰即旧址而营构之，兹幸完矣，敢求记其岁月。庶几晞颜生得躬祭奠，死得见先人于地下，且俾后之人知所以继述也。"

肃闻之而矍然兴曰："以愚其贤乎，顾肃浅于文辞，何足记此？"明年春，以愚复来，请益厘，辞益弗获，乃执笔以记焉。

按《李廷寿传》孝子事，孝子晋陵无锡人，生晋末，父豪为兵，当戍长安，孝子时年八岁。父行谓曰："须我归冠汝。"既而长安陷，父没。孝子至七十不冠，或问之，辄号恸弥日，后终于齐建元间，尝诏表其门闾云。盖长安于晋末属后秦姚泓，义熙十三年，刘裕率诸将先克之，裕留子义真居守，而以王镇恶、沈田子等为辅。继为夏主赫连勃勃所寇，孝子之父遂死是难，亦可谓陨于忠矣。而孝子又操独行若此，是历晋而宋，历宋而齐，竟总角以老，不求于乱世。吾以为孝子非特不忍死其父，而且知出处之大义，宜其支裔蕃永，烝尝靡绝。至以愚益能勤于追远，舆既坠而劝将来者，炳炳如也。

呜呼，孝子之孝固矣，今以愚续先人之志，而祠孝子，则又以愚之孝也。以愚之孝，延之于后，则一门之孝子，将不匮矣，是不可以不记。肃所惜者，三贤之中惟华氏之后有人，而刘、薛之族无闻于今，故其祠事遂废不振，何华之幸，而刘、薛之不幸欤！虽然，三贤之名，岂以祠之存亡，而有传不传之异，特为世教计，则宜致意于斯耳。牧是邦者，考地志，访前修，必有能为后彼二子念者，吾尚俟之。

---

① 华晞颜，字以遇，又作以愚，别号东湖叟。如《送华以愚南归》"禁城秋雨后，奈此薄寒何，江上书来少，吴中客去多。"［元］贡师泰：《玩斋集》卷三，明嘉靖刻本。

《家劝》

[明] 华悰韡

【家劝一】

伏念祖宗性皆慈善，观其所行一本于忠厚，是以传世长久。今以三一承事为第一代，四二承事为第二代，五八承事为第三代，千三承事为第四代，十一将仕为第五代，庆五监税为第六代，通四总管为第七代，淳二都事为第八代，栖碧处士（华幼武）为第九代，一气而生，相传孝悌忠信，务农济物，并无不良者。

历代贤德，炳炳著闻，迨今可考。族中或有不由善道者，遄遭咎患，其验甚明，不可不鉴也。先公以此训我矣。至我为第十代，不幸早罹兵火，产业荒废。然而自度，盛衰之理，岂有积而不散者乎？固宜顺之于数而已。

是以甘于贫贱，不复希望富侈。设使赡足，尤用俭约。幸遇时康，复居故里，勉强成立，其贤厚济物之德，愧未能企及祖宗。而慈善之念，俭素之行，起敬起慕，未尝敢违忘。犹虑不善之萌或生，恐伤根本。况在培养之时，每用战兢惕若，惟恐负祖宗之所传授。是以居常，切切劝告于汝等。

汝兴仁兄弟为第十一代，源长兄弟为第十二代，窃冀此后，尚或多而且久也。我愿汝等，继承上世一气所生慈善之性，纯良之德，务农济物之道。修之于躬，复用劝告于子子孙孙，俾人人相守，世世相传。笃信而力行之，则根本坚固，枝叶自然长茂，而可守其嗣祀矣。勉之勉之！

愚见祖宗为子孙虑者，极深远。既积德，又积财，田庐产殖，亦不为少矣。自兵火之后，赀业所存者几何？而宗族之子孙贤者、愚者尚有，虽各分散，均是子孙也。是知财不足为后世计，德则可致后世绵远也。子孙诚能慎守而培固之，吾宗之嗣，有未易量，此吾所以不忧子孙之乏财，惟忧子孙之不德尔。噫！设或不贤，虽赀货充积，亦弗能有，适足为累身之具。使其果贤，则能景行前哲，以义为利，衣食自当裕然。岂可不以积德为重哉。

我华氏自宋南渡，方著姓于乡中。世以农田为业。自隆亭至堠阳，丘陇相连。虽更荒废，遗址尚存，传来久矣。惜乎上世谱牒，未得其详。今特以三一承事，为第一代而始耳。其间有仕宋者不显，高祖于元初为微官，即休归。

曾祖尤退让不仕，祖为都功德使司都事，不满秩而病卒。祖母守节，殊不喜言仕也。考故布衣终身，不慕荣达也。自念上世，出处既如此，敢不自量乎？惟愿子孙，勤耕纳赋，守分养亲，力行德义，以尽庶人之道耳。

如果有才德，能忠君爱民，而忝禄命，显祖流芳者，亦何不可哉。吾平生之志，亦不在乎温饱也。成童时，读《小学》《大学》，日知其味，有契于心。弱冠侍膝下，周旋仰成，常亦多过，虽弗惮改，深愧不二之戒。近乎立年，则志乎诚正修齐之学，见贤则思齐，见善则企及，故蒙先公特垂爱焉。

忆昔少时习学，偶有一善之可称，先公则喜见于色，赏我文房之具，虽珍藏者弗惜，循循然惟欲诱我进于善也。呜呼！物虽不存，而谆谆之意，终身不敢忘也。故力学冀于成人，窃揆如是。达则忠君济物，穷则以淑其身。奈何才疏识卑，时命蹇剥，加之痼疾，乃无一遂。亦由禀质柔弱，过乎畏慎而然。深省所弊，凡临事之所当为者，即奋励自强，期以必克，及乎进也，辄得其咎，退也虽悔而无尤，比比若是，屡试屡验，至今亦然。尚不敢自弃自暴，罔敢忘乎先训也。抑自知已之不逮于人，不偶于事也如此，盖得夫节之初九之象也。审矣，碌碌而无闻也，尚何言哉。

【家劝二】

我自丙午、丁未间，户役之扰，房赀罄尽，漂泊异乡，贫困殆甚。幸遇时平，遂谋筑居之所。先公语我曰："无锡故乡，坟墓所在，宗祀属汝，宜还延祥而居，以图活计。幸能有成，吾殁亦瞑目。但虑旧庄毁久，仅存荒墓，旁无已田可耕，生理为之若何？"

我拱手即对曰："敬依尊命，无虑艰难，倘藉祖宗余荫，终当遂愿也。"于是径造无锡，遵例报籍，遂定居于此焉。回复先公，为之大喜，执手抚我曰："吾愿毕矣。仰事俯育之计，嗣祀保家之道，汝其勉之。"洪武三年三月也。

是秋始克构茅屋两间，垦田数亩。明年免粮，生计尚疏。又明年垦田颇加，乡亲见念者，许售别田，互易为业。七年冬收颇丰，生计粗立，时先公有疾未甚，窃欲预备送终之具，储米而未行，来春则先公遂弃世矣。呜呼！力不及养，抱恨终天。所储之赀，适完棺殡之用，夫岂偶然哉？自是以来，治田为生，或歉或给。迨乎尔辈稍长，尔母躬勤纺织，数年之间，渐成家业。虽无赢余，而衣食则未尝缺乏。

十五年始营祠堂，及修葺所居之茅屋。兢兢自守，养生淡泊，罔敢过为。惟恐有忘先训，甘心下民之分，所当然也。是后岂期厄病相寻，无有宁岁。所最恨者，奉母未能丰赡，祀先未能遂意，每不安耳。

尔辈常宜体此，而加胜之，是吾志也。我弗足慕，自当寻向上去，下学而上达可也。凡斯之言，诚知浅近。盖为之自我者，不过如此，书之于册者，无得而为美观也，欲使尔曹知之念之，而有兴感于心焉耳，今虽异爨①，而心不可异也。其各愈勤所务，为兄为弟为子为孙，宜思孝悌忠信，力行礼义，以和顺之，则福祉备膺矣。故曰："孝悌通神明，积善来百祥"此之谓也。

令汝曹异爨者，因家用颇繁，我老且病，不能顾赡，听各力为营计，且使知成立之所以难，稼穑之所以艰。念吾之所以不易，得赖祖宗之所以裕庇也。自兹以往，共生和气，共隆恩爱，共习礼让，毋怀私背公，毋听谗尚诈。苟笃于义，何嫌乎爨之不同也。《棠棣》《斯干》等诗，别书以示之，将切已事情，详条于后，用为规劝，其审听之，其切记之，其勿怠而勉励之，吾亦因斯而自省焉。

税粮，公家正赋，民人所当效力者，宜择上等精粹籽粒，至诚加敬，依期供纳，不得计利较力，拖延规避。倘有留难倍征，亦须顺受完办，慎勿形于词色。设若迟久，或致破家危身。此见多矣，尤宜慎之。及舟车脚力工食钞米，即须随例而与之，勿得靠损于人。该当差役，听受趋赴，毋吝毋忽。

凡遇事务，须要明白参问，具陈情实，精思详虑，熟议可否，择善而行。勿执己见，勿恃己能，勿遂己欲。凡闻闲言是非，先究何所从来，即时明白面问，不得藏疑，恐成积怨。大抵闲言不入于耳，便无彼我之私，而亲谊自厚。即是共爨，要在常加省察。苟能责己恕人，不介胸中，尤为盛德也。

增拓田产，置买诸物，宜使兄弟通知，辏合收售，无力愿让，方可独为。切不可彼此瞒昧，而务营私，惟恐兄弟知而见分。殊不思失其亲亲之懿，纵多潜有，无乃太惭乎？最是此　等之际，操心极要端正明白，专以骨肉为重，勿被旁言所移。《诗》云："刑于寡妻，至于兄弟，以御于家邦。"亦此谓也。念兹在兹，式相于好，毋相学为不善也。设若私欲一萌，后必有害，试略言之。夫得失往复，物理之常，今日兄能

① 音 cuàn，分家意，分居各爨。

瞒弟，他日弟亦瞒兄，虽欲禁之，末由也已，在贤者所当深思而自省也。及眼妒彼有，心愤已无，因思所以阴损之。天道昭昭，其害尤甚。我少时尝闻有故家兄弟不睦，初则竞收夺买，后则争买致讼。财产不为己用，而为他人之利，终弗觉悟，可悲也夫。此须克已，改之为贵。

一切家务，互相照管，察其不备，毋得坐视。

取与之际，常存阴骘，以济物为心，种德于子孙。

处事接物，宁人负我，毋我负人，己所不欲，勿施于人。

慈善之心，忠孝之道，吾家历代循守。

伤人之财，害人之事，吾家积祖不为。

居处恭，执事敬，与人忠，是吾徒之所当然者，乃日用常行之道也。

冠婚丧祭，粗有成式。盖是遵今考古，量事度力而为之。简易者，惟取寒家之所宜耳。如更略之，则古礼将不能复矣。守之可也。

凡屋床帐器用首饰衣衾等物，苟完而已，勿为多制，必尚朴素，以图坚久。其侈靡违禁者，并不许制留，永以为鉴。

祠堂神主世次，初焉钦遵祭礼，庶民祭三代，故自曾祖考妣、祖考妣、考妣，及弟妹之无后者附焉。近年钦颁教民榜内，祀先祝文云："告于高、曾祖考之灵。"则是庶民亦许祭四代矣。后俟世次满，乃递迁之。亲尽之主递迁，则祭告而藏于墓。

凡祀先节式祝文，具载祭礼习目，惟迁主藏墓，则更改古礼。

省墓一节，世俗多以年代深远者，亲尽而不祭，于是置之度外，可谓忘本。夫亲尽而不祭者，乃祠堂之制，限以世代，不得不递而迁之，仍用岁祭于墓也。墓则无亲尽不祭之说，盖皆吾祖宗体魄之所藏也，当念我身从何而有，父也、祖也、曾高也，推而上之，皆是一气而下及吾，诚为亲切，岂可以年深而遂忘诸？且祠堂既迁之矣，至于墓祭焉可略也！

是故吾家历代祖宗之有墓者，必用周遍祭之。先从隆亭之报亲及大坟，次及堠阳之厚本、冷村之善庆、罗村之寿山，是皆昔者之庵名，今以名墓尔，次第而祭之。春秋二祭，四分轮当，间岁一度，吾心以为久旷而弗安。凡遇春祭，我宜年年自备，预为办完，一一诣墓而祭之，勿望于他，必须力行，毋吝毋后。祭物肴馔，称家有无，必用均一，物器俱要洁净，不可苟且，勿被人先食及虫畜所污。荤则俱荤，素则俱素，多则俱多，少则俱少。

毋使远者薄而近者厚，务要一体，是乃尽诚之道也。俗又有甚非者，祭其父则丰，祭其祖则简，或祭妻与子则尤加丰厚，此何心而何颜哉？设祭我以盛馔，祭我父祖则菲薄，我如何安享其祭乎？以是推之，理极明白，子孙其永体之。

祭墓须用素服，盖非吉祭。古者拜墓则哀泣耳，古有祭后土氏之礼，今皆不讲，我欲行而未遂。汝曹办祭坟时，可兼设米食面食各一碟，有果尤佳，酒行一献，以祭告之。每坟皆然，其祝文载于祭礼习目，苟能行之，亦为慰我之心。本宗祖坟自报亲之上，先代之墓不知在何处，深可叹也。戴墅之南尚有华墓一所，旁居有姓华者，在其势彷佛似我家所为，昔者未能明为何代，故弗之认，吾常以此为怅怏，而不能忘耳。

【家劝三】

人家成败，必有其由。为善则成，为恶则败，理之必然而无疑者。凡合理者谓之善，悖理者谓之恶，又何难见也？固不可以废兴归之于数，而怠为善之心。知命者则不立于危墙之下，勿囿于数斯可矣。吾所以再三喋喋者，诚以成立甚难，复坠甚易故也。果能闻善必从，知过速改，见义勇为，则何善之不能行，亦何恶之不能去哉。斯其成败之所由也，在人之所学习而已。书传所载甚多，而今目见者亦不为少。勉之勉之，勿以吾言为迂。

子孙宜力田治生，不得充营吏卒，及为僧道屠侩干仆之类。

凡当军者，必用读书习艺，忠勤所事，不得掠掳妄杀，及一切不善之为。须以仁恕忠勤为本。

赌博饮酗荒佚之类，吾见汝等不作，宜始终一致也。

今之田产，粗可以为衣食岁供之资，苟能勤俭，守而弗失，亦可以遗之子孙。更不宜多求，或贪而致悔也。且富者众怨之所归，家计苟完则足矣，逾分则甚非也。慕虚名而取实祸，切以为戒。如遇歉岁而吾稍赢，则克已而推以济人。斯吾之素愿也。汝曹其念之。

凡此乃家居之常事，至于孝悌忠信，礼义道德，贤人君子之所体用者，在乎经书之中。不可不读！不可不习！苟能习与性成，则贤人君子之所同归，使后世称为良善之家，子孙不亦美乎！不亦美乎！

《贞节堂记》

[元] 干文传

予昔忝朝躋，与修辽、金、宋三书，见旧史所载忠臣孝子、义夫节妇，未尝不起慕起敬，玩绎再三，然后笔之于册，唯恐或有缺遗，盖以其有关于人伦风化也。既成书，乞谢而归，闲居里中。有尝与予同僚者，前婺源州判官华君伯成，偕其从子幼武过予。问无恙外，幼武拜且言曰："幼武不天，先子由都功德使司都事，以疾谒告而归，卒于家。时幼武年未及龀，母陈甫廿有八，衔哀茹痛，勉毕襄事。母抚幼武，泣曰：'吾不幸丧吾良人，幸而有子，葆养而成就之，俾不坠先业，吾之愿也'。"其自誓如此，后廿余年，始终一节，乡里亟称之，相与具其事于州若府。州若府上之江浙丞相府，风纪之司如所举，遂闻于朝。

至正二年二月命下，置其门曰："贞节华妇陈氏之门"，里曰"旌节里"。一日，母谓幼武曰："向也吾自誓时，尝指尔言，是藐焉者其能有立乎？指室庐田亩言，是轮焉井焉者卒能守而不失乎？指所树桑与梓言，吾获与遗孤见其愈久而愈茂乎？皆未可知矣。不自意式克至于今日，惟尔之身齿壮而嗣蕃，吾抱孙焉。尔宅尔田不废且有衍，桑之植加多，梓之材益伟，可不知所自哉？庶几念其始，图其终，而父为不死矣。"

幼武谨受教，退则以旌其门者名其堂曰"贞节"，求学士大夫表章之。

今翰林侍讲学士黄公溍辱为之铭，独未有记其事者。今以季父获奉周旋，敢再拜以请。予既嘉华妇之节，幼武之孝，重以伯成夙昔之好，因不复辞。考之西汉治郡有声者非止一人，其为政宽猛异施而同归于治，盖因时之宜而救其弊焉。

颍川俗号难治，其始也，强宗大族相与为奸欺，前二千石莫能制，则为缿筩、鉤距之术，探其奸而穷治之，既而朋党化为敌仇而俗尚告讦矣。于是继之者病焉，则为立学官，导以礼让，而又详其条教，人便安之。最后黄霸至郡，因其迹而大治。其终也。孝子弟弟，贞妇顺孙，日以众多，郡守声名闻于朝廷，身蒙爵赏，驯致大用，列于史传，至今犹想望其风采。

呜呼休哉！无锡吴泰伯、延州来季子，恭让之地也。世道日趋，时不古若，缿筩、鉤距无亦尝为长民者累欤？令其民类无为之感制者，诬陷斥讦，习以成风，政是以驳，民益以难理，此非为条教、兴礼让、相帅以孝弟贞顺之时耶？

方今重守令，载笔者有待于良二千石久矣。吾闻华妇贞节，幼武亦克孝，甚矣有关于民风也。诚有善劝导人如次公者焉，必将自华氏母子始。若夫母训之严，家道之正，则幼武前所言信而有徵，因以记斯堂併告夫今之长民者。

至正九年春正月望日，嘉议大夫、礼部尚书致仕干文传记。

《南京鸿胪寺署丞少泉华君墓志铭》

[明] 赵志皋

无锡华氏，肇自南齐孝子宝，而后之子孙世家兹土。历宋、元，逮入我明，益繁衍昌炽．世业土田，衣冠甲第，为江南诸郡最，号为望族，又号多贤者。观于名公巨卿、宗工鸿儒所纪述、撰叙其家之世美者，可覩已。

戊辰春，余与今仪部君起龙甫同举进士，仪部君尝述其从兄少泉君之贤，以为恭俭淳朴，躬万石之行，闇然修于家庭，不为世之琐琐近利，亦不欲拟古之所谓侠，挥金结客，以取名高。壬申夏，余奉命出使吉藩，将戒车，仪部君谓曰：“不幸兄已捐馆舍矣，此余叙其行事之状也。愿乞铭焉。”比余过无锡，其子宗泽蒲伏迎道中，涕泣以请，余何能辞？

按状：君讳承业，字以勤，其少泉，别号也。幼习举子业，弱冠补弟子员，寻以例升太学。久之，谒选，部授南京鸿胪寺署丞。数年，谢病归田里。此君之出处大略也。君天性端厚简重，虽生长膏纨，无侈盈浮逸态，敦伦笃亲，约已厚人，先义后利。以太学生居家时，日侍其大父奉政公左右。奉政公性庄毅，庀家严而有法，动息不踰规画，君侍之惟谨。

奉政公有子二人，长父典簿公，次鸿山学士公也。典簿公家饶裕，日烦于事，君旦夕勤劬代之，能遗其父以佚。典簿公病，起居饮食，必躬为调节，历数年靡倦，有求悉心，揆中所欲。卒之日，丧葬皆以礼，人称孝焉。母为钱孺人，早世，母之母老矣，且寠，典簿公具别室迎养之。然周旋遗赠，卒终天年者。君也，可谓善事父母之心矣。故人杨某者死，无殓葬，君一一为治具之，并育其孤，俾之有室。有某人者，贫不能为子取妇，助之金以娶之，未期，生男子。

初官鸿胪，见所居廨室圮甚，即不费公帑，慨然出已资缮葺之，人高其义。时相继为寺卿者，今少司空湖南徐公少、司马南昌万公也，亦降色遇之。数请归，弗许，然竟以疾予告去，二公弗能禁也。归去，绝弗问家事，惟于所居之南，治地，构楼亭，艺卉木，日游息于其中，以自适其性情而已。时学士公亦致政居里第，谓己未尝霖雨天下，而思以惠泽一方，悯里中役重破家，倡数百金，创为役田，岁藉其入，以给役者。君亦割膏腴五百亩，又病伏税，首建义田议，至每挠于富室，君旁赞之甚力，事竟克行，减虚税六千余石。邑故无城，江南岛夷窃发，民甚恐。学士公率五百金以为城费，君亦以三百金佐之。寇猝至，民免于难。此三事，皆学士公所谓行其仁义之心，施于家邑之政，不啻晏、范所为者，君力能相之。

至学士公所两较门下士，先后以达官显任莅兹土，君止修执贽礼，一往谒之，后绝无问餽，亦未尝借声色于闾里间。夫君之慕义慷慨为之者，皆人所不能为，而依荣藉势，甘冒不絜，为世人所易蹈者，又君所弗为也，诚可谓贤矣哉！尝闻之，人有寓其橐于君所者，燬于火，谓君弗偿，君不可，悉按籍输之，略无难色。盖宁已之自耗，而无使损之在人也。此殆踰于昔人矫情以沽直者矣。

君卒隆庆庚午正月二十一日，距生正德甲戌正月十日，享年五十有七。娶秦氏，先一年卒。子一，即宗泽，太学生，娶秦氏。女一，适太学生周季谦。孙男二：嘉庆、嘉麐。孙女四。君之卒二年。其子宗泽，卜葬于故墓，不吉，别择地而阡之，葬之日为某年某月某日。

铭曰，袭累世之殷富兮，弗侈厥有。敦本实而孝悌兮，厥积惟厚。急仁义于里閈兮，厥施孔茂。宜吉阡之载卜兮，克昌厥后。

《华职方传》

［明］郑晓

君姓华氏，讳钥，字德启，别号水西。上世居无锡，南齐时有孝子宝，孝子十八世孙荣，仕宋居汴，其曾孙承事府君从宋南渡，复归无锡。

无锡之华，皆祖承事府君。父肯斋赠君，承事十世孙也，敦愿有隐德。君幼秀颖，年十五，例入国学。壮益英爽，矜名节。赠君持谦约，辄有外侮，君左右之，侮者稍沮。年二十四，赠君殁，内外窘急。君经理丧葬甫毕，即条画家务，诸横逆者忌。君谓：“家且复振”。

百计中伤，君竟能自脱于险。嘉靖壬午，入南都，从学矫亭方先生。是秋以朱氏诗，发解南圻第一。明年赐进士出身第二，授户部主事。踰月调职方，职方剧司。君才明敏，暇即下帷读书。甲申秋议礼疏，上杖阙下。

丙戌升员外郎，监试武举。戊子升武库郎中，充浙江考试官。北还，永嘉见试录文，喜欲改君翰林。君不应，永嘉始不悦。庚寅调职方郎中，郎中掌将校黜陟，类多承顺有力者，上下相蒙为奸，利即不败，幸得美迁，亦负清议，否且低头隐忍，俄引疾去。君独不肯依附，永嘉遂憾，司马李康惠公顾独倚重君。君条奏按典，法传经义，融朗劲达。公每见君稿辄喜，诸朋侪缘是亦相忌。先是君为武库，见上谕斥永嘉敕，有中秋对月诗三章录示余。余急谓君，且焚其草，勿传示人，然已致诸友人。友人壮而快之，转展相传诵，不数日永嘉复召至，朋侪欲挤君者为永嘉诵君诗，永嘉果大怒。

永嘉姻党陈参将，欲得锦衣。君以首相与锦衣相表里，祸且及善类，遂疏请勒陈去。未几陈发愤死，永嘉益怒。汪中丞鋐欲入吏部急，君请司马廷推汪提督团营。汪又大怒曰："华职方故阻我。"陕西胡巡按尝冒军功，求升不得，憾君。至是受颐指劾君，言道中获将官营升书，书中有华职方金若干。君抗疏辩，且乞解官归听覈，已而多官穷讯无验，胡竟以他罪削籍。当是时，诸骨鲠大臣相继去，汪遂入吏部，考察京朝官，君竟以胡谤故被指摘。诸忌先生者，又组织无根事，必欲逐君，自是不得还职方矣。

君尝筮易，得贲之明夷，更号"白贲子"，日著书赋诗，治园池，杂植花果自娱，徧历江东名山水，兴至浩歌剧饮，翛然物外。上官慕其贤，求一见。君深谢曰："吾不任冠裳也。"戊戌冬，君母太宜人病，日夜视医药，请亟治。君恐伤母心，忍不言病。母卒，尤力疾持丧礼，病益深，竟不可救。呼子泮，谓曰："人生修短有数，直恐素行愧天日耳，吾死且无憾，惟汝学未成，勉自树立，择师而师，择友而友，明经修行，无殒世泽，吾死且无憾。"年才四十六。

君仪观雅洁，外若敛约，而神采毅然，言论铿锵，道述今古，令人喜听。性明锐，有经济才，不肯诡随，以故寡合。诸与君游者，又多直谅端方君子，不屑曲相援引，以故君一废不复起。

君博学明诸经，尤精于礼，所著有《礼记集注》若干卷，集注尊洪武开科诏本古注疏，以正陈氏之误，一时好礼儒硕皆是华氏说。文章精健，叙事亹亹明赡，如与人对语。古诗似魏晋，律似杜，书法似虞柳。有文集八卷，胜游集三卷。论曰：余与君同年进士，仕职方，朝夕继见，相规诲也。所与来往者，皆一时隽达，乃今二十余年，化为小人者不知其几。君独抱坚贞皭然，不涅于缁垢矣。

《承事郎华君墓碣铭》

[明] 程敏政

无锡多巨姓，而人率称华氏，盖出南齐孝子宝，之后其子孙散处不一，而居蕃塘者甚盛，其食指千数，而莫贤于存诚君。存诚，盖其所自名者，讳兰，字楚芳。其为人明悟端慤，早从师读书，有志识，而华夙以产阙中，故不及卒业。去长区赋，赋重役繁。君出应有司，入综家政，皆克办，至涉义者为之更力。其始行于家，事其父仝亮府君暨母邵孺人甚孝。与其兄楚英君甚友，待宾客，处妻子，御佃佣，咸有规约。而奉先一用朱氏礼，又进而行于乡。乡人事纖，悉必就君谋。君为之谋，甚忠。人虽老长，亦折辈行与游。而赈穷周乏，所以拯邻党姻族者，特君余事。其进而佐有司督赋之外，助脩孔子庙貌及尊经阁，以倡礼俗。建石桥四，于余塘诸处，以济病涉，挥金捐廪，虽多弗恤。其又进而输粟以充边，实则用恩例授承事郎。比命下，而君亦且老矣。于是谢家事，付其子，筑室后圃以自佚，榜曰："凤洲风致，悠然有物外之思。"又营寿藏于里之戴泾佳胜处，时往饮处其中，而君则年七十矣。成化乙巳四月十八日，以疾卒，临终不乱，力起谓诸子曰："修身慎行，毋坠先业。"其达生归全如此。

配朱氏，有淑德，凡义事率佐夫为之。子男五人，长立，早世，次本、次节，次勤，出后族弟芸，次卜，赘江阴徐氏。女一人，适夏文中。孙男十三人，长乾、次豫、次鼎、次震、次坤、次根、次坎、次需、次巽、次恒、次天恩，余幼孙女若干人，多在室。本将以丙午某月某日奉君葬戴泾，以状托其姻友翟贡士永龄，请铭其墓上之石。予闻君之□，盖有吏部侍郎王公㒜之传在宜，无俟于铭。

独念孝子之后丰硕盛大，非他族比，而君之先远有端绪。自孝子十八世孙，荣仕汴宋，其曾孙原泉，复从南渡，居无锡之隆亭。原泉八传，至元德清茶园提领璟之子燧，则君高祖也。曾祖得昌，始居县之蕃塘。祖修文，及仝亮府君，益培以深。而君复能成于家，显于乡，通名于朝堂，于是以见孝子之遗泽远矣。然则君之墓，乌可以不铭，铭曰："有高厥闳，不繫浮荣，孝开其先，奉之兢兢。有裕厥家，不贵其节，平直之行，愧彼屑屑。孰美华君，锡山之珍，既永其年，亦贵其身。孰胜戴泾，山水明秀，尚妥于斯，以钟厥后。"

《华处士传》

［明］程敏政

处士姓华氏，讳正，字守正，以字行，晚号爱菊翁，南齐孝子宝之裔也。其先曰原泉，当宋南渡，始居无锡之隆亭。六世孙起濵，再迁堠阳。起濵生璞，元晋冀屯田总管。璞生铉，功德使司都事，早卒。妻陈氏，以节旌门，至今号旌节里。铉生幼武，幼武生悰韡，复迁鹅湖。悰韡生兴叔，兴叔生思济，处士父也。

处士性孝友，早丧父，每言及，虽笾豆傧尔，即掩懽流涕。事母邹氏，务得其欢心，有疾辄吁天求代疾。亟走千里祷泰山，且没。又复走两京，求金石文图，所以不死者。年七十，丧其兄守方，盛暑哭奠如礼，因中暑，暍医弗治，岁经暑辄发。以弟守端早世，教育其诸孤若已子，尤厚宗族，置义田，周贫乏族。有谱多舛，处士据旧藏续修之。而不敢以己意参焉，其慎之也。兄子玭孤，不克自立，育之，成为筑室，纳配吕氏。孤女，出内之弟者，处士收养之，且资装以嫁。

华大族，有瞰处士病，而以计夺其田若干亩。处士觉而叹曰："先业所在，恶可以弗力。"言于官，十年事白乃归，辟逸老园，日徜徉其间，久之幡然曰："得无启后人游宴之渐乎？"

中构观稼楼，贮经史，艺桑果，课视为适。或讥其务逸得劳，则笑曰："吾志也。"处士喜读书，尤好《胡氏春秋》，及历代史见，逆理强辨，即怒勃然，虽亲且显者弗贷。至素所不善有善，亟称之弗置也。

处士与其配吕君伉俪，垂老无间，言笃朋友，死生不相背。华故饶于田，亩十则岁给无息米斛四，佐其镃基铚艾之费，乡族效之。岁凶有券，米斛四千聚于庭，乞缓其逋者，处士即裂券罢偿，欢声载道。由是两子一孙，皆本其志，发粟赈饥，为义官。处士以弘治七年二月七日卒，寿七十九。子二人，曰右、德。孙男二人，从智、从仁。孙女多适名族，其适今监察御史陆完封孺人者德之少女也。

《无锡华氏义庄记》

［明］顾清

华氏义庄者，为其远祖孝子祠堂及其族人而作也。孝子故有祠，在其乡惠山第二泉之东，岁久颓废。成化间其三十二世孙晞颜，尝一新之，庙貌虽存，而仪式未立，祭祀弗继。族人聚祠下者数百家，有富有贫，亦未有以合也。

三十三世孙守吉乃与其子燠等，谋仿古义庄遗意，割常稔之田五百亩，籍记于官，推族人之贤者一人递掌之，收其租入，以充岁时祭享修葺之费。因其赢余，以赡族党之贫不给者。事具未上，而守吉卒，燠乃与其弟烨、燿、勳及兄子谨等，早夜经画，思永厥图，以成先志。

既定，乃使烨走阙下，以闻孝宗皇帝，览而嘉之。下有司，悉从其所请，时弘治甲子某月日也。燠既得请，遂率诸弟大修孝子祠，籍田亩，卜庄居，立条约，一如其父遗命。七月祠成，明年八月义庄成，乃使其子诰以书走松，属予记未成，而燠卒。又六年，烨为申前请，始克述而记之。

嗟乎，天之厚善人也至矣，人自不为善，天固未尝忘之。啬于身，必丰其子孙，晦于今，必彰于其后人。以其旦暮之心，责于天而不得，因以天为无知，而岂天之意邪。孝子以髫龀之年，承亲之命，守之终身，至废人道之常，而终不忍易，用能感其国人，庙食千祀，子孙绵衍，历久而不衰，晞颜以来益炽以大，至于守吉又能推广慈爱，隆及本支，以为此举，而其子若孙，克成厥志，著之金石，以垂则于无穷。

推孝子之心，固不为其有今日，而寻源探本，夫亦岂偶然也哉。孝义庄之制，始宋吴奎，而盛于范文正，其后东阳陈德高，近世阁老义兴徐文靖，皆尝为之。然至于身殁而如存，阅数百年而不坠，言于天下而皆知者惟范氏而已。岂非公忠孝大节，有以格于天，通于神明，子孙实有所凭藉。如所谓国于天地，有与立者哉。若华氏德业功名，固不敢望范公之盛，而其先孝子一念之诚，天固有以与之矣。继自今贤子贤孙守之而不懈，积之而愈宏，则是庄也。安知与天平之业，不媲美而并传乎。

诗不云乎，孝子不匮，永锡尔类，夫葺先祠以严报本，大孝也。因而以赡其族人，大义也。孝以生义，义以成孝，相为无穷，而天之锡华氏也，又岂有穷哉。予因孝子之事，而知天之厚善人者为可必。又因守吉父子，而知其得于天者之未艾。至原诗人之旨，推不匮之义，则所以望其后者亦无穷也。敢并以为记，用永告于方来，庄居田亩及条约等，列诸碑阴此不赘。

《华氏墓门碑铭》

［明］邵宝

锡山华氏有以义旌门于墓者，曰某处士，讳某，字仲谆。于是，其卒若干年矣，曷为旌之。盖弘治壬子之饥，其孙曰守吉者，出粟若干石，助赈于公，例得书其门，曰“义民”。守吉谢不敢当，则为状请于巡抚都御史侣公曰：“吾祖某义人也，吾斯举，吾祖之遗也。愿辍吾门之旌，旌门于祖墓。”公从之。夫旌门于墓制欤，非制也。非制而从之，何居？为其能崇祖也，凡崇祖者，则从之乎。

崇祖而不违其实，斯从之矣。《春秋》书诸侯，葬独蔡桓举爵说者，谓蔡季之贤，知请谥也。故人臣以不诬其君为忠，人子以不诬其父为孝，孙之于祖，犹子之于父也。若处士者，慈良朴茂，承其祖训，而广义于乡。尝减田租以宽佃，力岁为粟三百余石，其它事称是者尤众。然其生也，莫为举之，其没也，莫为表之。至于其孙，始因助赈之旌而请门于墓，所谓“义民”云者，则固其所当称也。

夫是之谓，不违其实，从之不亦可乎。虽然，曷为不请于上，荒政也，荒政之不必请也。奈何荒政，非出于得已。苟非得已，则矫擅之罪，且犹甘之。古之人有行之者，汲黯、韩韶是也。况祖孙异名，而同义门墓，异地而同旌，舍此就彼，曾无加损，而巡抚又以便宜行之乎。

是故旌于门，制也。旌门于墓，非制也，义也。义以从民，而不外于制，惇彝成俗，一举而众知，劝虽未请犹请也。君子谓是门也，可以传矣，不可弗志。门成于出粟之几年，甲子守吉尝请予记，至是载请，予不能辞，既叙其事，遂为作铭。

守吉，名祯，以字行，平生好义，不愧其祖，事具铫主，客所为传。云铭曰：宅里表善，维周则然，亦有封墓，曰崇忠贤。忠贤尚哉，善著者义。华以孝称，维义亦世，仲谆维祖，守吉其孙，孙孙义名，请归于尊。尊弗苟推，义则多有，匪墓树门，曷图厥久。中丞奉诏，抚我南畿，谓是可从，我有便宜，有伉斯门，松楸是翼，上榜下碑，载其义蹟，孰无义心，在昔犹今，遐孰终遗，幽孰终沉，我铭昭之，百世其钦。

《亚中大夫四川布政使司右参政华公墓志铭》

［明］申时行

余同年进士锡山豫菴华公，以右参政卒于家。其孤永曾等，介赣州守黄公状，来请铭其墓。黄公亦同年进士，其词核，遂诺而铭诸。公讳启直，字礼成，豫菴其号，常之无锡人也。其先出南齐孝子宝，从宋南渡，居锡之隆亭，后徙鹅湖，乡人称荡口华氏。祖恩赠户部主事，父舜钦，嘉靖辛丑进士，仕至江西瑞州知府，母钱恭人。瑞州公尝感异梦生公。

公自少敏慧，稍习句读，即工为骈语，应对如響，已受博士家言，文藻蔚发，从兄学士鸿山公大奇之。总角为邑诸生，试辄冠其偶。嘉靖辛堑，奈何踰之。莅官所至，不务为翕赫可喜，而经画允当，常为后来絜法。恬澹自守，不竞于荣利，当去时犹未及年。论既定，駸駸显擢，公亦不之顾。客有誉公者，公笑曰："吾非恶此而逃之，诚狗马病，不能事事耳。"其让善不近名多类此。居乡不能随俗，冶化而一，以诚心质行，孚训邦族，故人人德公，没而咨嗟痛惜之。

公生嘉靖癸巳，卒万历丁酉，享年六十有五。配即周安人，子男三。长永曾，郡学生，娶俞，继侯、顾。次休曾，邑学生，娶秦。次童曾，邑学生，聘黄，娶汪女。一孙男，八曾孙男，一其详具状中。某年月日葬于来福之新阡启，周安人兆合焉，礼也。

余始与公续食，比肩而立朝，见公柔色和声，逡逡常有以自下，庶几古所称德让君子者。余既忝窃政地，思还公于朝，而公毅然勇退，坚不可夺。比归，欲一见公，而公逝矣，悲哉。是用抆泪而为铭。铭曰：汉世用人，必称长者，让而不争，柔而善下。輓近滋伪，攘善弋名，巧附捷驰，乘高则倾。旬美华公，庶几先哲，进何梭巡，退何勇决。宦辙所经，去而见思，为德于乡，乡人是宜。位不溢才，年不配德，厥施未究，人有余恻。崇冈乐丘，公神所宁，诗于隧中，不骞不崩。

《庆三省翁寿七十序》

［明］王僎

锡邑鹅湖之上有故家，曰华氏，昆弟五人皆贤而有德。曰思淳，号三省翁者，其季也。其家既高贵，而五人者复敦尚行谊，睦宗和族，赈穷恤匮，盖乡闾无武断之患，而家庭有乐孺之情，一时义声籍其近。数年来诸兄相继物故，而翁亦颓然以老，今年寿七十矣。盖虽老而无恙，而家益饶裕。三子曰概、曰楷、曰格，笃于孝养。诸孙八人，日侍左右，而翁又熙然有以待老。虽然，亦岂无自而然哉。

当是时，国家承平日久，祖宗列圣，深仁厚泽之休养生息者，既深且厚。而翁之生，当熙洽之朝，居畿内之地，禀气惇庞，赋性粹纯，而灾沴不生，暴横不作，遂得以安于田里，力于贡赋，赢其所入，以供伏腊，以全天真，而歌帝力，于何有夫何怪？其年登耄耋，身履康强，以游乎寿域之中。虽由此而跻遐耇，如古至人之长生久视，吾知其亦不难到矣。

翁生于永乐己丑，其七十诞辰在明年秋九月。太常乐舞生吕敬玄其甥也，乃预乞予此文。盖其乡旧俗，贺寿者以立春日为始，则今年腊月二十四日敬玄当往拜翁于第矣。世恒言，古今人不相及，凯风寒泉之心不可望之后世，而士游于方之外者，则又谓其："忘亲戚，虚伦理。"如吕生者，此岂可以槩论哉。

《乐勤府君宗谱传》

［明］佚名

府君讳兴叔，字仲谆，通四支贞固府君中子。孝友笃至，母婴痼疾七载，同弟伯训侍榻下，手调汤药，罔问寒暑。疾甚，吁天请代，母竟勿药，康强者复二纪。父殁，毁瘠骨立，服除，与伯训置祭田，修祠堂，葺先世诸墓，刻《虑得集》《传芳集》以继父志。兄戌茶陵，府君晨夕忾叹。及归，步趋必随，甘旨必共。仲谆常语人，吾弟爱兄，根之天性云。旧居让伯训，于水南构新宅，题曰："乐勤庄"，因以自号。日课家人治稼穑，岁恒有秋，作乐欢歌，乡人化之，无惰农焉。喜推有余以周贫匮，作永安桥，筑土堤数里，以便行者。割田数百亩，置义仓备赈，岁减租千石惠佃人，易世乡里犹歌思之。

尝为陈姓诬构，与同系狱，有狱卒密语府君："与我三千金，我毙陈出君。"府君毅然曰："彼无死法，我宁久困，此不为也。"夜已寝，起趋陈所语之，故使为备。陈疑信间，忽有声如山倾，则府君寝处墙坏，毁卧具及诸物无余。于是陈感动曰："嗟乎！天也。吾小人获罪长者，悔无及"，遂相与推诚，尽释嫌怨。陈病，府君为视医药，抚循甚至。岁余遇赦，缔婚姻焉。

方在狱时，梦神语曰："尔骨之毛雀圩。"及归日，棹小舟循湖行，方食，忽碗堕水中。疑之，植篙以识。比再往，枯竹已萌。问其地，毛雀圩也。遂立木水中，定穴焉，盖天启之矣。生洪武庚戌六月廿二日，卒正统戊午三月三日，年六十九，配顾氏，孝顺贞淑。子五，宗胧、宗福、宗寿、宗安、宗康。

《山桂华处士传》

［明］姚夔

处士姓华名宗胧，字思济，山桂其别号也。处士生而仪容丰伟，志趣高远，而砥砺名检，不为踈弛。其先自无锡隆亭徙堠阳，至处士祖贞固，遭元末兵燹，再徙鹅湖。父兴叔，始拓基于故居之南。处士弱冠时即克承父志，率诸弟服勤无懈，开拓先业，资日以饶。兴叔欲营寿藏于两湖之间，未就而卒。处士募工营筑，郁然为佳城，卒成父志。兄弟五人，已居长，服用惟均，帑无私蓄，怡怡如也。

滨湖有田，数患冲激，多至荒芜，则筑长堤以捍之，驾石梁以泄之，遂为良田。刘团荻泽，人多病涉，则各建以桥，往来德之。乡党之茕独无所养，婚丧无所取给者，悉周之，无难色。掌乡赋五十年，赋税如期，细民之不及期者，代输之，而不责其必偿。上下信服，里中有不平者，亦多求折衷焉。晚年以家政付诸子，亲双时至，以觞咏自得。至疾终，神志不乱，惟以孝友勤俭勉饬子孙而已。生于洪武乙亥，卒于成化乙酉，寿七十八。配邹氏，孝谨勤俭，称良内助焉。子五人，守方、守正、守端、守敬、守庄，葬祔先茔之昭。论曰，程子有言，一命之士，苟有心于爱物，于人必有所济。处士使沾一命，其利济当不止于一乡，而弗及大试厥施，可慨已。然而寿考令终，嗣续蕃衍，为盛世遗民，一乡善士，复何憾哉。

《华彦谋传》

［明］邹亮

华靖，字彦谋，先世世居锡之隆亭。祖德亮，始徙居邑之横山。父详叔，赘苏之阳山朱仲昂为婿，因家焉。彦谋明敏好学，通晓经史，而清修俭约，不事表襮，一守故家风范。自总角时敬承父训，即有志成立。既长，以不幸失怙，凡语及父行，辄流涕。乃以“慕椿”二字揭诸堂，建先祠，为岁时祭祀之所，器物具备，殽醴丰洁，得事死如事生之礼。母与外祖母皆以青年嫠居，相依守节，构双节堂居之。士大夫皆美以诗文。彦谋承顺颜色，奉养备至，人称其孝。尝谓其妻曰：“吾祖母在锡山，相去不远，每得珍鲑，必先以奉，子孙方食。”吾能致吾孝，则吾父虽冥漠中，亦可以少慰矣。逮祖母以寿终，从父卒，丧葬皆尽礼。母姨寡而贫，迎归奉养，以安母心。宗党匮乏者，婚嫁有助，殡葬有给，子弟之俊秀，有义塾之诲。先是详叔虽居于苏，仍筑室置产于锡，以赡母氏，而以其余及其弟侄。至彦谋益加扩焉，其笃于一本如此。宗族日益蔓衍，恐失传次，遍叩族之长者，集成宗谱而板行之，號为详核，有欧苏之风焉。生平不惑邪妄。谓鬼神不歆非祀，释老之教，亦不足以徼无妄之福，识者韪其言。

巡抚周公，令所司遴选资裕而谨愿者为万石长，佥举彦谋。彦谋凡遇征需，率先办集，由是官嘉其勤，民怀其惠，侪辈服其通敏焉。所交多名公，赠言成帙，并录慕椿、双节二堂，暨友竹轩诗，梓成一编，名为《贻远集》。所居环植修竹，置琴书国史以自娱。扁曰友竹，故又自号“友竹”云。

赞曰：彦谋以一韦布，而有济物之心。故赒恤穷乏而不悋，又能以理勉人，使不惑于邪詖，可谓贤矣。苟膺一命于时，其利泽及人，当如何也。子曰：“富而好礼”，又曰：“十室之邑，必有忠信”，彦谋殆其人欤。余故为传，以示后来，彼守钱虏诵之，宁不赧然有愧耶。

《华氏传芳集序》

［明］王偁

无锡之鹅湖华氏有传芳集，华之长老曰守方者，以属予序，且曰此五世祖东湖所录也。自吾高祖栖碧以上凡九世，当时名人硕士投赠诗文，与夫墓铭宗谱，大率皆在，而以吾始祖孝子事传冠焉。盖集未成，而东湖即世。吾曾祖贞固续成之，手录以藏于家。而吾祖乐勤与叔祖乐农，又续以近代诗文，以锓诸梓。历年滋久，板刻磨灭，间有先后失伦之病。先考尝有志列正，未果。方谨承先志又续之，以命吾子炯、燧、烺，考订而翻刻焉，敢以序诸予。

惟世所称名门右族，孰不欲遗胤祚于无穷，垂声光于不泯，而卒有未能者，此其故何哉？盖所传者，或非其道也。位高者有世禄，家钜者有世业，是若可以传矣。数世之后，求其能必复其始者几人？弗弃其基者几家？此贵富者之不足恃，而其所可恃者，乃有在于世德也。

君家自孝子以来，迨君之子若孙，自齐建元辛酉以迄，今成化辛丑，阅千禩，凡三十有五世矣。而一德相承，前作后述，孝义贞烈，历历可指，如前日事。使人仰其芳声，如兰薰桂馥，挹之不厌，夫何怪其传之久，而无坠也哉？

或者谓当时与孝子同传，如薛天生、刘怀胤者，其名已不为人所知。孝子之名，特系乎其后之盛，虽传亦不作，可也，况斯集乎是。不然孝子慈孙之能绍述其先烈者，必见与于名世之人。而潜德幽光之欲，阐扬于后世者，必资当代文章之士。由是观之，所谓绚春花于文苑，垂秋实于词林，则斯集也。信乎，其可为传芳也。

《无锡华氏族谱序》

[明] 罗玘

华，无锡县大宗也，起南齐孝子宝，宝父豪于华为始祖，然亦以宝显，亦遂显华氏。华氏显后，今三十有七世，历陈梁隋唐南唐宋元，迄今凡八朝千五百年。县或晋陵郡，或省入晋陵为一县，或复为县郡，或改常州。州复为郡，郡复为州，州复为府，或浙或京，若弈棋然。华固一氓庶之家耳，且无与其纷纷也。

地志云，县西有阖闾城，夫椒山东南有泰伯渎，西南有黄土渎，皆强吴时遗迹。东有泰伯城，今为梅里华氏居处，盖吴故都也。吴二十有三君，皆传代于此，号为久长，是固泰伯之让，有以启之。然周公卜世于洛，曰："惟洛食"，人皆谓周世之长，有赖乎此。

然则吴之长，亦或有赖于兹地，而未必纯以让也。呜呼，地岂可以少哉？吴亡，子孙散布四方，其地不知何属。晋，始闻属。华氏宝，以孝启孝让类也。其事与泰伯相彷佛，独其为庶，无爵位名号，与吴齿然。其千有余年，抉然独存，略不与世之纷纷，而随以推移更革者。故得以种其子孙，蕃其枝蔓，视吴之困于仇邻，无宁岁而卒以亡者，亦异矣。

必曰，孝之泽长。然泽也者，大约皆五世而斩，要不至是也，或者地之使然是欤?

虽然地善矣，木之植于上者，斧斤旦旦焉伐之，虽有乔木鲜不仆矣，而曰地之不善可乎？此吴之所不能有，而华卒得以居也。华之子孙，欲以孝亢宗焉，宜取诸宝其先也。欲以让睦族焉，宜取诸泰伯尝居其地者也。而以是培且植，则自三十七世可至于千百世，与兹地为始终。是务培植，慎斩伐，而不专恃地者也。若徒恃曰兹地善，其果得为善乎?

光禄署丞汝德大惧二者之难择，而又华氏废兴之机也。因取旧谱考而修之，丐予序其首，以告派系宗法谱者之事，予不及知。

《延祥上区华氏役田记》

[明] 王世贞

今天下财赋，独江南最大；江南常州郡邑，独无锡最大；无锡诸区，又独南延最大。其长赋者又最委区之田，可十余万亩无他姓，皆华氏田。而嘉靖间，华之老有游大人者，与余游燕中，云:“属当长岁赋矣，诸大人有右我为请郡邑，得省无名徭若干，然度其费，不千金不止也。”问所以费状，则曰“苦虚粮”。问所以虚粮状，则曰“区之人积逋，而贫者废箸，而鬻于他区，豪豪取其获，而遗其赋，以责田主，度不给，则跳匿。长赋者不能迹，田主所又不敢问豪取赋，岁岁为代偿，不给则亦跳。盖久之而至，不能迹田与豪，所亡论田主矣。”

余既已心识其言，而会学士鸿山华公，致其事归。公故延祥人，乃叹曰:“奈何以吾宦达，食吾乡丰，而瘠其余哉。”乃倡为役田，家及役者，出百亩之三亩，不及役者五亩，进士不应役而稍优之。如役者三亩，乡进士杀不及役者一。于是公之兄弟当出田共八百亩以先，诸华通出田二千四百亩，得米若干石、麦若干石，以岁助虚粮及收运之费，长赋者稍稍宽矣。而公又曰:“是尚未可继也，奈何瘠吾乡，以肥他区豪乎?”而公门人翁公（大立)，孺参以参政，至乃具疏请于朝，下御史。御史下翁公，翁公下邑王令其勤。

畎度亩计，他匿豪不得复匿，粮其粮，存者田，与俱归田，往者粮亦俱往。盖无锡之虚粮八千石，而延祥乡独得二千石，长赋者业益宽。而公又以子叔阳成进士，捐腴田且百亩，以辅其瘠者。而公又谓，诸田散佃不易收也，俾易价更置田，如其数即不得托消落，故有所废损。而公又令易米麦而银，米石为银四环，麦石三环之半，以为程，谷贵则有余镪，旁斥产益羡，葺世墓，赡贫族婚丧，于是乎取给。盖三十年而延祥之华，非有大故，毋废箸外徙者。不佞盖少时闻大父辈言，成化、弘治间乡赋，三老鲜衣怒马，平亭里讼。庾釜之羡，多挟以起家，至不慕好，为吏此无他田，岁入恒饶，而官取恒俭故也。今纵不能复故，奈何日削，损其饶，而靡之，使同于蔀屋。盖东南者，国根本也，富民者东南，所恃以雄者也。今县官幸稍稍减，中外资吏奉为廉平，无非时不经之额矣。藉令他区悉如延祥，他州邑又悉如无锡，岁计之十稔，而后余粮有不栖亩哉。不佞公门人，获一再游公乡，而窃睹华之室多润者，不至如燕中所闻，异之。问于公，而得其说。公谓："不佞子为我记，将树之丰碑，以戒夫后之嗣延祥役者。"

公名察，字子潜，鸿山其别号也，尝为德于国，未竟归，而为德于乡，此亦其一也。

《华氏义田记》

［明］唐顺之

义田者，其古道之遗乎？其起于古道之废乎？古有之。大宗者，收族者也。义田者，其大宗之遗乎？虽然，有大宗则无义田。故义田者，其起于大宗之废乎？古者因族而立之宗，族人有余财，则归之宗。不给也，则资之宗。其族人如腰臂手足之相与为一体。其财贿，如津液之经纬荣灌于其间，惟其所虚则注焉，而无有乎臃肿羸乏之处，是以举族无甚贫甚富之家。而天下之为族者，莫不有宗，是以天下无甚贫甚富之人，岂非所谓人人亲其亲而天下平者哉。

井田废也，而始有以赀甲于乡。宗法废也，而始有以赀甲于族。甚则有童奴厌膗肉，而族人操瓢者，仁人君子恻然隐之。于是以其力之所及，为之义田，以赡其族。盖犹有大宗之遗焉。然义田立而大宗之名益隐矣。要之，义田非甚厚有力之人，不可以为，而宗法则百金之产，亦可以相通。义田非仁人与族为体者，不能以相公。而宗法虽纤啬鄙薄之嗣，亦不得而相吝。是以义田之为制也，狭而偏；大宗之为制也，均而溥。然仁人君子，其知既足以及乎此矣！卒莫有推而及乎彼者，岂古今之然耶？抑亦以义田出于力之可以自为，而宗法非上之人为之制，则固莫能相联属耶？何其宜及焉而莫之及也。

吾友无锡华君从龙，积学好古之士也。晚举进士，不数年遂请归，其于人间事既已屏绝不挂意，而独不能忘族人之饱饥。乃割近郭田千亩为义田，推其远胄自十一世祖录事，君而下之子孙皆籍之。其不能自业者，给口食；其婚娶櫕瘗，给各有差，略如范氏故事。自十二世祖而上，其族疏人众，则惟视其窭甚不能就塾，与过时不能嫁者、娶者、櫕者、瘗者则量助之。其管钥以付录事君宗子，而推择族人之贤者一二人，专理其事，不称则易其人，而君之子孙则将别有处焉，不使分给其中。夫君之为此举，其可谓仁人君子之用心矣，又能寓宗子法于其间，岂不尤为近古者乎？余是以本宗法之与义田相兴废之说而为之记，使君之知足以及乎此者，其尚益推之而及乎彼也哉！

公答华郎中补庵书曰：尝见世间富人惜财如惜血，苟出其橐中朽腐弃余，尚足以活宗戚闾里无限垂绝之命。乃睽睽相视，不少动乎其心，以为生财之道宜如此，盖财生而心死焉久矣。以此仆于执事义田及史君湴二，事心窃慕之。几求余文者，多莫之与。而此二文者，虽两君不以余诿，而余固乐为之役也，况其见求之殷乎。

《华封君墓表》

[明] 王鏊

维华氏系出南齐孝子宝，至南宋时，自汴还家无锡。其后迁于隆亭，衍于堠阳，望于鹅湖，而今益振于塗林，封君所徙也。封君讳庄，字守庄，考讳宗曨，妣邹氏。生子五人。封君最季，其所出曰朱氏，微也，故封君自幼行动不敢与诸兄齿。别居塗林，屋庐弊陋，田园毁顿，于鹅湖诸宗不敢望焉。而旦夕省二亲益以勤。诸兄或陵之，终不较。唯以力田勤家为务，善自节缩衣食为俭约，家以日饶。民有负其租不时纳，益缓之；或值水旱，尽捐之。民戴其惠，输之无后者。

遣其子杲，从名师游。杲力学有闻，遂擢进士，选入翰林，授户科给事中。未几，诏以杲官官其父，母杨氏封孺人。杲以戇直忤时，出为南太仆簿。后稍迁，知韶州府。封君每戒以洁己爱民。杲修政有闻，擢贵州布政司左参政。

初，杨孺人有贤行，与封君同心起家。卒时年八十二。后三月，封君卒，年八十三，实正德辛未十一月九日。子男二：昺义官，次即杲。女二。孙男七：球、琳、瓒、琨、琢、环、滔。女二。曾孙男四：玄祐、玄庆、玄寿、玄祚，女一。以卒之明年壬申九月十五日，合葬塗林之西原。于戏！封君奋自孤孽起家，埒于素封；子致位三品，夫妇身被褒荣；偕登耋耄，孙曾满前，备享福履，天之报施于人，何如也？人欲凭其势铄其宗，兼其有者。何也？予故表诸墓，以眎邑之人。

《华氏家谱序》

［明］王锡爵

华氏之先，自宋戴公子食采于华，其后子孙散处。盖以国氏云，隆亭之有华，自原泉先生始。原泉后二十世至于今，或绝或传俱可谱，谱成于今学士鸿山先生某。先生仕嘉靖初元之间，紬金匮石室之书，考定国史，退而归老。

毘陵（晋陵）愍子孙疏逸，将忘其先，乃按故谱叹曰："嗟，予先周室之世大夫也。"氏族纪于国史传祚，至兵戈仓攘间，而孝子贞妇，相望以出，用能封植。华宗如瓜苗之有衍，盖所由来，至长远已夫。著代以约散，序次以敦睦，莫严于谱，人道之至文也。今昔之所，一也。且予尝掌其事，国有史，家有谱，今废而不述，坠先人之统，罪莫大焉。而日月逾迈，吾形已不逮也，于是率述始祖以来，稍损益故谱。其年远，传次无考者，不复具论。而于先生之所，自出二十世祖贞固府君悰韡而下，别为一世至十三世，文加详而重焉，名曰《本支世系考》。锡爵闻之，古者公卿大夫，有世禄民庶，有版图，而宗法盛行。

人习于箕裘堂构之业，棠棣鹡鸰之思，乃其标本枝叶，稍陵迟衰微，而仁人孝子，往往征一二文献于蠹书枯竹之中，于是谱牒兴焉。统之周汉以前，其俗严父尊祖，重去其乡，故司马迁采《世本》，述陶唐以来王侯、学士、卿大夫祖世，所出斌斌可纪。

魏晋以后，流风蔑如也，然士犹矜尚门第姻娅俎豆。有非其族者，则众其指之，而宗统因藉以不芜灭。盖自李唐世衰，旋更五代金元之乱，而故家旧族子孙能知其系胄者，鲜矣。然则杞宋之事，孔子无徵，盖其伤哉。而华氏乃得具载宋绍兴以下，更二十世子孙，无陨队图，谱无废缺者。传述周公之孝，谓其能成文武、太王、王季之思暨后稷也。献文子新室成，其祝辞曰："聚国族于斯，全要领于九原。"由先生斯谱观焉，义兼之矣。

盖自古著姓公族，必获贤者而重。欧阳氏之家，太於文忠，其所为图谱故在，大抵做太史公《年表》、郑玄《诗谱》略为之最名。近古而或者，不无附离远胄之嫌。今先生谱法与之同，而雅意述往训来，不务侈大阀阅。盖先生所以为华氏重者，固自有在矣。语有之人，无所守则士族削，士族削，则国从之衰。于乎，先生之心，虽措之天下可也。

《华子潜》

［明］王兆云

先生名察，字子潜，别号鸿山，登嘉靖丙戌进士，改翰林院庶吉士。时相臣以议礼骤进，为诸吉士所嗤，尽黜诸吉士。先生补户部主事，督税淮阴，引疾归。逾年，起调兵部主事，历员外郎郎中。其在两部，节财剔蠹，誉闻甚起。

癸巳，诏推廷臣有学行者经筵讲读，先生预焉，改翰林修撰。己亥，皇太子立。诏谕朝鲜上简。先生往，赠遗珍宝万计，悉不受。会置宫僚，改司经局洗马。妒者据诬不已，因乞省觐归。寻复引疾，辟园种树，养鱼徜徉其间，有终焉之志。封君一桂翁，闷闷不乐，不得已还朝。固请南，得以学士掌留院，寻抗疏致仕归。

先生于无益之费，锱铢必惜，苟利于物，则倾囊不吝。于公义所激，辄披襟当之；事干请谒，则绝口不言也。先生尝曰："吾有五不欺。一不敢欺天，二不敢欺君，三不敢欺亲，四不敢欺友，五不敢欺民。"盖非苟言之，亦允蹈之矣。嗟乎！以先生学术行谊，虽由此历孤卿，握台铉无难者，顾诡遭蹶，不究弘施，其由有三："华氏在江南富累世矣，先生又擢清华选，乃矜孤介，寡逢迎，取忌诸人者，以此哉。"先生喜著述，嗜吟咏。在翰林典雅庄重，曰《翰苑稿》。归家冲澹沉郁，曰《岩居稿》，立行于世。

《怡隐处士墓表》

［明］吴宽

处士姓华氏，世家无锡，为江南望族。其先自宋元而上，见于前人之纪载者已备。曾祖幼武，有诗名。祖悰韡，考仲谆，皆有隐德，乡称长者。

仲谆娶顾氏，生五丈夫子。其三为处士，讳宗寿，字思源，怡隐其号也。家故多田，富甲邑中，至国初悉散所积，以免祸。

后仲谆再造其家，能不自逸，率其子孙，躬耕田间，家复裕。诸子即应酬于外，处士居家，更助其父为义事。岁免私租若干斛，不惟水旱而已，又数推所入，以周贫乏。

景泰间，米价贵，里人争仰食其家，顾所蓄不足，即发藏金，雜以继之。诸闭籴者感愧，遂无剩时以缴利者。先时，其父误坐法，被系刑曹。伯兄思济偕走阙下，陈冤状，适染疫，病卧寓舍，危甚。处士日瞻天泣祷，思济竟起，而父冤亦雪，后父以天年终，诸兄弟始异居所。

以扶持孱弱排解怨争者，惟处士是赖。处士身履俭德，服食不求华美。中即慎密，尤有雅量，犯者辄能容之，其人往往愧服，亦以长者称云。配邹氏，子男二人，曰守吉、守庆，皆庶出。女五人，适惠洪、邹翰、徐益、钱祚、蔡观。孙男六人，曰烨、焕、灿、煇、炫、勳、烨，俱以输粟授散官。女六人，曾孙男七人，曰：谨、诰、谟、余，未名。玄孙一人，女一人。

处士以天顺六年九月十四日卒，享年六十三。是年之冬，葬于其乡椿桂山先茔之次。而故张宪副节之，为之铭矣。至是守吉复恨未有表墓者，托其友夏御史德乾具行实来请。盖自处士之卒，至今三十余年矣。门闾盛而愈高，产业积而加厚，其所从来者虽远，然非处士能继其德，何以致此。今守吉兄弟，即似其前人其后可见者。又及三世，使继其德不已。华氏之泽，其有竆乎。夫发扬先德，固孝子之意，而乘示后嗣，又其意之深者，故书以遗之。

《华守方义事记》

[明] 吴宽

国家财赋，倚江南而给。郡县有官，都保有长，皆特设以治其事。连数郡有廵抚大臣一人，其职虽无所不治，其实以治财赋为急也，盖其事甚重如此。江南田赋在高等，农既受困，至输于公，视常额大率又出什四五，以备蓄积之损，转运之费。用是民困益甚，禾始登场，里胥征敛，日走于门，所收仅可输于公。不幸有水旱风霜之变，则家无宿储，惟屋庐子女之鬻以偿之。夫水旱风霜一歳之灾也。其赋或可以例免，如濒湖之田，日沦于水，田已亡而赋独存，又谁为之免者，故民指为子孙无穷之害。曰：吾宁遇灾也。盖其害自苏松湖州皆然。若常之无锡，地势较三郡为高，然其东距邑六十里曰延祥乡，有鹅湖焉。周可三十里，湖之北有荡田三，其曰清荡，故尝筑塘捍水。自永乐乙酉大雨塘坏，而湖决田之为巨浸者几五百亩有奇。顾皆国初没入于官者，其赋视他为重，民破产偿不足，则均于里之人，久之亦不能偿也。乡有华氏，曰守方者，敦朴谨厚人也，见之恻然。曰：此法其可久乎。昔者周文襄来巡抚，尝忧及此。具疏言于朝，朝议令各垦草田以收其实。时民力已疲，且以乏食而止。吾今使垦之，于是行视上福、梅李、怀仁三乡，得地如其数。乃发粟二千斛，使民从事。民曰：此华公利我也。欣然而趋。已而其地皆成良田，而赋自此足。向之所谓害者始息。

嗟夫，守方其善为义者哉。夫馁者人持斗粟与之，未必不喜，然仅给数日之食而已。及粟尽而复与之而复尽复能与之乎。故为惠者有时而厌，故其为惠有时而穷，是以孟子谓子产乘舆济人为不知为政，守方惟知此意，故能为此举。惜其老于田间，隐而不仕，其泽止及于一乡之人，是可叹也。夫子不识守方，独闻锡人谈其义，而其义之大者，莫过于此。因以记之，以遗其诸子炯、燧、焌俾视之，庶几兄弟间以义相劝，传之子孙，以为家法云。

《华氏义庄记》

［清］李兆洛

华葵圃先生，安徽休宁县丞也。乾隆初，捐田立义庄以赡族，诏旌门，殁祀惠山，旌义祠。春秋之节，县官致祭焉。其子孙复立祠于义庄，祀葵圃，而以其子勖斋配享，盖不忘义庄所自始，以昭示子孙也。

道光十八年，葵圃五世冢孙兵马司副指挥前安徽太和县教谕湛恩，捐钱千缗于义庄之右，置屋建祠，奉葵圃之先三代木主祀焉。又祔祀葵圃之兄忍菴以配。忍菴者，勖斋本生父。葵圃无子，忍菴实以其子嗣之，是惟湛恩之五世本生祖云。

曾祖曰廷瑞公，讳润虆。祖曰奕涵公，讳呈藻。父曰存斋公，讳端揆。忍菴公，讳陈玉。仍世黉序，弟子学行有闻。奕涵则严编修为之行略，存斋则侯检讨为之传，皆殁而可以配社者也。

湛恩以其本生祖故，追远及于忍菴。又以葵圃有德于宗，为追祀及三世，报本追远之谊。其用情岂不厚以周哉。夫情无穷也，而义则有断。故服止于五庙必有祧，而上甲微能帅契高，圉能帅稷，复为报祀，以通其变。

今葵圃之祀报也，且国家所命祀也，因以上及其祖父，下延其子孙，礼之可以义起者也。然则湛恩之为此，虽于古无可稽据，而于礼经之本，固无悖焉。夫人亦患心能知之，而力不能及之耳。得之为有财则笃于一本者，仁之隆也。以视薄于孝，而厚于慈者，其相去何如哉。谒文为记，粗陈其略。道光戊戌孟夏。

《金匮华氏新义庄记代》

［清］王先谦

善夫吴人之好义也。《宋史》称范文正公仲淹虽贵，衣食不充，置义庄赡族。《朱子言行录》详其于姑苏近郭买田数千亩，族中长而贤者一人主出纳，人日食米升，岁缣匹，嫁娶丧葬有赡给，令声余庆，洋溢累叶，高义之褒，炳于辰翰。于是其乡之人，若吴县陶氏、崑山顾氏、长洲陆氏，涵泳圣涯，崛焉踵武。而金匮华氏，合数世之力，以成先人未竟之志，前盛后美，甲于列邑。其犹有太伯、延陵季子礼让之遗俗与？不然，何好义者之多，而良法流于无穷也？

华氏之先，在宋居汴。明时讳悰韡者，再迁至鹅湖为县人。家故有义庄，自国初至今不替。悰韡十四世孙清莲，虑族蓄资乏，谋新之未逮。其子春亭、耕乐、孚吉、墨亭承遗命，分作合储，私入公出。

父兄前携，子弟后跃，月有要，岁有倂。孟晋十期，乃疆乃构。最田租千二百石，舍若干区，仿文正法，董以族贤能者，而贰其副。自岁赋外，廪其谷食鳏独孤寡废疾，粜其余助婚葬。学有塾，课有奖，宾兴有资，饥馑有备。旌别以谨始，赏罚以善成。宏纲细目，灿然具备。别割田百亩，厚其本支祖乾若公以下五世，厥后递杀，视庄之主。

某年月日，新义庄成，而耕乐子鸿模属余以言。余惟古者卿大夫立宗，宗子以世禄收族，大功以上无异财。至庶人无宗不能相给。故同姓虽从宗合族属，而赒救之谊，使借助州闾，所以通宗法之穷也。

后世贫富之权不在于上，于是朝廷无使人均财之道，而士大夫及庶人有力者，乃时出所有，以赡族党之穷。皆率循仁义，不假勉强。视古法制相维系者，恩有加焉。而论者以宗法败坏，追慨世禄之不反古，其有异于欲复井田封建之为者耶？

今世教昌明，人习于善，然大半华胄贵显易于为力。以余所闻，吾楚长沙彭氏建祠赡族，不有其资。巴陵刘氏储义谷，施族人，家落不问。其所为与华氏略等，而闻者或以为迂。呜呼！其迂也，乃其所以为贤与？

旧例，直省民能分财相养者，吏得上闻请奖，故立义庄之家，皆题奏优叙。竞于名者，亦或勉焉，近且有无其实而冒其名者矣。耕乐昆季之为是举，不求旌赏，行事立心加人一等，其尤足尚也。

春亭，讳存恭，实始营度，无禄即世。孚吉，名存信，没先春亭，有子鸿渐，能助耕乐、墨亭成之。耕乐，名存宽；墨亭，名存吉，倡办团练得显职。鸿模以选拔举于乡，癸酉典试所得士。光绪二年二月记。

《华翁钱孺人合葬墓志铭》

[清] 叶方霭

无锡为江南壮县，言大族者必首华氏。自南齐孝子宝居锡之惠山，其后宋都尉荣因宦移家汴梁，三传至原泉，复还锡。又九传至明处士悰韡，徙锡之荡口，今为荡口华氏云。

振玉翁，处士七世孙也。翁生质重有至性，八岁丧母，哀毁如成人。及长事父，竭其力。父殁，事祖母及继母，生养死奠，悉如礼。其丧母年六十矣，犹悲啼作儒子状，人无不称其孝。

翁兄弟五人，伯仲早逝，抚其孤如子。族人有以里役困，伯兄子者，翁身任之。曰："吾在，宁重累稚子哉"，多方撼之卒不动。两弟为继母出，继母赡产若干，殁后悉归之。曰："弟贫应从厚，我何须乌。"人无不称其不可。及居，常退让，不督人过。屋旁有隙地，邻之筑者越焉，翁弗较。有贷其金贾者，金散，慰之曰："匪贾不良，命也。"复予麦百斛，卒不责偿，人又无不称其长者。

华氏既为锡大族，自荡口外，复有兴道、南关二支，各以居。自别明三百年，读书膴仕，冠盖相望，翁独弗喜仕宦。初就传即曰："我务实行耳，毋事空言。"故其居家以躬行为本。

明俗，士人未为博士弟子者，终身着小帽，如细民。天启间，翁婿王永吉，官仪曹，归携儒士札，并制儒冠奉。翁却弗御，曰："吾久安韦布，负耒横经，没齿野人之矣，此奚为哉。"盖其循本分，远势利如此。

呜呼，我观两汉，以孝悌力田取士，风俗醇朴，最为近古。明初下诏，选富户人材，有学行者，大则任方面，小则宰郡县，如浦江郑氏、乌程沈氏，不绝于书。盖人主厥以风为染俗，使人人兴起，自勉于长厚，其盛事也。

翁生明之季，拘于资格，虽有至行，壅于上闻。及至我清，肇兴翁已年老，而有司无有能知故事，举此盛典，请之朝廷者，故翁卒不膺一命，以畎亩终其身。此有识之君子为世道惜，而叹生之不偶也，于翁奚恨哉。

翁讳某，振玉其字，生明某时，殁某时，年八十有六。祖某，父某，母某氏，继母某氏，妻钱孺人亦名□，顺婉昵克，相翁以成其行。生某时，殁某时，年五十有五。

子五人，琰、全、昌、珑、玟。女三人，长迁福州知府王永吉，即官仪曹时，携儒士札奉翁者。次适某。孙男，若干人。钱孺人既先逝于某年，安昔某阡翁之葬也。

琰、全、昌、玫，俱已卒。独珑于某年月日，扶翁柩兆合焉。请铭于予，予与翁孙章志同举进士，家在崑，距锡二百里，知翁详故不敢辞。珑有志操而章志，登第方少年，人皆谓天之报施善人，不于其身，必于其子孙昌炽，朱艾为能，益大其族也。铭曰："彼肥而我瘠，彼先而我后，奚取之者薄，而蕴之者厚，惟不责其躬，以克施厥胄，我铭斯石，亿年不朽。"

华老义庄《义庄条约》

第一条：专责成以固义田。

设董事一人，再设两司事以佐之。董其事者，必公举族中之品行端方、家业殷实者为之，其司事亦必择老成称职者共勷其事，凡庄内田租以及银钱册籍，悉归掌管，三年一调。倘财力不及，或有侵挪情弊，不拘年数，即议更换。如三年后并无过悮，族人悦服，愿其连任者，仍留掌管。庄中之任郑重，必须至公无私，并宜尽心经理。不可稍为懈怠，致有素餐之诮。

第二条：量租息以均出入。

赡族义田以及恤佃施衣埋柩等项田租，共一千一百七十石，其田上条银，将租麦抵办，遵优恤例，十月清完。所收租米亦必先办漕粮，其余碓臼归厫，约以一半给发四穷，以一半抵作各项费用。方今设法伊始，额数未足，祇恐日后四穷渐多，或不敷给。其在庄内一切用度，务从节省，俟有盈余，增置腴田，以广额数。并以备水旱歉收，入不敷出之岁，抵补月米之需，是为善策。

第三条：定辛俸以时支取。

主事辛俸每年六十两，司事修仪每人三十两或四十两，以酬其劳。催租扇仆每人饭米三石六斗，另赏脚米，照收租数，每石一升。其修俸及饭米按季支取，不得预支透支，脚米至冬底支取，将糙米给付。至于庄中供膳，酌定数目，按月开锁，不准透用支借。

第四条：严查察以杜弊端。

收租与给米时，必得董事亲自检点，不可完全任执事人经手。如遇岁歉，亦必亲自查勘田之确实荒熟，不可专听扇人开报，妄行减租。凡米麦银钱出入，务即核准登记簿籍，不得稍为挪移，并不得贪觅微利，通融出贷。

第五条：别宗派以防顶冒。

通族四穷，每月给米一斗，其报名时必请品行端方之人到庄保举，详开支派世数三代以及名氏、年岁，董事查防的确，方准入册。名次前后挨补，不得容情拨前，但族繁难于识认，全赖保举之人给票为凭。如有出继外族及再醮他姓者，不准入册。倘异姓继来者，尤不准入册，以杜异姓乱宗之弊。

第六条：辨老幼以定年例。

鳏独怜其老孤，独子惜其幼，凡鳏独定例年过五六旬者，方准入册，孤子年逾三岁方准入册，至二十岁后，约可成立或能自寻生业，即宜缴票让给实贫之人。惟寡妇及残疾之人，不拘此例。

第七条：谨调度以惜物用。

庄中仓厫房屋，每年修葺宜勤。庶几先事预防补葺渗漏，不至仓货霉湿，其仓用器具，随时置办足用，不可过于多备，以致废弃遗失。如日后增置义田，米麦难于积贮，另图添造仓屋。

第八条：借考费以鼓锐气。

族中有俊秀无力应试者，在庄内稍为借贷，院试定以一两，乡试定以三两，会试定以五两，听其陆续还本，下次再借。如有学问充足，而真正赤贫无可挪移者，惜其才学，不拘此例。

第九条：助婚资以重嗣续。

族中有数代单传，无力婚娶者，查实支派真确，酌给婚费，令其有室，其钱定以三两为率。如已娶断弦，无力续娶者，必查实果系数代单传，嗣续益重，当原娶时未给者，即补给钱文，令其速娶。

第十条：贴葬费以安骸骨。

族内有停柩在家，无力安葬者，或权厝野外者。许其到庄报明，查实酌给钱文，令其速葬，远者贴钱二两，墓近者贴钱五钱。如有无主之棺，暴露于外者，查其本房，酌给葬费，俾得入土。

华老义庄《续申条规十二则》

一、酌厚本以昭敦睦。

窃惟亲亲之杀，礼所从生。本支元楼公一派，为五服内之近属，凡有四穷应稍从厚，故复捐田一百二十亩，曰敦本义田，其例给月米一斗者，加给五升，惟寡妇则加给一斗。因租数有限，约以五十名为则。苟或稍有生计，可以支持而自愿缴票者，给钱二两，以奖其自能食力之志。其身故缴票者即给钱三两，以贴殡葬之费。倘有匿不缴票，查出即行注销，殡葬之费不准给付。其缴票之缺，仍补五服近属。所谓五服者，遵五世则迁之义，嗣后就庄主递推以为定例，非永以元楼公后人为五服也。

一、设立会课以切观摩。

吾族自明迄今，科第后先林立，祗缘派别支分，未免观摩志切，而聚首为难，因设义庄会课，定期于每月十二日，凡族中之与考生童，齐集本庄拈题会课，辰集酉归。本庄备两粥一饭，每桌六人，其课艺倩〔请〕邑中先达评定甲乙。所需饭食修仪，另捐田五十亩归入义庄，其逐期经费多寡，在租息内开销。不宜太俭，亦勿过丰，庶垂永久。

一、严办淑赡以警无知。

义田为赡族之方，兼寓劝善之意，先于孝子节妇之穷困者，次及鳏寡孤独之无依者，分等造册，查访确实，按月给米。至于不孝、不悌、赌博、健讼、酗酒、无赖，此皆坏乱风俗之徒，例不入册。又不当入册者有四，一曰僧道已非吾族，二曰屠户必失仁心，三曰败类荡废祖业，四曰匪行有辱宗祊。此虽寥落失所，亦报施宜然，不得混行给发。

一、忍却流丐以重固穷。

族中有懒习生计，而甘入下流，求乞四方者，情虽可悯，不便入册，缘此等行踪无定，难于觉察，总给月米，乌能禁其所为？况乎玷辱宗族，例不应给，苟能悔改前非，尚可通融。

一、隔属不给以戒弃基。

义田之举，虽系赡贫亦以固族，凡有住居外县者，路远难稽，概不入册。即本邑之已入册者，或远迁居他邑，亦应查缴米票，注册停给，以杜流散之弊。

一、定期给发以绝参差。

票支月米，例定初五前给发，过期不准支领，俟下月并给。倘积月分过多，亦属违例，谅情只发一季，或系路途遥远以年老残疾，难于跋涉，许分四季之末支领。然总不得通融预支，至近地则尤不准预支。

一、小康缴票以广赒贫。

凡鳏寡孤独，始而穷苦，继或小康，即宜缴票，若仍蒙混冒支，甚碍贫宗地步〔递补〕。察出定行注销，并追缴冒支之米，其缺转给候补之人，乃为举措得宜。

一、严定罚规以杜匿冒。

凡册内有名身故者，其亲族即于本日到庄报明，缴销米票，随给殡葬之费三两。如有匿丧不报而旁人顶名冒领者，一经查出，即行追缴冒支之米，其丧葬费亦不准给，或有孀妇已醮他姓，仍然冒领亦如此例。

一、限催冬租以警迟延。

义田与寻常家产不同，家产止供一家之用，租缺尚别图，若义田缺租，其漕粮、赡族以及一切公用何从挪补？每年收租，例限冬至结账清完，倘有顽梗之佃强拖欠，即行送官严追。如或扇人串吞，亦一并究治。

一、周恤佃农以足岁收。

义田千亩，难保俱属肥饶，而犹赖农夫踊跃力作，可以常稔。故另捐恤佃田一百二十亩，附入义庄，每年所收租米归厫，俟五月插秧时，给赏各佃每亩黄米一斗，稍资饭食，以劝农工。如有旧欠未清者，不准发给。

一、交代详明以防遗误。

凡董事谢事时，即将四柱清册，四穷号簿，各房宗谱，以及田单契券，新旧租籍，钱粮田号细数等册，并庄屋装摺家伙物用贮米麦银钱一一交代详细，毋致稍有遗失。

一、年终销算以示秉公。

庄中钱谷出入，每至年终，核造管收，除在四柱清册将上年旧管存贮，本年新收总数以及开除各项支销，现在义庄实存，逐一开明。各司事及董事公同盘查无讹，以昭示公。

《附带管事二事》：

一、馨字图内义塚一所，每年祭扫查看，各塚禁止匪人入侵削，牛羊践踏。有来葬者大棺给钱二钱，小棺给钱一钱，必须挨次排列，不可听其乱葬。遣人眼见葬妥，然后给钱，此项于另捐五十亩田内开销。

二、冬月施棉衣，每年约以一百领为率，定例佛道不与，乞丐不与，不至赤贫不与，有上年新给以及未满三年者亦不与。但因衣数有限，只可施给同里之人，其隔属远乡不及遍施其衣，总以白布者给之，此项亦在另捐五十亩田租内开销。

《开呈华进思履历事实册》

一、职监生华进思系江苏常州府金匮县人，于康熙四十四年援东省饥民事例，捐米八十石作监生。于康熙五十四年考授州判职衔。今年五十四岁，民籍，曾祖润瓛，祖呈藻，父端揆。

二、职监生华进思建置义田，以赡通族。以伊父端揆有志未逮，乃竭十数年精力，置得南延乡清馨似兰，如松之盛，川流不息，容字等号常稔田一千亩，设有规条数则。略仿宋贤范仲淹遗法而增损之，业经具呈本县通详，以垂永久在案，至田租数细号并钤印贮存。

三、职监生华进思衣被穷困，以体恤祈寒，每至冬月，预置棉衣。凡乡里之贫而无衣者，不拘男女，咸来取给。历二十年来，岁以二十金为率。

四、职监生华进思力建义塚，以瘗遗骸。用价置得馨字号之田八亩二分二厘二毫，立石表道，凡暴露胔骸，俱就埋之，凡来葬者，并给葬费。

五、职监生华进思建造桥梁，以资利涉。邑之南延乡有鹅肫荡，为南北通津，风波不测，旧桥圮坏，捐千金建造石梁，亲督工程，历岁告竣。

六、职监生华进思捐置仓屋，以先倡率，向于乾隆五年，因奉宪行输谷捐二伯（百）石，复捐银一百两，建仓一十二间，为贮谷之所。

七、职监生华进思捐田恤佃，以鼓农工。义田之外，另置田一百二十亩，每年租米并附义庄收贮，碓白归厫。俟四月给赏义田各佃，每亩白米一斗。

八、职监生华进思捐田饭僧，以崇佑本镇。义盛庵，伊祖创建，故庵中设木主供养。进思即捐田四亩入常住。以资祖位前香火，使僧人永远崇奉。

九、职监生华进思捐建司署，以副舆情，乾隆三年蒙上宪，委望亭司移驻荡口，众情欣慰。但二三年来租住民房，寄居寺院，巡司每为未便，不能久居，众窃忧之。进思即捐银一百五十两，契置房屋一所，改造衙署。

十、职监生华进思利济之事，触处而行。轸念各佃勤劳，思以稍恤其苦，每年凡遇喜庆等事，按亩给赏白米一斗，刻注由票，例行有年。夏秋之交，设或地方米价昂贵，即出米减价平籴，使一方谋食之家均沾其惠。

十一、职监生华进思力善根心，计图永久，即如义塚葬棺给费，冬天施舍棉衣，惟恐岁月浸寻，弗克长继，又另捐田五十亩，并附义庄收贮，以作两项支费，庶几埋葬挟纩之意可永行。

乾隆八年四月　日

华芬义庄《创建义庄家议》

立合同议单，存恭、存宽、存吉、仝姪、鸿渚，奉先父芬远府君遗命，为我族丁繁，贫宗孤寡，虽有老义庄给发月米，仍多待哺之人，睹此惨容，何忍坐视，因命存恭等稍有盈资，即置田亩分给亲房，我支既有所资。老庄出缺，即可补给待哺之人。兹因力绵，勉承先志，共置得清馨川不斯兰命则等号田租三百七十五石，邀集亲族，将所置田亩，自愿尽数先立公账，每年租息，除办赋外，续置田亩祠堂公屋。俟田满五百亩，即行通详达部，改立义田。给发本房，应自先祖某公给发起，且俟后议。今议之后，一切私项不得开销。各房倘有盈余再愿续捐，各出天良，如有悔言，即为不孝。议出至公，毫无偏袒，仰望积少成多，克承先志。欲后有凭，立此议单五纸，四房各执一纸，一存公帐为照。

咸丰十年正月　日立

华新义庄《规条十二则》

岁收田租栈租，首先办赋以及春秋祭祀、修葺祠墓。其余照规，尽为赡族。自同治八年为始，给发本支三省公以下贫宗，先四穷及废疾，次丧葬、义塾、会课、考费、婚娶、恤佃、施衣，下至杂项善事等用。日后得有盈余，由本支而推至通族，要以量入为出，次第施行。

所有规条，开列于左：

一曰轮国课。田上银漕，约以租麦抵办，条银遵优恤例，十月启征，届时一律清完。所收租米，必于年内完清漕粮，勿得积欠。

二曰供祭祀。庄内正楹安设芬远公神主，以昭先志。正楹之东，别建三楹，安设芬远公以上三世之神主，以昭上祀。义庄既以三省公为主，则三省公不可无祠。因于庄旁建祠一所，以昭报本。此三祠，春秋二祭，每逢朔望，洒扫清洁，供设香烛，子孙随时拜谒。至本支祖墓，自芬远公以上凡七墓，春秋祭费，有祭田者，由田开支，无祭田者，由本庄开支。祭祀之期，子孙宜早齐集，毋得托故不到，岁修祠墓，以妥先灵。

三曰定月给。所有四穷及废疾，本支每名每月向给白米一斗，兹给一斗五升，其额定以二百名为率。通族每名每月老庄内已给一斗，本庄加给五升，其额定以五百名为率。报名时须请正直之人到庄保举，详开支派世数三代以及名氏年岁。董事查访确实，然后入册，以次挨补。但族繁难认，给票领米。

四曰厚亲房。乾若公以下为五服内之近属，礼宜稍厚。凡例给一斗五升者，五服内给二斗。身故缴票，例给殡葬费三两，五服内给殓费三两，再给葬费三两。所谓五服者，遵五世则迁之义。嗣后以现存庄主递推为例，非永以乾若公后为五服也。

五曰安骸骨。凡领月米者，身故缴票，即给钱三两，以贴殡葬之费。倘匿而不缴，查出即行注销，不给葬费。如不领月米者，或停柩在家，无力安葬以及权厝野外者，许其到庄报明查实。酌给墓远者贴钱一两，墓近者贴钱五钱，令其速葬。如有无主之棺，暴露于外，查其本房，酌给葬费，俾得入土。

六曰训蒙童。庄内设立义塾，延请品行端方之师，凡乾若公以下子孙有无力读书者，许其送入义塾，或家远不便，自行从师者，每节给束修五百文，读完四书者七百文，作文者一千文。现因经费不敷，专给乾若公本房，俟庄中盈余，增置田亩，即行推广给发。

七曰立文社。庄内每月设立会课一期，凡合族与考生童，辰集本庄，拈题会课，一文一诗，日入为度，本庄备一粥两饭，课艺请邑中先达评定。列入优等者，酌给花红有差，以示鼓励。

八曰资寒酸。或有志观光而家贫无力者，县试酌给钱五百文，府试酌给钱一千文，院试酌给钱二两，乡试酌给钱五两，会试酌给钱三十两，朝考会试例。如有学问充足而真正赤贫，无可挪移者，或再暂行议借，听其陆续还本。

九曰重嗣续。或有单传无力婚娶者，查实支派真确，酌给婚费三两，无嗣续娶者，无论原娶时已给未给，仍照例给之，以重嗣续。

十曰恤农工。义田虽俱肥饶，而犹赖农夫力穑，可以常稔。故每岁五月插秧时，赏给各佃白米一斗，稍资饭食。如有欠租未清者，不准给发。

十一曰悯寒冻。冬月棉衣每年约以百领为率，定例僧道不与，江湖不与，其余实在赤贫者不拘一姓，眼见给之。但因衣数有限，只可施给同里之人，其隔属远乡不及偏给，俟庄盈余再行广给。

十二曰广善举。庄中必备二年之蓄，以防水旱歉收，此外得有盈余，一切善事，必须有益于族中及有济于乡里者，酌力行之。

华芬义庄《议约十八则》

一、议四穷之中，鳏独怜其老，孤子惜其幼，凡鳏独定议年过五六旬者方准入册。孤子年逾三岁，方准入册，至二十岁后均可成立，或能自寻生计，即宜缴票。惟寡妇及废弃之人不拘此例。

一、议票支月米，定例每月初五前给发，过期俟下月并给，不得通融预支。或系路远以及年老残疾，难于跋涉，许其按四季之中支领。

一、议如有出继外姓者不给，他姓继来者不给，及再醮他姓者不给，以杜异姓乱宗之弊。

一、议凡有不肖子弟赌博健讼，酗酒无赖，此皆坏乱风俗之徒，例不入册。又有僧道已非吾族，匪行有辱宗坊，此二者不准入册。

一、议凡有四穷，始而贫乏，继或小康，宜缴票。若仍蒙混冒支，有碍贫宗递补，察出定即注销其缺，转给候补之人，乃为举措得宜。在庄主五服内小康缴票者，酌给钱三两，以奖其自能食力之志。

一、议设董事一人，再设两司事以佐之。董其事者，无论长幼，必公举庄裔之品行端方，勤俭朴实者，其司事亦必择族中之老成称职者。凡庄内田租以及银钱册籍，悉归掌管。倘才力不及，或有侵挪情弊，即议更换。但庄务郑重，必须至公无私，尽心办理。

一、议董事本系庄裔，不支脩金。其司事一正一副，正者每岁支脩金六十两，副者每岁四十两，催租扇仆每人每岁饭米三石六斗，另赏脚米。照收租数，每石给糙米一升，其脩及饭米按月支取，不得预支透支，脚米至冬底给付。至于庄中供膳，酌定数目，每月开销不准透用支借。

一、议收租与给米时，必得董事亲自检点，不可全任执事人经手。如遇岁歉亦必亲自查勘田之确实荒熟，不可专听扇人开报，妄行减租。凡米麦银钱出入，务即核准登记簿籍，不得稍微挪移，并不得贪图微利，通融出资。

一、议义田与寻常家产不同，家产止供一家之用，租缺尚可别图，若义田缺租，其漕银赡族及一切公用何从挪补。每年收租，定例三限，额外让收，庶几各佃踊跃争先。倘抗欠即行送官严追。如或扇人串吞，亦一并究治。

一、议凡董事谢事时，即将四柱清册、领米号簿，各房宗谱以及田单契券，新旧租籍，钱粮田号，细数等册并庄屋装折。家伙物用，存积米麦，一一交兑详明，毋致稍有遗失。

一、议庄中钱谷出入，每至年终核造管收，除在四柱清册将上年旧管存积，本年新收总数以及开除各项支销，现在庄内实存，逐一开明。各司事及董事公同盘查无讹，各庄裔须于每年正月内到庄将清册查勘一次。

一、议庄内仓厫房屋，每年修葺宜勤，庶几先事预防，补苴渗漏，不致仓货霉湿。其仓用器具，随时置办足用，不可过多，以致废弃。司事亦随时检点，不致遗失。

一、议虽属庄裔，不准用银钱，不准借庄屋，不准寄仓收租，不准寄存货物，不准擅借器皿物件。

一、议子孙如有不孝不悌及不安分閒宕坏事者，宜由本支房长告知庄内，邀各房到庄公同论责。倘不遵约束，有玷祖宗之事，重加夏楚。若能改过，予以自新三次，不改即行禁闭在庄室，俟能悔过，许其具情放出。日后故态复萌，或行撵逐出族。或再行闭置，永不开放。倘有疾病不测，仍由本房领回，如有家法不能处治者，应行经官惩处。

一、议祭田各立花户，其余义田及庄基俱立华芬义庄户名办粮，以垂永久，不得提改户名，亦不得将庄主私产混入，以杜捏冒诡奇之弊。如果有续置及续捐田产，照立户名，以防遗失舛错之虑。

一、议日后如果有续捐田亩房产，虽未及补齐，而既捐之后，永为义庄公产，不得通情拨出。

一、议庄裔如有别项公用，不得滥行推入庄内。恐日积月累，以致正项不敷，如有盈余，即续置田亩，以广善举。

一、议庄中有事，凡属庄裔，俱宜到庄妥议，并质诸外房公正之人。须众议允洽，不得偏执己见，擅变庄规，亦不得遇有事故，妄行推诿。当念创业之艰难，协力同心，永保勿替。

《建庄原始记》

［清］华鸿模

我家历世寒素，屋仅数椽，田无一亩。先伯父、先考、先叔父、先季父，自少经营作苦，备历艰辛。道光庚子，先祖芬远府君弃养，承置田赡族之命，节衣缩食，积锱铢者二十余年，始得田租三百七十五石。初意积置五百石乃举办，时先叔父孚吉府君已谢世，又以粤寇渐迫，恐遭乱散失。咸丰庚申正月，先在家邀亲族书议（据书十年后给发），继又承族长老在老义庄公立议据（录前）。

是年即苏常沦陷，租籽阙如。阅四年乱平，渐以租息续置百亩，先后几及五百亩。同治丁卯，先伯父春亭府君谢世，先考亦年逾六旬，以不克观成为惧，遂购庄基，建庄屋，日夜图维，汲汲不遑。己巳春（同治八年）开办，给发本支四茕月米（虽遭寇乱仍符十年原议），但两事并举，万难支持。

偕季父议，以乱后历年各房自置私产，悉数续捐。是年冬又益田租四百六十石，继因建屋费巨，仍不敷用。庚午年，又各房合捐制钱五千串。至同治末，庄屋粗完，田盈千亩。先考偕季父复以锡城贸易余赀，置得堆栈一所，亦捐入义庄。议以每年租息续置田亩，为将来推广合族月米之计。

光绪纪元，遂将田千亩，栈房一所，议定规条，由县通详咨部，给贴以垂永久。自咸丰庚申定议，至光绪戊寅义庄，上下人等，均由四房轮流供应，庄未开膳者凡十九年。嗣后陆续又增置田亩，二十年来，共得田租六百石。于丙申春，广给合族月米，复于其间修辑宗谱，创造祖祠，添建庄屋，增广堆栈，并修葺历代祖茔，扩墓基，置祭田。近年在锡城北郭又置市廛一所，以上诸欵，均取给义庄。

辛巳秋，季父墨亭府君即世，遗命以堆栈租息，每年酌提二成，另置田亩，为近房亲支设有缓急，而庄规所未及者，量为相助，名曰"固本田亩"，迄今共得田租四百石。壬午春，先考弃养，遗命续捐田五百亩，为设文社月课，义塾教读之资，名曰"怀芬义学"田亩。又命再捐五百亩，以备各项善举，推及异姓，补义庄义学之缺，名曰"耕义田亩"。凡此者皆在给贴后所扩充原详规条所未及者也。

溯自道光庚子以来，历三世阅六十年，诸父倡于前，鸿模偕诸弟侄承于后，计共得义庄田一千六百亩，各墓祭祀田三百亩，义学田五百亩，固本田四百亩，耕义田五百亩，堆栈一所，市廛一所，始得楚楚完备。尚虞陨越，为此略叙颠末，以示将来。凡我芬远府君后裔，宜慎终如始，毋忘创造之艰难，幸甚慰甚。

光绪二十七年辛丑孟秋，鸿模谨记

《华氏新义庄记》

[清] 沈汝奎

爵位而至公卿，富贵而归乡里，此世俗所艳羡，亦古今之同情也。而求其名播于邦国，声称于异时，卒罕闻焉。岂势之不足与，盖德有未逮耳。夫士当阸困顿日或饔飧不给，得族人之丰厚者，赒其不足而润济，以肆力自立。一旦得志，都三公位，拥万钟粟，其仓箱之足，禄俸之崇厚，自封植而族之人相与瞻望，咨嗟欣慕畏惧，甘操壶瓢为沟中瘠，不敢登其门乞一少贷。其意气之盛，何其忍哉。

若我年伯，耕乐则有大过人者。先生姓华氏，讳存宽，世居金匮。少嗜学，熟于史事，晚年尤精于易，以家贫不仕，性慷慨好施与。华氏有旧义庄，年久费绌，其先人芬远公欲扩而新之未逮，遗命属之。先生谨受严命，治生产，饬操作，不以一毫自私，日积月累，计所盈足兴举，慨然曰："是可以继先志矣。"

聚其兄弟子侄而谋，众曰善。于是悉数出之，得膏腴田千亩，乃建庄屋，立规条，婚有赡，嫁有资，丧葬有助，学有塾，课有奖，宾兴有费，鳏寡孤独有养，以赡其合族。

且咨部给贴，垂为世法，大吏义之，欲为上达。先生泫然曰："此余之成先志也。邀宠乎？奚为具揭。"力辞。

先生之胸襟，实有超出恒情万亿者。夫世之拥高爵厚禄，视亲戚如路人，固不足论。即有明大义者，出其余以恤穷困，要皆其力之易为，从未闻躬勤苦，殷施济，若先生其人者。呜呼！如先生所为可不谓义与？

汝奎之居，距先生三百余里，幼时即耳华氏义庄之举，心焉仰之。顾路隔大江南北，每以不获谒先生丈杖履为憾。癸酉举于乡，幸与先生哲嗣紫垂同榜。甲戌同就礼部，征车麈马，足并驰骋于齐鲁燕赵，朝夕过从，益得阅先生梗概。

己卯，司铎昆陵，去鹅湖程百里，私心慰焉。拟一造先生之门，亲承其謦欬。乃因公未果，而先生于壬午之春归道山，奉讣奔奠，怅然神伤。今紫垂出其家乘，属汝奎言。奎何敢以不文辞，爰即其大义而书之。窃辛古者睦族之风，未得之显要，独系于先生，继承之道，为吾友勗，并为世之闻先生风者望。至于地方诸善举，若修桥梁治道路，掩骸捨棺，赈粥施衣。他人之称为难能者，犹先生之小节焉，兹不复赘。

时光绪九年，赐进士出身河南即用知县改选常州府教授年愚姪沈汝奎拜撰

《新义庄记》

［清］华本松

我华氏之有义庄也，始于明而盛于昭代。通八支补庵公生当嘉靖，通籍数年，而割田千亩，建庄恤族，未及百年而废，后人惜之。迨康熙时，山桂支葵圃公首建义庄，历二百年如一日，族多嘉赖。亦越道光，永喜支义庄继起，好义之举为不孤。今于我支三省公义庄，而益叹其能媲美三支者，并属通四公后。其庄并在鹅湖，俗称山桂为老庄，我支为新义庄，所以示别也。是庄也，非吾从父耕乐、墨亭二公之力不至此。

公承父之命，继兄之志，经营三十年，克底于成，费白金二万有奇，无少靳惜。往余在粤西，阅朝报，见吾吴疆吏所援以入告者，不觉

肃然敬畏。然叹曰：“吾宗之贤者固若是，其盛乎。”

余游两粤久，习其故家大族，不乏修葺祠墓家塾，以尽追远劝学之所，为求其能赒救族人者，绝无闻焉。岂其不读史书，不知范文正公之故事耶？宜乎安化太史黄公之言曰：“吴人好义，甲于天下。”吾楚长沙彭氏建祠赡族，不有其资。巴陵刘氏，储义谷施族人，家落不问。其所为与华氏略等，而闻者或以为迂也。呜呼，其迂也，乃其所以为贤与。

庄成数载，耕乐公子子才寓书邑南，索余作记，会事牵未有以报。既而墨亭公故，明年耕乐公又故，夫以二公所为，孝慈仁勇四者兼备，诚无愧宜兴学博吴君所称道。

而一花甲，一古稀，卒未同跻耄耋。尚宜天之报施善人，犹有余憾，然观其后起，蒸蒸自才，既以选拔举于乡。春亭公子景贤，墨亭公子子澄，均游庠。孚吉公子少梅，尤精能权变，克振其家。所谓不于其身，必于其子孙，岂非天道之昭昭者？

顾余奔走四方，官廪所入，仅堪自给，不获沾溉。族人之三庄者，山桂固所熟游，永喜亦尝再至，独未一及我支新义庄焉。远负祖宗，近惭父老，水源木本之谓，何又不禁感慨系之矣。

时在光绪十年甲申，本支从侄本松作于粤西边防军幕

《公墓立案禀稿》

具禀内阁中书华鸿模，通政司知事华鸿渐，候选从九华金城举人华秉钧，拔贡华世芳，候选县丞华鹤年。为遵谕添设义地签名恳详请立案出示事。

窃宪治下南延乡，向有义冢地数处，历年既久，业葬已满。本思添设，无如相度，地势低区不可，道远不便，稍近庐舍坟墓又不宜。苟无此三患而膏腴熟田业户，既不愿捐，又不肯卖，是以频年购觅，未能得手。

上年宪从临乡，恻见停棺暴露所在，多有谆谕。职等为设法掩埋，当将以上种种碍难情形面陈。宪鉴嗣又奉到照会，遵奉藩宪札饬办，职等遵。即周历审度，今始集得南上三七图，命字号内，坐落延祥河桥东，庄滨口华惠公捐平田一亩七分七厘二毫，华吉记捐平田四分六厘，华成绪将已产田租三木七厘二毫，向恤嫠（寡妇）会中换得平田三亩六毫。又备价制钱八十五千文，置得平田二亩四分四厘，合之施棺局旧有

荒田一亩一分五厘，共得平田十亩三分二厘九毫，即经开工修筑，现已就竣。

窃思南延地方历年停棺之多，固由于地势滨湖，庐社之外，实鲜高燥隙土可以营葬。贫民既无力远置，又目睹义冢业葬已满，且恶其颠倒错乱，无可稽考。是以迁延久搁，今添建公墓，拟定章程，编号掩埋，庶几人可乐就。诚恐再有因循不葬者，应请谕饬南延一乡各图董保，督催促无力贫民，将久停之棺柩，勒限本年腊月底为止，一律归葬此墓。

至邻境客民浮寄之棺，纵横偏野，有主无主，无从查起。应请移会邻县，一体出示催葬，亦以本年腊月底为止。如仍不归葬，即由职等筹款将无主浮寄之棺，一律编号掩埋，以免日久暴露，棺材朽残骸之惨。所有拟定章程条列于后，为此吁求公祖大人，俯赐详请立案，并出示谕，饬催埋葬。暨移会邻县，一体出示催葬谕，饬区书查照单号，注册过粮，以便穷黎而垂永久，实为德便。

计开：

一、此墓划为两界，左为众姓公墓，右为华姓公墓，竖立碑石，刻明字样，以昭区别，周围均立石为界。

一、来葬者先到华氏义庄报明登簿，开注姓名、年岁、住处及经葬何人，领取号头石一块，到墓挨号顺葬。埋石棺前，以便日后查认，不取分文。

一、或有暂借此墓，尚须另行择地者，亦须照上到庄登簿领石，将来不致混淆。定限一年，限满即代为掩埋，不准阻挠。日后如须领回，另葬听便。

一、实在无力者，量路之远近，酌贴舟资土工之费，葬毕到庄领取。

一、不准乱葬，不准不报明私葬，人孰无天良，谁不思其父母骨肉，倘一时乱葬，将来无从稽考，后悔难追，或误认他冢，尤为悖谬。何如登簿立石，日后可查认，可祭扫，不费一文，永远有凭。

一、附近农民不准放牛羊践踏，不准挑堆田埂，不准界内侵削，如有此等送官处责。

光绪十九年八月　日具呈

金匮县正堂王批：

贵绅等捐置田亩，建筑公墓，乡民无力营葬者，咸得归葬于斯，不至日久暴露。洵属勇于为善，曷胜钦佩。所议章程亦甚妥善，候即详请立案，出示晓谕，一面移会邻县，一体出示催葬。至所捐田亩，希即将单号抄呈，以便饬承过粮，勿迟为要。

《始建三省公祠记》

[清] 华鸿模

我祖自南渡第一世至第十一世俱有祠，惟十二世三省公独缺。窃念公孝友传家，品端学粹，云礽繁炽，忠义流放，子孙服畴，食德者五百年于兹。而春秋祀事无闻，虽已设主祠，复经改徙，终不足以崇庙貌而安先灵。

先考与诸父辈每一谈及，心甚憾焉。余二十世族兄弟二人，长曰裕身公，所居宅曰“惇礼堂”，老墙门。次为余祖乾若公，所居宅曰“承绪堂”，新墙门。承绪堂之前有恒堂，堂凡三楹，西向就南，一楹奉十八世承之公以下栗主，为承绪堂新宅之家祠。自国初至咸丰间二百年来，祠狭几不能容神主。且与居宅迫处，不免烦亵诸长老，亟谋改卜。先考乃购置族人云衢屋一所，近在宅后，东向中堂三楹为三神龛，奉祀十二世三省公以下至十七世神位供。中龛十八十九二十世祔焉，二十一世以下，分昭穆供左右龛。

由甬道至大门归祠内，其左右房屋割与余从弟鸿渚，为酿酒所。同治纪元壬戌十月既望迁焉。是时裕身公后无传，居宅易姓，栗主大半抛散，其存者亦归入此祠，较诸曩昔，规模亦已粗就。然而酒气熏蒸，佣工嘈杂，先考辈仍未惬也。又数年而义庄落成，乃于庄之东营祠，两进东向。

壬午十月朔又迁焉。屋完整而静谧，朔望尤便展谒，惟位置一如其旧，既而先考辈又思公为分支之祖，宜建专祠以昭独尊之义。且春秋祭祀，子姓毕集，既庶且蕃，室宇倍宜宏敞，相度久之，而未得其地。光绪初，先考辈相继弃养，遗命谆切，而鸿模频年病因，忽忽者十余年。甲午春始购得庄西地，是秋即鸠工营治，厥位面阳，厥材孔良。乃与诸弟议建亭堂三楹，奉公为主位，以十三世祖四主配东三楹，为家祠，中奉十四世以下至二十世神位，左右分昭穆合宅之栗主祔焉，西三楹为皇祖芬远府君祠，府君以下栗主祔焉。祠后一堂，东西两厢，斋祓有所，馂余有处，庖廪有次，前后隙地，为场为圃。

越二年，丙申，室宇牑备。是冬遭先妣大故，丧葬倥偬。戊戌岁歉，筹办平粜。秋初，鸿模得眩恙。秋杪儿彦钰亡，延搁又二年。鸿模病骨支离，心绪恶劣，百事俱废，既而憬然曰：“少者强者而夭殁，长者哀者能久存乎？业败垂成，何以见先人于地下？”

己亥春，遂命工造神龛，制联额殿堂门庑，黝垩丹漆，百尔器备，并手偕作。迨秋告竣，而鸿模病益甚，俟稍瘥涓。吉于孟冬十一日，奉移累代神主于新祠。先期连日雨，隔宿云开日漏，届期清朗，街衢燥利，仪仗辉煌，笾豆罗陈，衣冠跄济，族中躬送，拜于堂下者三百余人，为一时之盛举云。

呜呼，我先人之欲成此祠也，几费审度，几费经营，始限于力，继限于地，卒赍志以终。迨鸿模与诸弟侄，始克勉力成之。回溯壬戌迄今，三迁乃定，从此先灵可永安，而先人之素志当可慰也。鸿模未老而病且衰，子夭孙穉，自兹以往，春秋祀事，尚其严肃整洁，尽爱尽敬，勿视为具文。朔望涤尘，勿任埃积，岁时修葺，勿任漫渍，我群从弟姪随时加意，此又鸿模所深望者也。

庚子之春二十五世孙鸿模谨记

《三省公建祠记》

［清］华本松

我华氏自一世祖原泉公，宋靖康间扈跸南渡，归无锡居梅里之隆亭，子孙始建祠其镇。迨明洪武中，十世祖贞固公迁鹅湖则旺，儿桥有始迁祖祠。

亦越国朝，同治奎酉，续建十一世祖乐勤公祠。光绪己卯，又建七世祖通四公祠。于始迁祖祠之东，配以八世祖子举公，九世祖栖碧公，分祀昭穆，报本追远，亦云备矣。十二世祖三省公乃乐勤公季子，贞固公孙也，承父遗业，家日饶裕而服食俭约，不尚浮靡，藏书万卷，诵读不辍，好与同志相倡和，学益进。取《曾子》曰省之，义号三省。著有《诗学启蒙》《鹅湖集亨》，耆寿而终，葬椿桂山乐勤公茔之三穆。

裔孙赠通议大夫芬远公为吾族祖，生平慕范文正之为，遗命诸子置义田建庄赡族。诸子秉承先志，经营竭蹶，卒底于成。尝相与聚谋曰：族自通奇分派后，列祖均有祠，惟三省公尚缺。既为支祖，兼有义庄，岂可无祠，以崇报享。顾以尽力庄内，不遑兼及为憾。

既从父耕读、墨亭诸先生相继谢世，子随、少梅诸辈从念先人之愿未遂也，乃于庄旁购地。乙未、丙申两岁，鸠工庀材，草创甫就。子随奉讳家居，读礼之余，复加讨论修饰。规模既定，益以润色，落成计费万缗。将卜吉，己亥秋，奉主入祠，先期寓书邕州属本松作记。窃维子随与本松同属三省公后，公耄年硕德，积厚流光，垂裕后昆，续成义举，以视被金绝华衮者，荣且过之。则其祀乡间而式宗坊也，谁曰不宜？

其祠为屋二十余楹，自头门达享堂，凡三重。中重三楹奉公主，配以十三世祖简斋公、静斋公、节斋公、勉斋公。东西各三楹，为十八世承之公以下总祠。西为芬远公以下分祠，其后三楹为春秋与祭，各房族众享胙所。平时则为蒙养讲堂者，集里中子弟，无论本姓异姓，讲贯于其中。延学行兼优之士数人为主讲、辅讲，按月分期讲解，许生徒诘疑，以辩功课之优劣，以定赏罚之等差。行之两年，颇有成就。此又子随、少梅群从于建祠外，嘉惠里人，植其根基，端其趋向，求为异日有用者之苦心也。为述作祠之颠末并及蒙养以见，承先念祖，作人育材，若子随、少梅者，可以风已，于是乎记。

光绪二十五年遂次己亥暮春之月，二十五世孙本松谨撰于广西南宁府城旅邸

《华子随先生传》

唐文治

先生姓华氏，讳鸿模，字范三，晚号子随。江苏无锡人，世居荡口镇，幼而岐嶷有至性，由廪膳生登同治癸酉科拔贡，即以是年举于乡，三应礼部试不第，遂不复求仕进。隐居乡里，乐善不倦，数十年如一日，至今乡之人称其积德累行之厚，或曰建义庄也，兴学校也，修先茔也，辑谱牒也；或曰浚河导水利也，筑道成徒杠也，掩骼埋胔也，指金而输帐也；或曰当其席革时，殷殷以平粜为事，其惠及穷黎，尤不可及也。然吾尝闻子曰："君子务本，本立而道生。"先生之善行，盖莫非本于孝弟而然。当先生应以光绪庚辰春明试，甫出闱，得家书，知父疾，先生遽驰归道，经津沽，有得书，病良已。而先生不忍舍，兼程回，父

子相见，天伦之乐，倍蓰于功名矣。迨己丑秋，奉母命，送子省试，忽家人仓皇至，言母病，时轮船不通，先生惶急，星夜陆行，达丹阳，雇扁舟，一日夜行二百五十里。抵里门，则病霍然。纯孝之至，通于神明。昔吴雨屏作许孝子传，怀药沉湘，魂归医母，余深悲其遇。若先生之两获无恙，岂非天佑善人。先生女兄适钱氏，早寡守节，迎养之，及其殁也，为建节孝坊于墓门。从父昆季十人，皆以道德文章相切，怡怡无间，有先逝者，则抚其孤若己子。书云："孝乎，惟孝友于兄弟，施于有政向。"使以先生之德行，扺而布之于天下，则中和致而乖戾消，人间之劫运，或可稍息矣乎。然先生之垂殁也，方应选孝廉，方正戚党，以报先生，犹泫然手指孝字曰："吾曷克当此。"呜呼，其真诚谦谨若此，可以风矣。先生有子颜钰，光绪丁酉科拔贡，先卒。孙士巽、士鼎俱修行好学，识者以为必有达人云。

论曰：有天地以来，世界之所以不陆沉，人心之所以不尽死者，赖有善人维持之而已。子张问善人之道，子曰："不践迹亦不入于室，践迹者孝弟忠信，克己复礼之功也。"孔子叹："善人之不得见而思见，有恒者盖孳孳为善，皆从有恒中来也。"余闻子随华先生之行诣，庶几合于善人有恒之道矣。故亟为之传，以风厉当世焉。

《华君绎之家传》

钱　穆

华君绎之，讳士巽，世居无锡县东南乡鹅湖之滨。其祖子随先生，雄于财而乐善好施，得一乡爱戴。父相卿先生，修学敦行有名矣，不幸早逝。君六岁而孤，幼学于果育，学校即其祖所首创也。十三岁肄业常州府中学堂，皆与余为同学。君谨行力业不异寒素，性严毅，言笑无苟，虽一时同学，固皆敬畏之矣。

十八岁祖子随先生卒，积产遍城乡。君整理调度，不殒益起。凡其祖所为善举，如义庄，如学校，如修道路，建桥梁，浚水利，掩胔骼，恤孤寡，赈灾荒，施医药，君一一遵承，推行勿懈。然君之言曰，我不能谨守祖产而无所用吾心，乃以治产行善之暇，习英文，通科学养鸡养蜂术，创办华氏农场，并附养蜂训练班，时君年仅二十也。君尝语余，我特借此寄吾身心耳，亦足以富吾乡，不犹愈钱仅知输财办义学乎。君特以此东渡日本，亲考察养蜂及他农事，并遣学生赴美深究。时华氏事业蜚声江浙，太湖流域闻风慕效者踵起。君久而倦之，一委其业于所培植之学生。年近四十耽书法，因研制墨术，自以己意创电动磨墨机，而君书亦渐为世所重。抗战军兴，君蛰居沪上，益留心收集古书画，精鉴别，所获皆上品。并出身回护无锡丝厂，得君力保全者甚伙。君于一九四八年迁居台北，手书《正气歌》印行，供学子之临摹。

余往来港台间，每至君斋，必出珍藏书画，摩抚观赏，穷深夜以为乐。君又好围棋，嗜昆曲，自幼至老勿衰。君盖古之所谓有道善人也，厚于财而勿溺，博于艺而勿滞，行己严而有节，宅心淡而多容，不矜才，不使气，不务籍籍名，不趋赫赫功，而治家尤有方。初娶江阴章氏，继娶同邑孙氏，皆夫妇长年和睦如一日。四子伯忠、仲厚、叔和、季平。君曰：我不乐吾子之自恃有家财。各使出国，治科学，习一艺自活。今皆游学归，能自立。如君教五女，亦循谨知礼，入其家，和和怡怡申申如也。君以民国前十八年夏历六月初十生，以脑溢血一夕间不治，卒于民国四十五年四月七日，享寿六十四岁。余与君幼同学，长同游，知君素，因为之传，使其家子孙长知其先人榘镬风范。

参考文献

一、历代史料及档案

《周礼》《汉书》《南齐书》《南史》《新唐书》《元史》《明史》
《明太祖实录》《明会典》《弘治实录》《清实录》《皇朝经世文编》
《李文忠公奏稿》《东华续录》《大清律例汇集便览》
《（光绪）大清会典事例》

［唐］林宝：《元和姓纂》，清文渊阁四库全书本。
［宋］李焘《续资治通鉴长编》，清光绪浙江书局刻本。
［宋］邓名世：《古今姓氏书辩证》，清文渊阁四库全书本。
［宋］陈彭年：《重修广韵》，四部丛刊景宋本。
［宋］王钦若：《册府元龟》，明刻初印本。
［宋］吕祖谦：《宋文鉴》皇朝文鉴卷八八。
［宋］张能鳞：《儒宗理要》，清顺治刻本。
［宋］楼昉：《崇古文诀》，清文津阁四库全书本。
［宋］陈造：《江湖长翁集》，明万历刻本。
［宋］程珌：《洺水集》，明崇祯元年刻本。
［宋］郑樵：《通志》，清文渊阁四库全书本。
［宋］刘宰：《漫堂文集》，嘉业堂丛书 1918 年版。
［宋］洪迈：《容斋随笔》，清修明崇祯马元调刻本。
［宋］曹勋：《松隐集》，民国嘉业堂丛书。
［元］陈旅：《安雅堂集》，清文渊阁四库全书本。
［元］胡助：《纯白斋类稿》，清文渊阁四库全书本。
［元］孔齐：《静斋至正直记》，清毛氏钞本。
［元］黄溍：《金华黄先生文集》，元钞本。
［明］陈师：《禅寄笔谈》，明万历二十一年自刻本。

[明] 凌迪知：《万姓统谱》，清文津阁四库全书本。
[明] 吴宽：《家藏集》，四部丛刊景明正德本。
[明] 赵琦美：《赵氏铁网珊瑚》，清文津阁四库全书本。
[明] 刘基：《诚意伯文集》，四部丛刊景明正德本。
[明] 王世贞：《弇州四部稿》，明万历刻本。
[明] 王世贞：《弇州山人四部續稿》，清文渊阁四库全书本。
[明] 秦夔：《五峰遗稿》，明嘉靖元年刻本。
[明] 唐顺之：《荆川集》，四部丛刊景明正德本。
[明] 高攀龙：《高子遗书》，清文渊阁四库全书本。
[明] 俞汝楫：《礼部志稿》，清文渊阁四库全书本。
[明] 章懋：《枫山集》，清文渊阁四库全书本。
[明] 王祎：《王忠文公集》，清文渊阁四库全书本。
[明] 邵宝：《容春堂集》，清文渊阁四库全书本。
[明] 申时行：《赐闲堂集》，明万历刻本。
[明] 孙尔准：《泰云堂集》，清道光刻本。
[明] 钱谷：《吴都文粹续集》，清文渊阁四库全书本。
[明] 顾清：《东江家藏集》，清文渊阁四库全书本。
[明] 贺复征：《文章辨体汇选》，清文渊阁四库全书本。
[明] 华悰韡：《虑得集》，万历四十二年刻本。
[明]《（嘉靖）华氏传芳集》，嘉靖十一年刻本。
[明]《华氏传芳续集》，明隆庆六年刻本。
[清]《华氏传芳集》，清乾隆七年刻本。
[清] 华嘉植：《华氏文献略》，道光十二年刻本。
[清]《华氏宗谱》，存裕堂义庄清宣统三年（1911）。
[清] 华希闵：《延绿阁集》，清雍正刻本。
[清]《华新义庄事略》光绪辛丑年（1901）存裕堂刻本。
[清]《华氏义田事略》，同治四年诒谷堂刻本。
[清]《华氏本书补编》。
[清] 顾炎武：《日知录》。
[清] 张履祥：《杨园先生全集》，清同治十年刻本。
[清] 陈康祺：《郎潜纪闻》，清光绪刻本。
[清] 彭绍升：《二林居集》，清嘉庆味初堂刻本。
[清] 洪亮吉：《更生斋集》，清光绪三年洪氏授经堂增修本。
[清] 陈焯：《宋元诗会》，清文渊阁四库全书本。

［清］花村看行侍者：《花村谈往》，民国适园丛书本。
［清］查继佐：《罪惟录》四部丛刊三编景手稿本。
［清］李调元：《制义科琐记》，清函海本。
［清］黄印：《锡金识小录》。
［清］王韬：《瀛壖杂志》。
［清］李兆洛：《养一斋集》，清道光二十三年活字印。
［清］邹鸣鹤：《世忠堂文集》，同治二年刻本。

叶德辉：《书林清话》。
陆以湉：《冷庐杂识》。
无锡市档案馆藏档，档案号：F02-01-079，ML01-004-1240。ML01-004-0827，B33-02-019。
无锡市锡山区档案馆藏档，档案号XB1-01-06-68。
（台北）"中央研究院"近代史研究所藏外交部档，馆藏号03-31-002-06-050。

《吴氏支谱》《（光绪）安阳马氏祠堂规条》《山阳安昌徐氏宗谱》
《桐陂赵氏宗谱》《越州阮氏宗谱》《朱文公家礼》
《桂洲夏文愍公奏议》《古今图书集成》《江西通志》《浙江通志》
《（嘉泰朝）会稽志》《（绍定朝）吴郡志》《（至顺朝）镇江志》
《（嘉靖朝）江阴县志》《（万历朝）福州府志》《（康熙朝）无锡县志》
《（康熙朝）常州府志》《（乾隆朝）束鹿县志》《（乾隆朝）江南通志》
《（嘉庆）重刊宜兴县志》《（咸丰朝）海安县志》《（同治朝）衡阳县志》
《（同治朝）苏州府志》《（光绪朝）无锡金匮县志》
《（光绪朝）苏州府志》《增城县志》

二、近代报纸杂志及政府公报

《无锡年报》《申报》《新无锡报》《锡报》《慈善报》《广益杂志》
《通俗教育杂志》《江苏教育行政月刊》《文艺丛录》《政府公报》
《嘉定县公报》《教育公报》《复旦大学社会学系半月刊》
《江苏省政府公报》《宁波市政月刊》《湖北省政府公报》
《云南民政月刊》《地政月刊》《内政公报》《新闻报》《政治官报》
《新创造》《奉天公报》《广益杂志》《新建设》《振华季刊》
《国立北平图书馆馆刊》

三、文史资料及资料集

汪辉祖：《佐治药言》，商务印书馆1937年版。

《中国红十字会》，行政院新闻局1947年印行。

经济会议秘书处编：《中国金融经济史料丛编》第3辑，《全国经济会议专刊》1928年版。

行政院复兴农村委员会编：《江苏省农村调查》，商务印书馆1933年版。

无锡杂志社编：《无锡指南》，1947年版。

《江苏省农村调查·华东农村经济资料》第1分册，1952年编印。

沈桐生辑：《光绪政要》第4册，（台北）文海出版社1969年版。

盛宣怀：《愚斋存稿》，（台北）文海出版有限公司1975年版。

魏源：《魏源集》（下册），中华书局1976年版。

［清］沈德潜、周准：《明诗别裁集》卷七，上海古籍出版社1979年版。

《清代档案史料丛编》第5辑，中华书局1980年版。

冯桂芬：《显志堂稿》卷四，《近代中国史料丛刊续编》第79辑，（台北）文海出版社1981年版。

［明］况钟：《况太守集》卷七，江苏人民出版社1983年版。

范仲淹：《范文正公文集》，中华书局1983年版。

《中国社会科学院经济研究所集刊》第4辑，中国社会科学出版社1983年版。

《无锡地方资料汇编》第1辑，1984年版。

《无锡县文史资料》第2辑，无锡县政协文史资料研究委员会1985年版。

《无锡县文史资料》第4辑，无锡县政协文史资料研究委员会1986年版。

《海安文史资料》第2辑，海安县政协文史资料委员会1986年版。

《泰兴文史资料》第5辑，1988年版。

《无锡县文史资料》第6辑，无锡县政协文史资料研究委员会1988年版。

洪焕椿编：《明清苏州农村经济资料》，江苏古籍出版社1988年版。

陆树德：《明经世文编》卷二九一，中华书局1989年版。

《张家港市集镇史专辑》第8辑，1988年版。

张荣坤主编：《无锡市金融志》，复旦大学出版社 1992 年版。
中国红十字会总会编：《中国红十字会历史资料选编，1904—1949》，南京大学出版社 1993 年版。
无锡县志编纂委员会编：《无锡县志》，上海社会科学院出版社 1994 年版。
王国平、唐力行主编：《明清以来苏州社会史碑刻集》，苏州大学出版社 1998 年版。
［清］董含：《三冈识略》卷四，辽宁教育出版社 2000 年版。
海盐县志编纂委员会编：《海盐县志》，浙江人民出版社 2002 年版。
《唐伯虎全集》，中国美术学院出版社 2002 年版。
高国强、蔡贵方主编：《吴文化名人谱·无锡编》，黑龙江人民出版社 2003 年版。
［清］张廷玉：《澄怀主人自订年谱序》，载《桐城派研究》2003 年第 1 期。
《历史的足迹——南京大学离休老同志回忆录》，南京大学出版社 2003 年版。
《清代孤本外交档案》第 38 册，全国图书馆文献缩微复制中心 2003 年版。
朱洪元、薛慰祖主编：《荡口史话》，凤凰出版社 2008 年版。
《岁月风流：无锡社会主义革命和建设亲历记》（第 1 集上册），凤凰出版社 2008 年版。
江苏省文物局编：《江苏省第三次全国文物普查新发现》，江苏美术出版社 2009 年版。
《近代史资料文库》第 5 卷，上海书店出版社 2008 年版。
［唐］道宣撰：《续高僧传》，中华书局 2014 年版。

四、专著

刘大钧：《我国佃农经济状况》，上海太平洋上书店 1929 年版。
潘光旦、全慰天：《苏南土地改革访问记》，三联书店 1952 年版。
华东军政委员会土地改革委员会编：《江苏省农村调查》，1952 年版。
周谷城：《中国通史》上卷，上海人民出版社 1981 年版。
陈翰笙：《解放前的地主与农民：华南农村危机研究》，中国社会科学出版社 1984 年版。

《港台及海外学者论中国文化》，上海人民出版社 1988 年版。
周远廉、谢肇华：《清代租佃制研究》，辽宁人民出版社 1986 年版。
张研：《清代族田与基层社会结构》，中国人民大学出版社 1991 年版。
张仲礼：《中国绅士：关于其在 19 世纪中国社会中作用的研究》，上海社会科学院出版社 1992 年版。
钱穆：《中国文化史导论》，商务印书馆 1994 年版。
罗荣渠：《现代化新论》，北京大学出版社 1997 年版。
[德] 韦伯：《儒教与道教》（洪天富译），江苏人民出版社 1997 年版。
[瑞士] 亨利·杜南：《索尔弗里诺回忆录》（杨小宏译），山东友谊出版社 1998 年版。
[美] 明恩溥：《中国乡村生活》（午晴、唐军译），时事出版社 1998 年版。
[英] 莫里斯·弗里德曼：《中国东南的宗族组织》（刘晓春译），上海人民出版社 2000 年版。
李文治、江太新：《中国宗法宗族制和族田义庄》，社会科学文献出版社 2000 年版。
梁其姿：《施善与教化：明清的慈善组织》，河北教育出版社 2001 年版。
夏明方、康沛竹主编：《20 世纪中国灾变图史》上册，福建教育出版社 2001 年版。
刘承华：《文化与人格：中西文化差异的一次比较》，中国科学技术大学出版社 2002 年版。
张佩国：《近代江南乡村地权的历史人类学研究》，上海人民出版社 2002 年版。
李文海、夏明方编：《中国荒政全书》第二辑第一卷，北京古籍出版社 2002 年版。
池子华：《红十字与近代中国》，安徽人民出版社 2004 年版。
王卫平、黄鸿山：《中国古代社会保障与慈善》，群言出版社 2005 年版。
费孝通：《中国绅士》，中国社会科学出版社 2006 年版。
冯尔康：《中国宗族史》，上海人民出版社 2009 年版。
王瑞芳：《土地制度变动与中国乡村社会变革：以新中国成立初期

土改运动为中心》，社会科学文献出版社2010年版。

黄惠贤、陈锋：《中国俸禄制度史》，武汉大学出版社2012年版。

王鹤鸣、王澄：《中国祠堂通论》，上海古籍出版社2013年版。

李启成：《外来规则与固有习惯：祭田法制的近代转型》，北京大学出版社2014年版。

五、论文

邢铁：《宋代的义庄》，《历史教学》1987年第5期。

［日］井上徹：《宗族的形成和构造》，《西南民族学院学报》1990年第3期。

张研：《关于清代族田分布的初步考察》，《中国经济史研究》1991年第1期。

王日根：《义田及其在封建社会中后期之社会功能浅析》，《社会学研究》1992年第6期。

王日根：《论清代义田的发展与成熟》，《清史研究》1992年第2期。

范金民：《清代苏州宗族义田的发展》，《中国史研究》1995年第3期。

岑大利：《清代慈善机构述论》，《历史档案》1998年第1期。

张佩国：《近代江南乡村的族产分配与家庭伦理》，《江苏社会科学》2002年第2期。

钱志仁：《义庄——家族文化系列研究之三》，《无锡文博》2004年第2期。

王善军：《范氏义庄与宋代范氏家族的发展》，《中国农史》2004年第2期。

李江、曹国庆：《明清时期中国乡村社会中宗族义田的发展》，《农业考古》2004年第3期。

王瑞芳：《没收族田与封建宗族制度的解体：以建国初期的苏南土改为中心的考察》，《江海学刊》2006年第5期。

豆霞、贾兵强：《论宋代义庄的特征与社会功能》，《华南农业大学学报》2007年第3期。

华克放：《一门忠烈，革命世家》，《红岩春秋》2008年第5期。

范金民：《置田赡族，义行可风——华进思捐建华氏义庄述略》，《杨国桢教授治史五十年纪念文集》，江西教育出版社2009年版。

王卫平：《从普遍福利到周贫济困——范氏义庄社会保障功能的演变》，《江苏社会科学》2009年第2期。

申万里：《元代江南民间义庄考述》，《中央民族大学学报》2009年第2期。

张少筠：《近代苏南宗族族田保护措施研究》，《中国农史》2009年第3期。

曹立前、张占力：《试论明清宗族保障的经济支持与制度性约束机制》，《山东师范大学学报》2009年第4期。

莫宏伟：《近代苏南农村的义田与义庄》，《遵义师范学院学报》2009年第6期。

柳立言：《士人家族与地方主义：以明州为例》，《历史研究》2009年第6期。

张宝允、尹冬梅：《从义田兴起看近代家族制度构建》，《山西师范大学学报》2010年第6期。

汪春劼：《义庄、善堂与社会救济——基于20世纪上半叶无锡的分析》，《宁夏大学学报》2010年第6期。

陈勇、李学如：《近代苏南义庄的家族教育》，《历史研究》2011年第5期。

刘宗志：《清代苏南义庄发展原因探析》，《黄河科技大学学报》2012年第4期。

王志龙：《1912—1937年政府的族田政策及其影响研究》，《中国农史》2013年第3期。

李学如、曹化芝：《近代苏南义庄家族的习业教育》，《黑龙江史志》2013年第15期。

李学如、陈勇：《近代的义庄及其租佃制度：以苏南义庄为中心的考察》，《理论学刊》2013年第6期。

后　　记

两年之前，博士毕业不久的我，有机会再次来到苏州大学，在池子华老师门下进行高级访问学者研究计划。

初期预定的高级访问学者计划，是研究江苏省立师范学院在无锡的民众教育活动，但不久池师则给我定下一个新的题目，研究无锡的“华氏义庄”。犹记得当日，池师很激动地说：华氏义庄是中国慈善史上的一个富矿，有着翔实的史料、丰厚的内容，可以做出很多研究成果。

带着池师的重托，我也进入了一个全新的研究领域。在花了很长时间搜索、阅读资料之后，我被华氏义庄丰厚的历史底蕴所吸引，全心进入课题的研究写作之中。

得益于历代无锡华氏族人对先贤事迹的整理，诸多华氏家族的史料被保留至今，这些为无锡华氏义庄的研究奠定了坚实基础。为了搜集相关史料，我也曾去过无锡锡山区档案馆、无锡图书馆、无锡博物院等处，这些部门工作人员的热情接待，使我得以顺利查阅了很多关于华氏义庄的史料。

在本书的写作过程中，我得到了无锡博物院阎智海在资料查阅上的很大帮助。智海温文尔雅，潜心于学术，每日里在诸多古籍中钻研，期待着他的更多研究成果问世。

本书的写作，是在池子华老师的指导下进行的。池子华老师著作等身，治学严谨，我能忝列门墙，实是大幸。不但在学术研究上，在为人处世等各个方面，从池师身上，我都受益无限。在此，对池师的谆谆教诲与细心指导，表示最深的敬意。

为了写作本书，我也曾亲赴荡口，实地考察了华氏义庄。虽然今日的荡口古镇已被全盘开发，洋溢着商业氛围，但是徘徊于其间，我仍然可以感受到往昔华氏族人的良法善意，这对我等今人开展慈善公益活动，必然是大有裨益的。我也期待着本书出版之后，可以使荡口古镇昔日的历史文化底蕴，能得到进一步发扬光大。

本书的写作，只是我在中国传统慈善研究上的一个起点，在以后的时间中，我将继续从事传统慈善文化、华氏家族文化的研究。由于笔者水平的限制，本书难免会有瑕疵，敬请读者朋友们包涵并指正。

袁灿兴

2017 年 7 月于无锡

图书在版编目(CIP)数据

无锡华氏义庄:中国传统慈善事业的个案研究/袁灿兴著.—合肥:合肥工业大学出版社,2017.10

(红十字文化丛书)

ISBN 978-7-5650-3616-3

Ⅰ.①无… Ⅱ.①袁… Ⅲ.①慈善事业—研究—中国 Ⅳ.①D632.1

中国版本图书馆 CIP 数据核字(2017)第 255237 号

无锡华氏义庄:中国传统慈善事业的个案研究

袁灿兴 著

责任编辑	章 建 张 燕
出版发行	合肥工业大学出版社
地　　址	(230009)合肥市屯溪路 193 号
网　　址	www.hfutpress.com.cn
电　　话	总 编 室:0551-62903038
	市场营销部:0551-62903198
开　　本	710 毫米×1010 毫米 1/16
印　　张	16.75
字　　数	276 千字
版　　次	2017 年 10 月第 1 版
印　　次	2017 年 10 月第 1 次印刷
印　　刷	安徽昶颉包装印务有限责任公司
书　　号	ISBN 978-7-5650-3616-3
定　　价	48.00 元

如果有影响阅读的印装质量问题,请与出版社市场营销部联系调换。